分类发展视阈下高校绩效评价研究

马　丹　等著

中国水利水电出版社
www.waterpub.com.cn
·北京·

内容提要

本书以“分类评估”和“绩效评估”为支点，综合运用文献法、比较法、调查法、案例法等多种研究方法对高等学校绩效的分类评估进行了系统考察。讨论了高等学校绩效分类评价的理论基础，回顾了我国高等学校绩效评估的历史，总结了美国、英国、德国、澳大利亚、荷兰、日本等国家高等学校绩效评估的经验，提出了高等学校绩效分类评价的策略，建构并应用了高等学校绩效分类评价的指标体系。

本书共7章，主要内容包括导论、分类发展视阈下高校绩效评价的理论概述、分类发展视阈下我国高校绩效评价的发展变化、分类发展视阈下国外高校绩效评价的经验及借鉴、分类发展视阈下高校绩效评价的优化策略、分类发展视阈下高校绩效评价应用与指标优化、研究的主要结论与展望。

本书适合高等教育学专业的研究生使用，也适合从事高等教育相关工作的教育者和科研工作者阅读。

图书在版编目（CIP）数据

分类发展视阈下高校绩效评价研究/马丹等著. —北京：中国水利水电出版社，2020. 9（2024. 1重印）
ISBN 978-7-5170-8854-7

Ⅰ. ①分… Ⅱ. ①马… Ⅲ. ①高等学校—人事管理—研究—中国 Ⅳ. ①G647. 23

中国版本图书馆 CIP 数据核字（2020）第 171262 号

书 名	分类发展视阈下高校绩效评价研究 FENLEI FAZHAN SHIYU XIA GAOXIAO JIXIAO PINGJIA YANJIU
作 者	马 丹 等著
出版发行	中国水利水电出版社 （北京市海淀区玉渊潭南路 1 号 D 座 100038） 网址：www. waterpub. com. cn E-mail：sales@ waterpub. com. cn 电话：（010）68367658（营销中心）
经 售	北京科水图书销售中心（零售） 电话：（010）88383994、63202643、68545874 全国各地新华书店和相关出版物销售网点
排 版	京华图文制作有限公司
印 刷	三河市元兴印务有限公司
规 格	170mm×240mm 16 开本 13. 25 印张 249 千字
版 次	2021 年 1 月第 1 版 2024 年 1 月第 2 次印刷
印 数	0001—2000 册
定 价	65. 00 元

序

《分类发展视阈下高校绩效评价研究》是湖北工业大学马丹教授团队的一部最新研究成果。该书对贯彻落实《深化新时代教育评价改革总体方案》，全面把握分类发展视阈下高校绩效评价、构建多元化的我国高等教育分类绩效评价体系有十分重要的理论与实践意义。

新中国成立七十年来，特别是改革开放四十多年来，高等教育取得了举世瞩目的巨大成就。从 1949 年到 2019 年，普通高校数量从 205 所增长到 2688 所，高等教育在学总规模从 11. 7 万人增长到 4002 万人，毛入学率 51. 6%，迈入高等教育普及化阶段。我国稳居世界高等教育规模第一大国，这既是我国高等教育半个多世纪的辛勤积累，亦将为中国经济社会的高质量发展带来巨大红利。根据马丁 · 特罗的大众化理论，普及化阶段的高等教育将产生众多显著的特征变化，其中之一便是高等教育需求的多样化。需求的多样化必然要求高等教育供给与绩效评价的多元化，从而推动高等教育的分类发展与结构性变革。

如今中国特色社会主义进入新时代，人口格局的变化和人民生活水平的提高为高等教育的发展带来新动力，质量已成为高等教育发展的时代要求。建设世界一流大学是中国高等教育发展历史的必然选择。我们不能忽视中国高等教育发展“大”而不“强”，受体制、机制等多种因素影响，人才培养供给侧和产业需求侧在结构、质量、水平上还不能完全适应，“两张皮”问题仍然存在。高校同质化、低水平重复建设现象较为严重，作为我国高等教育主力军的地方高校普遍特色不够鲜明、办学效益不高、发展缺乏动力。十九大报告中指出：新时代我国社会主要矛盾已经转化为，人民日益增长的美好生活需要和不平衡不充分的发展之间的矛盾。我国高等教育的发展现状正是这种“不平衡不充分的发展”的鲜活体现。

在我国高等教育生态和高校评价体系中，“双一流”是对一流大学和一流学科建设实施的绩效评价，“双高计划”是对高水平高职院校与专业建设实施的绩效评价。绩效评价主体大多为政府，评价目标倾向于核定身份而非促进教育质量的提高，评价重点聚焦于院校的资源和声誉，而非立德树人的根本成效，单一的评价体系强化了高校的同质化发展，导致高校群体的马太效应加剧，高等教育系统的整体活力难以得到充分释放。坚持以立德树人成效为评价标准，从分类发展视阈审视和优化完善当前的高校绩效评价体系，将成为推动未来中国高等教育高质量发展的重要抓手。在这个承前启后的历史节点上，马丹教授团队围绕这一问题所展开的研究与探索，无疑具有很强的时代价值和现实意义。

本书的特色主要体现在三个方面。

第一，系统、全面、准确地把握了分类发展视阈下我国高校绩效评价脉络。本书综合运用了高等教育分层理论、高校社会职能理论、教育经济效率理论以及新公共管理理论，形成新的分类发展分析框架，从横、纵两个方面阐释分类发展视阈下世界高校绩效评价态势，探索构建一套科学完整的分类发展视阈下高校绩效评价指标体系。这对帮助读者系统、全面地理解高校分类发展的绩效评价，有着重要的学术参考价值。

第二，坚持宏观视野与微观实践相结合的研究思路。本书立足于中国特色社会主义新时代发展的宏观视野，对分类发展视阈下高校绩效评价的整体生态和发展倾向展开了系统的宏观分析，又以武汉科技大学和湖北工业大学的办学实践探索为分析案例，针对典型个案的经验和做法进行了细致的微观呈现。做到以宏观视野审视微观探索，用微观实践去洞察宏观趋势，使读者可以更加清晰地把握分类发展视阈下高校绩效评价在当今时代的整体脉络和具体表现。

第三，综合运用各种研究方法，兼顾理论分析与实证探索的研究范式。不同于许多同类研究主要采取理论分析的基本范式，本书在研究范式上注重理论归纳与实证分析相结合，兼顾量化分析的全景呈现和质性分析的深度挖掘。较好地结合研究议题的具体特点，选择恰当的研究方法，从而使整个研究内容建立在科学、合理的方法论基础之上，也为类似议题的学术探索树立了一个研究范例。

如上所述，本书是对中国高等教育绩效评价改革研究的一个有益探索，对推动新时代我国高等教育发展有着一定的学术意义和实际价值。当然，分类发展视阈下高校绩效评价是一个与时俱进的长期议题，相关研究将是一个长期且充满价值的学术之旅。我希望并相信，作者能不忘初心、继续探索，将研究做在建设高等教育强国的大路上！

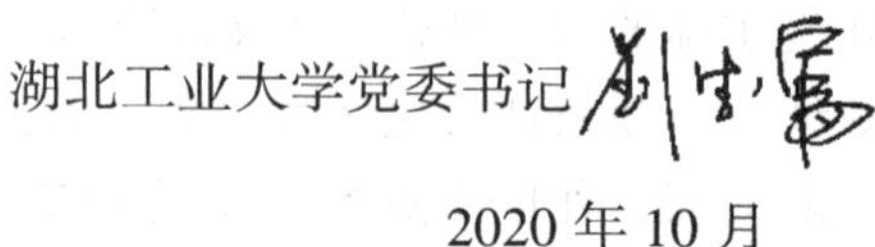

湖北工业大学党委书记

2020 年 10 月

自　序

细细想来，本书的刊印实属必然。我从教已有31年，担任教务处长亦10年有余，其间对高校绩效评价问题的思考更是从未停滞。党的十九大报告提出，“加快一流大学和一流学科建设，实现高等教育内涵式发展。”2018年新时代第一次全国教育大会上再次强调“加快一流大学和一流学科建设”，以内涵式发展推动高校建设，成为新时代办好人民满意的高等教育、为人民带来更多获得感的现实迫切要求。高等学校内涵式发展需要教育管理机制体制的创新与转变，站在分类发展的视角下研究高校绩效评价，对于推动高等学校内涵式发展具有一定的意义。

翻阅长久思考的凝结之作，我心中亦感欣慰。高校绩效评价涉及高校利益和价值博弈，而困扰我国高校发展的定位、竞争、特色等“顽疾”若得不到有效“医治”，将成为影响我国高等教育内涵式发展的桎梏。完善高校绩效评价体系，进一步明确不同类型的高校发展定位和人才培养定位，才能克服高等院校同质化倾向、实现高等教育资源的科学配置和充分利用。因此，本书的最大价值就在于以“分类评价”和“绩效评价”为支点，对高等学校绩效的分类评价进行系统考察，提出高等学校绩效分类评价的策略，建构并应用了高等学校绩效分类评价的指标体系。

然而，我遗憾地发现，如今高校绩效评价易“导航”高校走重复建设的路子，与特色发展之路“渐行渐远”；评价目标重奖惩、评价主体囿单一、评价指标存一统、评价对象限学校；即使评价的参与主体是第三方机构，其评价行为不够规范，也未能筛选出各类高校关键的绩效评价指标。鉴于此，我认为：我国高等学校绩效评价已经形成了制度化体系，但绩效分类评价更有利于高等学校走内涵式发展道路。高校绩效评价一定需要责任主体、参与主体和管理主体的参与；高校绩效评价指标存在细化空间。我国高校应借鉴成功经验，不断优化高校绩效评价指标体系。我以为，本书的出版是对当前高校内涵式发展进入逐渐深化重要阶段最好的注解与回应。

本书以“分类评价”和“绩效评价”为支点，综合运用文献法、比较法、调查法、案例法等多种研究方法对高等学校绩效的分类评价进行了系统考察。讨论了高等学校绩效分类评价的理论基础，回顾了我国高等学校绩效评价的历史，总结了美国、英国、德国、澳大利亚、荷兰、日本等国家高等学校绩效评价的经验，提出了高等学校绩效分类评价的策略，建构并应用了高等学校绩效分类评价的指标体系。

本书的结论主要有以下几个方面：第一，绩效分类评价有利于高等学校走内涵式发展道路。从经济学的角度看，绩效评估考察的是投入与产出的比例关系，能够反映高等学校对办学资源的利用情况。然而，绩效评估难以避免高等学校走重复建设的“老路”。通过分类评价，将引导高等学校有效地规避这一问题，尽快走向特色发展之路。第二，我国高等学校绩效评价已经形成了制度化体系。回望历史，我国高等学校绩效评价走过了“试点阶段、推广阶段、周期运行阶段、分类评价阶段”等发展阶段，评价目标从奖惩走向发展，评价主体从单一走向多元，评估指标从统一走向分类，评价对象从学校走向专业。第三，高校绩效评价需要责任主体、参与主体和管理主体的参与。责任主体应加强责任主体意识及资源利用效率意识，提升高校产出职能。参与主体应规约第三方机构评价行为，依托专业机构，采用科学的方法，综合考虑投入、过程、产出、办学特色等因素，筛选各类高校关键的绩效评价指标。管理主体应积极借鉴西方国家预算绩效管理的经验和做法，把绩效管理制度引入我国的政府公共支出管理当中来。第四，不断优化高校绩效评价指标体系。通过案例分析，确定高校绩效评价指标为学校使命与质量保证、办学条件及其利用、人才培养过程与产出、科学研究产出、社会服务效果和学校声誉六个一级指标。高校绩效评价指标存在细化空间，应借鉴国外成功经验，不断优化我国高校绩效评价指标体系，细化一级指标、二级指标和三级指标。

当然，本书绝非“无懈可击”。书中观点不乏偏颇、表达不畅、引证遗漏等问题。但随着指标的应用、读者的反馈、个人思考的进一步深入，我会及时地更新和完善本书的内容。

本书的出版有另外一层意义：从编委会的产生，到章节内容讨论及书稿付梓都有同事们热情参与、积极讨论的结果，这一切都弥足珍贵。在此一并奉上最深的谢意。

是为序。

马　丹

2020 年 5 月

目　　录

序
自序
第 1 章　导论 ………………………………………………………… 1
1.1　问题的提出 ………………………………………………………… 1
1.1.1　从规模到质量：我国高等教育发展观的世纪嬗变 ………… 2
1.1.2　分类发展：全面提高高等教育质量的时代要求 ………… 4
1.1.3　绩效评估优化：夯实高校质量保障体系的制度基础 ……… 8
1.1.4　湖北案例：一个高等教育大省的改革与应对 ………… 15
1.2　概念界定 ………………………………………………………… 17
1.2.1　高等院校 ………………………………………………… 17
1.2.2　分类发展 ………………………………………………… 18
1.2.3　高等院校分类体系 ……………………………………… 18
1.2.4　绩效评估 ………………………………………………… 21
1.3　研究的意义 ……………………………………………………… 22
1.3.1　促进湖北省高校办学质量的有效提升 ………………… 22
1.3.2　提升湖北省高等教育与经济发展的耦合度 …………… 22
1.3.3　推动湖北省高校管理决策的精准化和科学化 ………… 22
1.3.4　改善湖北省高校评价体系的实施效果 ………………… 23
1.3.5　促进湖北省相关制度建设的完善 ……………………… 23
1.4　文献综述 ………………………………………………………… 23
1.4.1　高校分类发展研究：国内及国外现状 ………………… 23
1.4.2　高校绩效评价研究：国内及国外现状 ………………… 29
1.4.3　现有文献的不足 ………………………………………… 35
1.5　研究的思路与方法 ……………………………………………… 36
1.5.1　研究思路 ………………………………………………… 36
1.5.2　研究方法 ………………………………………………… 37
1.6　技术路线 ………………………………………………………… 39
第 2 章　分类发展视阈下高校绩效评价的理论概述 ………………… 40
2.1　高校分类发展的内涵 …………………………………………… 40

2.1.1 高等学校的分层、分类与定位 …… 40
2.1.2 高等学校的分类发展 …… 42
2.2 高校绩效评价的内涵 …… 44
2.2.1 绩效与绩效评价 …… 44
2.2.2 高校投入 …… 45
2.2.3 高校产出 …… 51
2.2.4 高校绩效评价 …… 57
2.3 分类发展视阈下高校绩效评价的内涵 …… 58
2.3.1 分类评价是手段，分类发展是目的 …… 58
2.3.2 现阶段高校分类方法不符合教育发展和高校发展规律 …… 59
2.3.3 多类型高校的绩效评价标准不同 …… 60
2.3.4 卡内基选择性社会服务分类标准 …… 60
2.4 分类发展视阈下高校绩效评价的理论依据 …… 61
2.4.1 高等教育分层分类理论 …… 61
2.4.2 高校社会职能理论 …… 63
2.4.3 教育经济效率理论 …… 64
2.4.4 新公共管理理论 …… 66
2.4.5 组织绩效评价理论 …… 67
第3章 分类发展视阈下我国高校绩效评价的发展变化 …… 70
3.1 试点阶段（1985—1990年） …… 71
3.2 推广阶段（1991—2001年） …… 75
3.3 周期运行阶段（2002—2008年） …… 79
3.4 分类评价阶段（2009年至今） …… 82
3.5 高校绩效评价发展趋势 …… 86
3.5.1 评价理念：从学校到学生 …… 87
3.5.2 评价目标：从奖惩到发展 …… 87
3.5.3 评价主体：从单一到多元 …… 88
3.5.4 评价指标：从统一到分类 …… 89
3.5.5 评价对象：从整体到单元 …… 90
3.5.6 评价问题：从简单到复杂 …… 91
第4章 分类发展视阈下国外高校绩效评价的经验及借鉴 …… 92
4.1 美国高校绩效评价的经验及借鉴 …… 92
4.1.1 美国高校绩效评价发展概述 …… 92
4.1.2 美国高校绩效评价的特征分析 …… 93

4.1.3 对我国高校绩效评价的启示 …… 96
4.2 英国高校绩效评价的经验及借鉴 …… 98
4.2.1 英国高校绩效评价发展概述 …… 98
4.2.2 英国高校绩效评价的特征分析 …… 100
4.2.3 对我国高校绩效评价的启示 …… 102
4.3 德国高校绩效评价的经验及借鉴 …… 104
4.3.1 德国高校绩效评价发展概述 …… 104
4.3.2 德国高校绩效评价的特征分析 …… 106
4.3.3 对我国高校绩效评价的启示 …… 108
4.4 澳大利亚高校绩效评价的经验及借鉴 …… 110
4.4.1 澳大利亚高校绩效评价发展概述 …… 110
4.4.2 澳大利亚高校绩效评价的特征分析 …… 111
4.4.3 对我国高校绩效评价的启示 …… 113
4.5 荷兰高校绩效评价的经验及借鉴 …… 114
4.5.1 荷兰高校绩效评价发展概述 …… 114
4.5.2 荷兰高校绩效评价的特征分析 …… 115
4.5.3 对我国高校绩效评价的启示 …… 116
4.6 日本高校绩效评价的经验及借鉴 …… 118
4.6.1 日本高校绩效评价发展概述 …… 118
4.6.2 日本高校绩效评价的特征分析 …… 119
4.6.3 对我国高校绩效评价的启示 …… 120
第5章 分类发展视阈下高校绩效评价的优化策略 …… 122
5.1 绩效评价目标的优化 …… 123
5.1.1 价值导向：诠释分类发展视阈下高校绩效评价的理念 …… 123
5.1.2 问题导向：厘清分类发展视阈下高校绩效评价的问题 …… 124
5.1.3 诊断导向：完善分类发展视阈下高校绩效评价的结果 …… 125
5.1.4 成果导向：提升分类发展视阈下高校绩效评价的成果 …… 127
5.2 绩效评价主体的优化 …… 127
5.2.1 责任主体：分类发展视阈下高校增强资源利用效率意识 …… 128
5.2.2 参与主体：分类发展视阈下规约第三方机构评价

行为 …………………………………………………………………… 129
5.2.3 管理主体：分类发展视阈下提升政府财政投入绩效 …… 130
5.3 绩效评价方法的优化 ……………………………………………… 131
5.3.1 提升精度：分类发展视阈下高校绩效的多阶段 DEA 评价 …………………………………………………………………… 132
5.3.2 增加深度：分类发展视阈下高校绩效的 PCA 评价 …… 135
5.3.3 拓宽长度：分类发展视阈下高校绩效的 BSC 评价……… 138
5.4 绩效评价成效的优化 ……………………………………………… 140
5.4.1 质量群集：分类发展视阈下高校绩效评价成效表达 …… 140
5.4.2 错位研判：分类发展视阈下高校绩效评价成效呈现 …… 140
5.4.3 动态剖析：分类发展视阈下高校绩效评价成效解读 …… 141
第6章 分类发展视阈下高校绩效评价应用与指标优化………………… 144
6.1 分类发展视阈下高校绩效评价指标优化的原则 ……………… 144
6.1.1 对高等学校绩效的理解 …………………………………… 145
6.1.2 基本原则 ……………………………………………………… 145
6.2 分类发展视阈下高校绩效评价指标的优化 ……………………… 146
6.2.1 分类视阈下我国现阶段高校分类发展 ………………… 146
6.2.2 综合研究型大学 ……………………………………………… 147
6.2.3 教学研究型大学 ……………………………………………… 152
6.2.4 应用型大学 …………………………………………………… 157
6.2.5 技能型院校 …………………………………………………… 161
6.3 分类发展视阈下高校绩效评价指标应用的案例 ……………… 165
6.3.1 指标的设计 …………………………………………………… 165
6.3.2 选取案例学校简介 ………………………………………… 165
6.3.3 武汉科技大学和湖北工业大学的案例分析——基于学校使命及质量保障的比较 ………………………………… 167
6.3.4 武汉科技大学和湖北工业大学的案例分析——基于学校办学条件及其利用的比较 ……………………………… 169
6.3.5 武汉科技大学和湖北工业大学的案例分析——基于人才培养过程及产出的比较 ………………………………… 181
第7章 研究的主要结论与展望…………………………………………… 190
7.1 研究的主要结论 …………………………………………………… 190
7.2 创新点 ……………………………………………………………… 192
7.3 研究的不足与展望 ………………………………………………… 193
参考文献…………………………………………………………………… 194
后记………………………………………………………………………… 202

第 *1* 章 导论

1.1 问题的提出

改革开放尤其是 21 世纪以来，我国高等教育逐渐迈入快速发展的良性轨道。如今，我国在高等教育招生规模、在校生规模、毕业生规模、普通高等学校数量等方面较 1978 年都呈现出几何级数倍增式的增长。在经历 20 年的发展和积累后，我国高等教育在 20 世纪末开启了厚积薄发的跨越式发展之路。1999 年，《中共中央、国务院关于深化教育改革全面推进素质教育的决定》和《面向 21 世纪教育振兴行动计划》就提出“中国高等教育毛入学率力争 2010 年接近 15%进入大众化阶段”的发展目标。随着 1999 年的高等学校大扩招，2002 年我国的高等教育毛入学率就已经达到 15%，这意味着我国高等教育以远高于预期的速度，提前 8 年快速迈入大众化阶段。目前，我国高等教育规模已经跃居世界第一位，从高等教育毛入学率、各级各类高等教育招生数、在校生数等指标来看，我国已经成为名副其实的高等教育大国。截至 2018 年，全国各类高等教育在学总规模达到 3833 万人，高等教育毛入学率达到 48. 1%。全国共有普通高等学校和成人高等学校 2940 所，比 2017 年增加 27 所。其中，普通高等学校 2663 所（含独立学院 265 所），比 2017 年增加 32 所；成人高等学校 277 所，比 2017 年减少 5 所。普通高校中本科院校 1245 所，比 2017 年增加 2 所；高职（专科）院校 1418 所，比 2017 年增加 30 所。全国共有研究生培养机构 815 个，其中，普通高校 580 个、科研机构 235 个①。由此可见，我国高等教育在“做大”这一方面已经取得了空前的成就。

---

① 2018 年全国教育事业发展统计公报［EB/OL］.［2019-07-24］. http://www. moe. gov. cn/jyb_sjzl/sjzl_fztjgb/201907/t20190724_392041. html.

改革开放40多年的巨大发展成就充分证实了高等教育所创造的巨大人口红利，其为我国经济建设和社会发展培养了数以亿计的高素质劳动者、数以千万计的专门人才和一大批拔尖创新人才，极大地支撑和促进了我国的社会经济发展进程。随着我国阔步迈入社会主义发展新时代，高等教育发展有了新的时代内涵。当前，我国社会的主要矛盾已转变为人民日益增长的美好生活需要和不平衡、不充分的发展之间的矛盾，其在高等教育领域表现为人民对接受高质量的高等教育的需求与高等教育整体办学水平不高，高等教育在地区、行业以及不同类别间发展差异过大的现实矛盾。在这种时代背景下，我国高等教育的发展脉络也开始出现许多新的变化。在向着纵深方向不断迈进的过程中，我国高等教育的关注重心逐渐由扩张规模转变为提升质量，由集中力量发展一批高水平大学转变为同时注重促进整个高等教育更均衡、更协调的发展。如果说过去，我们的重点在“做大”，在“拔尖”，在迅速打造高等教育的一座座“高峰”；那么今天，我们的重点便是在“做强”，在“填谷”，在打造出一座座“高峰”的同时，我们更需要把我们的高等教育打造成一片广袤的“高原”，而不是原来那高低起伏的“山谷”。党的十九大报告提出“建设教育强国是中华民族伟大复兴的基础工程”。优先发展教育事业成为时代发展的需要，要实现这一愿景，就需要从多方面入手，推动高等教育的内涵式发展。一是构建分类化的发展格局，使不同类型、不同层次的高校在各自的领域内充分发展，并发挥其独特的作用，从而实现资源配置的最优化和功能发挥的最大化；二是建立科学有效的绩效评估制度，完善高等教育的质量保障机制。本书正是从这一大的历史背景出发，将研究的重点落在湖北省高等教育相关领域的改革和发展之上，以湖北省高等教育发展案例为聚焦对象，以分类化发展和绩效评估体系构建为两大支点，提出本书所关注的核心问题。

1.1.1 从规模到质量：我国高等教育发展观的世纪嬗变

自21世纪以来，伴随着我国高等教育规模的不断扩张，高等教育重心逐步开始了由外延式发展向内涵式发展的转变。早在20世纪末，《面向21世纪教育振兴行动计划》就提出“积极稳步发展高等教育，加快高等教育改革步伐，提高教育质量和办学效益”，并从师资培养、高水平人才培育、国际国内学术交流等多个角度提出高等教育质量提升的系统路径。该项计划的出台是我国以多元质量标准为要求推动高等教育质量提高的重要标志①。尤其是在经历

① 柳友荣．新中国成立70年来我国高等教育质量的政策文本研究［J］．中国高教研究，2019（6）：40-47.

了21世纪十几年的高速扩张后，我国已建立起一个世界最庞大的高等教育体系，这个体系已经可以满足近半数适龄青年的高等教育入学需求。高等教育仅用了10余年时间就从大众化阶段直逼普及化的门槛。从这个意义上讲，我国高等教育取得了举世瞩目的伟大成就。

然而，伴随着高等教育在办学规模上的高歌猛进，其整体质量体系建设则显得相对滞后。迅速扩张的办学规模使高等教育的质量提升面临着很大的压力。快速建设和更新的硬件设施改善了高校办学条件，但相对不足的师资力量使许多大学生感受不到高等教育应有的水平和规格。高等教育在内部资源配置方面的差异化格局使得不同类型、层次的高等院校在发展上呈现出截然不同的格局，“双非”院校（指非“985工程”“211工程”高校和非双一流高校），尤其是地方院校的发展相对困难，其与优势高校之间的发展差距正日益拉大。由于缺乏分类化的制度性引导，高等教育办学的同质化倾向十分突出。许多地方高校建设与地方经济社会发展脱节，存在供给和需求两张皮现象，使高等教育的发展与经济建设的现实诉求之间产生巨大的结构性矛盾。这些因素从不同侧面反映了高等教育在内涵建设和质量发展方面的现实缺陷，从而也促使社会各界对高等教育发展质量的关注不断加强。

2010年，《国家中长期教育改革和发展规划纲要（2010—2020年）》(以下简称《纲要》)指出，“高等教育承担着培养高级专门人才、发展科学技术文化、促进社会主义现代化建设的重大任务。提高质量是高等教育发展的核心任务，是建设高等教育强国的基本要求。”① 在此基础上，2012年3月，教育部公布了《关于全面提高高等教育质量的若干意见》(教高〔2012〕4号)(又称高教三十条)，进一步明确了“坚持内涵式发展”，促进高校特色化办学，完善人才培养质量标准体系，健全质量评估制度等一系列促进高等教育质量提升的政策引导。② 党的十八大以来，在相关政策的指引下，国家开始采取多项措施推动高等教育整体质量的稳步提升，包括“2011计划”“双一流”建设等一系列重大举措的相继出台，深刻影响了我国高等教育的发展格局。特别是党的十九大以来，关于我国社会主义新时代及其基本矛盾的新论述，进一步凸显了高等教育质量建设的时代性和紧迫性，提高教育质量成为教育事业“十三五”规划的核心主题。党的十九大报告中明确提出了优先发展教育事业的国

---

① 国家中长期教育改革和发展规划纲要（2010—2020年）［EB/OL］．［2010-07-29］．http://old.moe.gov.cn/publicfiles/business/htmlfiles/moe/s4693/201407/xxgk_171904.html.

② 教育部关于全面提高高等教育质量的若干意见［EB/OL］．［2012-03-16］．http://www.moe.gov.cn/srcsite/A08/s7056/201203/t20120316_146673.html.

家战略，党和国家领导人也多次强调，质量是高等教育发展的生命线，并提出了构建具有中国特色的自我评估、院校评估、专业认证与评估、国际评估、教学状态常态监测五位一体的高等教育评估与质量保障体系。在此背景下，包括高等教育首个教学质量国家标准在内的一系列重要规范性文件相继出台，提升高等教育质量的制度性保障进一步完善，发展更高水平的、更具竞争力的高等教育进一步成为举国上下的共识和关注焦点。与过去规模导向的发展模式不同，今天所面临的高等教育质量导向和内涵式发展任务更为复杂、更为专业化，也更具挑战性，它考验的是一个国家精细化管理的水平和优化公共资源配置的能力。21 世纪的竞争是人才的竞争，而人才的竞争归根到底是质量的竞争，能否实现高等教育质量在社会主义新时代的全面提升，在很大程度上影响着我国能否顺利实现“两个一百年”奋斗目标，决定了我国社会主义现代化建设迈向更高水平的人力资源基础。时代发展的步伐推动了我国高等教育发展观的世纪嬗变，也为高等教育研究与实践提出了更具深度的学术实践命题和探索空间。

1.1.2 分类发展：全面提高高等教育质量的时代要求

在高等教育面临时代发展新命题，高等教育发展质量受到日益关注的今天，要实现高等教育质量的全面提升，需从多方面入手，既要加快建设一批具有国际水平的一流大学，更要全面加强地方高校的建设。在我国 2663 所普通高校中，“985”和“211”高校（或双一流高校）也就百余所，2500 多所地方高校的基本国情告诉我们，地方高校教育质量是我国高等教育质量的决定性因素，也只有我国高等教育整体水平提升了，我国才可能真正迈入世界高等教育强国行列。推动高等教育的内涵式发展，其中最重要的路径之一就是实现高等教育的分类化发展，通过构建全国高等院校分类化发展的基本格局，使不同类型、不同层次的高校在各自的领域内发挥其独特的作用，从而实现资源配置的最优化和功能发挥的最大化。

高校分类发展是高等教育多样化的根基，也是建设结构优化和功能耦合的高等教育强国的基石。美国高等教育学家伯顿 · R. 克拉克在总结世界高等教育历史发展的基本规律后指出：“结构单一的高等教育体制在适应变化的过程中屡遭淘汰，因而失去了其合理性根基。”① 在他看来，一个结构多元化的高等教育体系能够增强高等教育的包容力，并推动高等教育质量的提高，促进高

① 伯顿 · R. 克拉克. 高等教育系统——学术组织的跨国研究 [M]. 王承绪，徐辉，殷企平，等译. 杭州：杭州大学出版社，1994.

等教育系统的优化。第二次世界大战结束后，随着世界工业化进程的高速推进和新科技革命浪潮的袭来，经济发展的集约化程度不断增强，产业分工日益细化，全球化进程不断深入，这使得高等教育系统再也不能秉持原有的单一化发展模式。为适应经济社会的新发展趋势，多元化结构的高等教育体系开始在世界各国相继确立，公立高等教育与私立高等教育、普通高等教育和高等职业教育等开始在各国现代经济发展的过程中分别扮演着不可或缺且相得益彰的角色。在许多发达国家，不同性质、不同层次、不同发展方向的高等院校经常可以并立前行，各有千秋。在美国，以加州大学为代表的公立高等教育系统和以常春藤盟校为代表的私立高等教育系统都令无数学生所向往；在德国，学术型高等教育和应用技术大学都为经济的发展培养出了大批高素质的各类人才。人们崇尚的不仅是那些历史悠久、学科结构完善的巨型高校，一些立足专精、特色明显、专业优势突出的小型学府同样受到广大学生的青睐，并在庞大的高等教育系统中占据一席之地。不同学院、不同专业在师资结构、发展路径以及评价方式等领域展开了各具特色的探索和革新，高等教育系统在各个层面均呈现出分类化发展的多元格局。在这种时代背景下，高等教育系统内部的丰富性和多元性日益增强，并开始不断从内部推动深刻的系统变革。

20世纪80年代以来，我国高等教育经历了“大改革”和“大发展”。我国目前已成为名副其实的高等教育大国。然而由于思想观念、组织设计以及制度安排等方面的准备不足，尤其是高等教育分类特色发展理论明显滞后于改革发展实践，我国高等教育在“大改革”和“大发展”的同时，也暴露出不少的“大问题”。其中高等学校同质化发展，即职能交叉或重叠是最为突出的问题。长期以来，由于高校“分类不清、定位不明”，导致高校千校一面，“严重趋同，恶性竞争”。这些问题如不及时解决，必将制约我国高等教育的可持续发展，最终成为建设高等教育强国的羁绊。因此，推动高校分类发展不仅是遵循国际高等教育发展一般规律的重要要求，更是我国高等教育自身发展的必然途径。

自改革开放以来，我国便在实践中不断探索高等教育分类化发展的现实路径，一个多层次、多方向、多类别的高等教育体系开始逐步形成。1985年，《中共中央关于教育体制改革的决定》便提出“我国高等教育发展的战略目标是：到本世纪末，建成科类齐全，层次、比例合理的体系”，为达到这一目的，必须扩大高校办学自主权，以便不同类型、不同水平的学校自行探索符合自身特色的发展道路。在此基础上，“高等教育的结构，要根据经济建设、社会发展和科技进步的需要进行调整和改革"①。1993年，《中国教育改革和发展纲要》指出："高等教育的发展，要坚持走内涵发展为主的道路，努力提高办学效益。要区别不同地区、科类和学校，确定发展目标和重点。制定高等学校分类标准和相应的政策措施，使各种类型的学校合理分工，在各自的层次上办出特色。"② 进一步明确了高等教育分类化发展的时代任务，并从区域格局、学科设置、层级分布等多个角度阐述了高等教育分类化发展的基本方向。在这一思想的指导下，我国在20世纪末采取了一系列措施推动高等教育分类发展格局的不断完善。在水平结构上，1993年，国家教委印发《关于重点建设一批高等学校和重点学科点的若干意见》，提出面向21世纪重点建设100所大学和一批重点学科点的计划；1998年5月4日，北京大学建校一百周年大会上宣告"为实现现代化，我国要有若干所具有世界先进水平的一流大学"。由此，"211工程"和"985工程"相继登上历史舞台。在层次结构上，国家大力鼓励地方及社会力量参与举办高等教育事业。尤其是1999年的高等教育大扩招，当年扩招增幅高达42%，而且从1999年起一直持续至今。伴随着新中国高等教育发展史上持续时间最长、扩招规模最大的教育大扩容，民办高等教育、高等职业教育发展迅速。2002年，国务院颁布《关于大力推进职业教育改革与发展的决定》（国发〔2005〕35号），大力发展职业教育成为高等教育发展的重要议题。2006年11月，为提升高等职业院校的办学水平，教育部和财政部正式启动了"国家示范性高等职业院校建设计划"，重点支持100所高水平师范院校建设（这一计划在2010年进一步扩大，新增100所左右国家骨干高职院校）。在国家各项政策的大力推动下，一个面向各阶层人群，更具多元化选择的高等教育体系在20世纪末21世纪初基本形成。然而，基于当时的综合国力和发展阶段，这个分类化的高等教育体系虽然在形式上初具雏形，但在发展水平上还亟待提高。进入21世纪以后，伴随着我国社会主义现代化建设的高速发展，高等教育分类化发展中所表现出的结构失衡、水平偏低、重复建设等问题越发不适应经济发展的现实需求，一个更加完善的分类化发展体系成为时代发展的紧迫诉求。在此背景下，国家开始对高等教育分类化发展的格局与方向做出进一步规划，从而推动这一趋势朝着纵深方向深入发展。2010年，《纲要》提出"促进高校办出特色。建立高校分类体系，实行分类管

① 中共中央关于教育体制改革的决定［EB/OL］.［1985-05-27］. http://www.moe.gov.cn/jyb_sjzl/moe_177/tnull_2482.html.

② 国务院关于《中国教育改革和发展纲要》的实施意见［EB/OL］.［1994-07-03］. http://old.moe.gov.cn//publicfiles/business/htmlfiles/moe/moe_177/200407/2483.html.

理。发挥政策指导和资源配置的作用，引导高校合理定位，克服同质化倾向，形成各自的办学理念和风格，在不同层次、不同领域办出特色，争创一流”①。针对当时高等教育体系中存在的问题，指明高等教育分类化发展的方向，并对不同类别、不同层次的高等教育办学主体在未来10年的发展做出了进一步规划。为更好地落实《纲要》的目标，2012年颁布的《教育部关于全面提高高等教育质量的若干意见》着重强调了“促进高校办出特色”的发展任务，要求“探索建立高校分类体系，制定分类管理办法，克服同质化倾向。根据办学历史、区位优势和资源条件等，确定特色鲜明的办学定位、发展规划、人才培养规格和学科专业设置”，鼓励不同规模、不同层次、不同水平、不同特色的高等院校“优化结构，调整学科专业、类型、层次和区域布局结构，适应国家和区域经济社会发展需要，满足人民群众接受高等教育的多样化需求”，并在自身特色的基础上充分发挥比较优势，“各展所长，在不同层次、不同领域办出特色、争创一流”②。2013年以来，教育部年度工作要点都十分强调高等教育结构调整。2018年，《中国教育现代化2035》出台后，当年教育部工作要点提出“探索建设一批新时代中国特色社会主义标杆大学，发挥排头兵、领头雁作用”，同年印发的《2018年教育重点工作指南》也提出了加强对地方和部属高校分类发展、深化改革的指导意见。从而提出“学校不分大小，皆可卓越，学科不分冷热，皆可一流”的时代命题，只有各类学校同争一流，高校的分类化发展才能创造出最大的综合效益，从而满足人民群众的差异化需求。2017年，教育部、财政部和国家发展改革委印发《关于公布世界一流大学和一流学科建设高校及建设学科名单的通知》，正式开启“双一流”建设，这是中国高等教育继“211工程”“985工程”之后的又一战略性决策。与前两者不同的是，“双一流”建设体现出更强的动态性和多元性，其将分类发展、特色引领的指导思想渗透进了中国大学“第一梯队”的建设之中。2018年，党的十九大提出社会主义新时代我国社会发展的基本矛盾，突出强调“不均衡”和“不充分”是当前我国社会经济发展格局中的突出问题，这在我国高等教育当前的分类化体系中也有突出的表现。虽然我们已经形成了一个结构多元、分类齐全的高等教育体系，但这个体系内部发展的“不均衡”和“不充分”仍是制约高等教育事业发展的重要桎梏。要构建一个发展更为均衡

① 国家中长期教育改革和发展规划纲要（2010—2020年）［EB/OL］.［2010-07-29］. http://old.moe.gov.cn/publicfiles/business/htmlfiles/moe/s4693/201407/xxgk_171904.html.

② 教育部关于全面提高高等教育质量的若干意见［EB/OL］.［2012-03-16］. http://www.moe.gov.cn/srcsite/A08/s7056/201203/t20120316_146673.html.

的高等教育体系，使不同类型高校均得到充分发展，更需要从制度层面出发，推动高等教育的系统性变革。基于此，2017 年，《关于深化教育体制机制改革的意见》明确提出“研究制定高等学校分类设置标准，制定分类管理办法，促进高等学校科学定位、差异化发展，统筹推进世界一流大学和一流学科建设”① 的思路和要求，为我国高等教育创新治理体系，尤其是为各地区高等学校办学和高等教育发展实现分类评价、分类管理与分类发展指明了努力方向。2019 年，教育部和财政部联合印发《关于实施中国特色高水平高职学校和专业建设计划的意见》，提出要集中力量建设 50 所左右高水平高职学校和 150 个左右高水平专业群，打造技术技能人才培养高地和技术技能创新服务平台②，“双高”计划的开启推动了职业教育在高水平分类化建设之路上的新探索，为构建一个更加完善的分类化高等教育体系提供了新的支撑。

今天，随着高等教育逐渐由大众化迈向普及化阶段，高等教育体系的规模空前庞大，各级各类高校数量也有了空前的增长。从逻辑上说，面对规模如此庞大的高等教育系统，要有效地引导其有序发展，就必须实行分类化、精细化的管理机制，并针对高等教育体系中的不同部分，实施差异化、个性化的评价和治理方式。这个过程无疑是复杂而艰巨的，这也为高等教育研究与实践提出了重要的研究命题和时代使命。

1.1.3 绩效评估优化：夯实高校质量保障体系的制度基础

要充分实现各级各类高校的均衡发展和同步提高，除了要坚持分类化发展的基本思路外，还需要进一步优化完善绩效评估体系，从而进一步促进现有高校切实提升办学质量，夯实高等教育的质量保障机制，分类化发展和绩效评估是一个紧密相连的整体，缺少任何一个环节都将难以实现现有高等教育体系的系统性改善。科学开展高校绩效评价，就是为了实现同类高校的良性竞争。必须借助系统观点和理论方法，根据不同类型、不同层次高校各自设计并整合一套反映高校各个运行层面相关因子的指标组合，并以此为依据对高校办校效能进行系统性测评。国外高等教育绩效评价的实践经验告诉我们，如果没有一套行之有效的分类化评价体系，高等院校的分类化发展就难以产生实际的效果。

① 中共中央办公厅国务院办公厅印发《关于深化教育体制机制改革的意见》［EB/OL］.［2017-09-24］. http://www.gov.cn/zhengce/2017-09/24/content_5227267.htm.

② 教育部财政部印发《关于实施中国特色高水平高职学校和专业建设计划的意见》［EB/OL］.［2019-04-01］. http://www.moe.gov.cn/srcsite/A07/moe_737/s3876_qt/201904/t20190402_376471.html.

在欧美国家，有许多“小而精”的高等学府和技术型学校。如果没有一套“专属”它们的评价体系，仅采用“大而通”的单一化评价机制，那么这些学校无疑是没法和巨型大学、综合性院校“拼指标”的。而学校评价结果又事关学校的社会声誉、财政拨款收入以及生源质量等方方面面。因此，如果在单一化的评价机制下，这一类高校就难以从其所在体系中脱颖而出，其发展优势和办学特色就会淹没在同质化的学校丛林中，从而削弱高等教育体系的整体效能。因此，绩效评估体系的优化是高校分类化发展的深化和延伸，是确保各级各类高校均能充分发挥优势、凸显办学特色的重要制度保证。

在我国，对高等教育绩效评估的关注始于改革开放之后，其发展过程经历了四个阶段。

1. 高等工程教育评估体系的构建（1985—1989年）

改革开放之初，我国各项事业迅猛发展，特别是科技产业的迅速发展推动了高等工程教育改革的率先突破，高等工程教育评估体系的构建和发展也成为吹响我国高校绩效评估体系改革的第一声号角。1985年，国家教委在黑龙江镜泊湖召开了我国第一个全国性质的高等教育评估研讨会——高等工程教育评估问题专题讨论会，对高等工程教育评估的正式实施进行了酝酿和准备。同年11月，原国家教委发出了《关于开展高等工程教育评估研究和试点工作的通知》，初步拟订35所高等工程院校参与首次评估试点工作，试点评估范围包括办学水平、专业建设以及课程开发等多方面，并委托机械工业部等相关部委分别主持有关专业的评估试点工作。为了确保我国高等教育领域的首次评估顺利开展，国家一方面理顺内部职责分工，明确国家教委、国务院其他部门以及地方政府在评估工作中的职责安排；另一方面则多方借鉴国外经验，由国家教委牵头组织中国高等工程教育评估考察团对北美地区高等工程教育的评估体系、实践经验及发展展开了广泛的考察。同时，国家还委托清华大学等牵头高校分别拟订了不同领域的评估方案，并进行了深入的研讨和修订。在充分地准备后，我国高等工程教育首次评估试点得以全面展开，并取得了积极的成效。经过五年的评估试点，国家教委于1989年12月在河南省郑州市召开高等教育评估工作会议，一方面对前五年高等教育评估的试点工作进行全面总结，另一方面也为接下来五年的高等教育评估工作提出了规划。这标志着我国高等工程教育的首次评估试点工作圆满完成，也为下一阶段高等教育评估工作的拓展和完善做好了准备。

2. 高等教育评估的规范化和制度化（1990—2001年）

高等工程教育评估的良好开局为之后高等教育评估的全面推进创造了有利条件。自20世纪90年代开始，我国高等教育评估体系建设开始进入全面推进的新时期，其范围由高等工程院校拓展到其他各类高校，并逐步走向规范化和制度化。1990 年 10 月，我国颁布了第一部关于高教评估的行政法规性文件——《普通高等学校教育评估暂行规定》，标志着我国高等教育评估开始进入规范化和制度化的建设轨道。经过不断的调整和多次修订，我国逐渐确立了合格评估（鉴定）、随机性水平评估和优秀评估三种基本高等教育评估形式，并将其面向各类高校展开综合试点。1992 年，国家教委在浙江大学、四川大学两校开始进行办学水平综合评估的试点；1994 年，国家教委对天津城建学院等 9 所院校的本科教学工作进行了合格评估的试点；1995 年，优秀评估试点工作启动，入选“211 工程”的重点高校成为优秀评估的试点高校。到了 1997 年，国家对介于合格评估与优秀评估高校之间的学校开启了随机性水平评估试点，先后对长沙铁道学院以及黑龙江大学等 20 多所高校展开了随机性水平评估试点。在各项实践的推动下，我国高等教育评估体系的规范化水平不断提升，并在制度化建设方面有了长足的进步，特别是 1998 年《中华人民共和国高等教育法》的颁布将我国高等教育评估制度的保障上升到法制化高度，从而为高等教育评估制度的不断完善奠定了坚实的法制基础。

3. 系统化、常态化评估制度的全面实施（2002—2010 年）

伴随着 20 世纪末我国高等教育大扩招的实施，我国高等院校格局出现了新一轮的重组，大学合并和综合化办学趋势成为这一时期高等教育发展最重要的时代特征之一。在此背景下，强调分学科、分类别开展的评估体系已经不适应当时的时代发展需求。在此背景下，国家对原有的三类教育评估形式进行了整合，形成了“集优秀评估、合格评估和随机性水平评估为一体”的“本科教学工作水平评估”，从而推动了我国高等教育评估制度的系统化。自 2002 年起，教育部对全国各高校进行了分批次的本科教学工作水平评估，并在 2003 年正式确立了“五年一轮”的普通高等学校教学工作水平评估制度，其中包括每年一度的教学基本状态数据公布制度，构建了常态化的高等教育评估制度，以期达到“以评促建，以评促改”的动态激励效果，这标志着我国高等教育评估制度在规范化建设的轨道上迈进了重要一步。

4. 高等教育评估体系的多元化（2011 年至今）

2010 年，《纲要》的颁布推动我国高等教育改革迈入一个新的阶段。伴随着我国经济发展逐渐步入新常态，高等教育发展所面临的主要任务也发生了新的变化，质量建设的重要性在这一时期空前凸显。围绕这一变化，高等教育评估制度也发生着许多新的变化。

（1）评估主体上，由相对单一化的政府主导模式转变为政府与多方社会力量共同参与的多元化评估模式。随着我国经济市场化程度的不断提高，各类民间组织开始在社会经济生活中扮演着越来越活跃的角色，社会力量的多元化推动了经济社会发展质量的不断提升。在高等教育发展过程中，随着民众对高等教育的质量关注不断提升，高等教育所面临的发展要求也日趋复杂化和精细化，以政府力量为主导的一元化评估模式逐渐难以适应新形势下的高等教育发展需要。由于同时扮演“主办者”“管理者”“评判者”的三重角色，政府在高等教育评估实施和决策中缺少监督、视野受限，从而使评估结果的科学性和有效性受到挑战。因此，国家开始从顶层设计到实践执行的各个层面着手，构建多元化的高等教育评估体系。一方面，国家在各类法律、法规及政策性文件中鼓励社会力量参与高等教育评估，并为各类民间评估组织参与高等教育评估创造有利的制度环境；另一方面，各类第三方评估机构如雨后春笋般大量成立，涌现出包括上海市教育评估院、武汉大学中国科学评价研究中心、麦可思等一大批有影响的第三方评估组织。它们接受政府、学校和社会各方的委托，提供各级各类教育评估服务，能够开展科学、客观、公平、公正的评估与监测，为高等教育评估注入新的活力，也取得了良好的实践效果。此外，高校自我评估体系也在这一时期得到不断完善，各高校分别完善了信息公开、组织保障、常态监测等一系列制度安排，从而让高校自我评估成为完善高等教育评估体系的重要力量。从学理上看，高等教育的公共属性决定了高等教育评估必然是政府与社会的合作共治行为。高等教育评估领域推进政社合作是政府职能转变的重要体现，是实现“管办评”分离的制度载体，是弥补教育评估政府失灵与市场失灵的替代机制，是发挥社会组织部门优势的必然选择。① 在多方力量的博弈和推动下，一个由多方力量共同参与的多元化高等教育评估体系得以在这一时期形成并完善。

（2）评估模式上，由合格评估转为审核评估，更加关注内涵式发展和持续性改进。从合格评估到审核评估的转变是这一时期我国高等教育评估发展的又一重要变化，体现了高等教育评估在价值理念、核心关注等方面的新特点。审核评估倡导“学生中心”“成果导向”和“持续改进”三大理念②，取消了过去以分数和等级框定学校办学“成绩”的做法，淡化了评估的结果性呈现，改为以写实性报告的方式重点强调对学校人才培养状况的诊断性评价，更加在意学校办学的“成效”分析以及未来改进，从而有利于淡化评估对象的功利

① 葛孝亿，张春美．“政社合作”视角下高等教育评估制度的重构［J］．教育学术月刊，2019（12）：44-48，87.

② 陆根书，贾小娟，李珍艳，等．改革开放40年来中国本科教学评估的发展历程与基本特征［J］．西安交通大学学报（社会科学版），2018，38（6）：19-29.

心态，有助于推动学校的内涵建设。为了更好地引导高校推动办学水平的持续改进，审核评估对原有的评价内容和指标体系也进行了较大的调整，其范围主要包括学校的定位与目标、师资队伍、教学资源、培养过程、学生发展、质量保障以及学校特色项目这“6+1”个项目；重点考察“五个度”①，即培养效果与培养目标的达成度、办学定位和培养目标与社会需求的适应度、教师和教学资源对学校人才培养的保障度、教学质量保障体系运行的有效度以及学生和用人单位的满意度。由“五个度”的关注点可见，审核评估改变了传统评估中针对静态指标的观测和评价，转而采用更具动态性的持续考量和分析诊断；其考察范围也有了更大的拓展，观测点更为全面，更能够反映人才培养的全方位成效，也能够更好地将学生发展落到实处。在此背景下，一系列重要的抓手性工程相继实施。一是启动“双一流”工程、“双高”计划等新一轮高校建设工程，这些新工程秉持新的建设理念，兼有学校评估和学科评估的双重设置，能够更好地贯彻分类化办学和内涵建设的指导思想，从而凸显不同类型、不同层次学校的专业优势和办学特色；二是启动工程教育专业认证，并不断扩大其实施范围，使其逐渐由工程类专业拓展至医学、商科乃至师范类专业等领域，专业认证的实施更好地弥合了学校培养设置与市场准入门槛之间的鸿沟，有助于提升学校人才培养的实效性。除此之外，包括构建和完善中国特色高等教育质量常态监测大数据平台，建立评估信息公告制度及监督反馈机制等一系列措施也在这一时期相继实施，这些重要举措推动了我国高等教育评估的持续改进，为构建更有力的高等教育质量保障体系奠定了坚实的基础。

除实践层面外，高等教育绩效评估的变革历程可以从国家有关政策的演变中得到进一步的体现。1985 年，《中共中央关于教育体制改革的决定》首次提出“国家及其教育管理部门要加强对高等教育的宏观指导和管理。教育管理部门还要组织教育界、知识界和用人部门定期对高等学校的办学水平进行评估”②，从而开启了高等院校办学水平评估的时代新命题。在不久后召开的全国高等工程教育评估专题座谈会上，这个新命题得到了进一步贯彻和落实，这也是我国有领导、有计划地开展大学教育评估实践及研究活动的一个开端。从 20 世纪 80 年代末到整个 90 年代，我国在建立和完善整个学校评估体系的基础上进一步构建了高等教育评估的制度安排和法律保障，将对高等教育评估的

---

① 何秀超．探索中国特色现代高等教育评估制度全面提升人才培养质量［J］．中国高教研究，2018（10）：1-5.

② 中共中央关于教育体制改革的决定［EB/OL］．［1985-05-27］．http://www.moe.gov.cn/jyb_sjzl/moe_177/tnull_2482.html.

保障上升到法制化角度。1993年，《中国教育改革和发展纲要》提出“研究制定各级各类学校的基本办学条件标准和质量标准，建立和完善教育监测评估和督导制度，使受教育者的素质有明显提高，更好地适应经济建设和社会发展的需要”①，明确了监测与督导两项基本的制度抓手；1995年颁布的《中华人民共和国教育法》则将“国家实行教育督导制度和学校及其他教育机构教育评估制度”上升为法定制度安排，并将评估主体扩大到政府以外的民间机构，教育评估的制度安排自此获得了法律保障，其基本体系也得到了进一步的拓展和完善；1999年，《中华人民共和国高等教育法》规定“高等学校的办学条件、教育质量，接受教育行政部门和由其组织的评估”，进一步明确了高等教育评估的实施主体和内容范围，我国高等教育评估的基本框架得以基本确定。进入21世纪以后，高等教育评估的第一个实施重点落在了本科教学评估之上，这也是迈入21世纪后我国高等教育质量工程建设的一项重大举措。2001年，教育部印发《关于加强高等学校本科教学工作提高教学质量的若干意见》，提出“各级教育行政部门要建立科学有效的本科教育质量评估和宏观监测的机制。教育部拟将进一步修改和完善高等学校本科教学评估指标体系，并适时开展本科教学工作的评估、检查”②，正式开启21世纪第一轮本科教学评估的规划部署。同时，该意见还明确提出“加强对不同层次、不同类型高等学校教学质量监测的分类指导；引导和规范社会评估高等学校人才培养质量的活动”，从而在高等教育评估设计中引入分类化评估理念，并开始着手构建多元化的评估体系。为推动本科教学评估得以高效地贯彻落实，教育部在2003年和2004年相继颁布了《关于进一步做好普通高等学校本科教学工作评估的若干意见》和《普通高等学校本科教学工作水平评估方案（试行)》，分别就本科教学评估的实施部署和评估方案做出了详细的规定。在此基础上，2004年颁布的《2003—2007年教育振兴行动计划》正式提出了“实行以五年为一周期的全国高等学校教学质量评估制度”，从而正式将本科教学评估以制度化手段加以确定，同时规定在“健全高等学校教学质量保障体系，建立高等学校教学质量评估和咨询机构”的基础上“加强高等学校教学质量评估信息系统

① 国务院关于《中国教育改革和发展纲要》的实施意见［EB/OL］.［1994-07-03］. http://old. moe. gov. cn/publicfiles/business/htmlfiles/moe/moe_177/200407/2483. html.

② 教育部关于印发《关于加强高等学校本科教学工作提高教学质量的若干意见》的通知［EB/OL］.［2001-08-28］. http://www. moe. gov. cn/s78/A08/gjs_left/s5664/moe_1623/201001/t20100129_88633. html.

建设，形成评估指标体系，建立教学状态数据统计、分析和定期发布制度"①。这些举措推动了本科教学评估的固定化和常态化，使我国高等教育评估制度建设迈上了一个新的台阶。

在此之后，伴随着我国经济市场化程度的不断加深和高等教育体系的日益规模化与多元化，为了推动高等教育更好地实现分类化发展，充分发挥各级、各类乃至各个高校的积极性和创造性，关于高等教育评估制度的探索也在实践中不断地推进和发展。其对象更为多元，体系更为完善，参与主体更为广泛，也更为关注发展的实效性。2010 年，《纲要》提出"改进管理模式，引入竞争机制，实行绩效评估"，这是我国首次将绩效评估引入高等教育评估的顶层设计，也是我国自改革开放以来首次在纲领性文件中提出教育绩效的概念②。同时，《纲要》还提出"推进专业评价。鼓励专门机构和社会中介机构对高等学校学科、专业、课程等水平和质量进行评估。建立科学、规范的评估制度。探索与国际高水平教育评价机构合作，形成中国特色学校评价模式。建立高等学校质量年度报告发布制度"，拓展了高等教育评估的参与主体，更强调社会参与和国际借鉴，从而为更好地实施高等教育绩效评估创造了条件。为落实《纲要》目标，2012 年颁布的《教育部关于全面提高高等教育质量的若干意见》将相关要求进一步完善为"出台高校本科教学评估新方案，加强分类评估、分类指导，坚持管办评分离的原则，建立以高校自我评估为基础，以教学基本状态数据常态监测、院校评估、专业认证及评估、国际评估为主要内容，政府、学校、专门机构和社会多元评价相结合的教学评估制度"，使相关要求进一步细化，指明了评估制度建设的主要方向。为进一步健全评估机制，2017 年印发的《关于深化教育体制机制改革的意见》提出了"健全第三方评价机制，增强评价的专业性、独立性和客观性"，进一步凸显了对评估科学性和真实性的顶层关注。这一内容在 2018 年新修订的《中华人民共和国高等教育法》中得到了进一步确定，法规将原有的"高等学校的办学条件、教育质量，接受教育行政部门和由其组织的评估"修订为"高等学校应当建立本学校办学水平、教育质量的评价制度，及时公开相关信息，接受社会监督。教育行政部门负责组织专家或者委托第三方专业机构对高等学校的办学水平、效益和教育质量进行评估。评估结果应当向社会公开"，将原有的政府实施评估拓展为

---

① 国务院批转教育部 2003-2007 年教育振兴行动计划的通知 [EB/OL].[2004-03-03].http://www.gov.cn/gongbao/content/2004/content_62725.htm.

② 李宣海，薛明扬，王奇，等. 试论高等教育的绩效评估 [J]. 中国高等教育，2011 (Z2): 19-22.

政府与第三方协同评估，并突出了高校自我评估的地位，更加强调信息公开和社会监督。这些举措推动了我国高等教育评估制度的不断完善，进一步凸显了绩效评估在高等教育评估体系中的重要地位。

高等教育绩效评估是20世纪70年代以来西方“新公共管理运动”的产物，其核心内容之一就是将绩效评估应用到政府管理中①，从而促进非市场部门的绩效水平提升，进而推动社会公共管理的不断改善。其首先被美国高等教育改革引入，后逐渐拓展到世界其他国家。作为一种对投入与产出的效率及效益的衡量，绩效评估应从经济效益即投入产出比方面进行研究。教育的经济效率是教育经济学领域研究的重要组成部分，旨在借助于经济学的理论和方法研究教育领域中的投入与产出问题，高等学校的绩效评价正属于教育经济学的研究范畴。同时，高等教育属于社会公共产品的范畴，对高等学校的绩效评价也应当归属于公共管理的范围。因此，要对高等教育绩效评估展开深入的研究，可以将高等教育分层理论、高校社会职能理论、教育经济效率理论和新公共管理理论作为理论依据，从多个角度展开学术探讨。

1.1.4 湖北案例：一个高等教育大省的改革与应对

面对社会主义新时代高等教育发展的新命题和新使命，湖北也在各个层面进行了深入的改革。作为一个老牌的高等教育大省，湖北省高等教育发展的历史可以说是新中国高等教育发展历史的重要缩影。1949年，湖北省仅有10所高等院校，本专科在校生4 490人；2001年，湖北全省普通高等学校61所，本专科在校生45.3万人，高等教育毛入学率16%，进入大众化阶段；2018年,全省普通高等学校128所，普通本专科在校生143.82万人，均居全国第5位，高等教育毛入学率69.6%，是全国少数几个迈入高等教育普及化阶段的省份。其中，湖北地方高校发展迅速，自改革开放以来，湖北地方高校在数量和规模上均有了长足的发展（见表1.1），招生人数增长近20倍，院校数量增长近6倍，其中专科高校数量增长尤为迅猛，与改革开放前比增长近8倍。面对如此庞大的高等教育体系，湖北省高等教育发展同样面临着狠抓质量生命线，充分调动各级各类高校积极性，进而实现分类化发展的历史任务。

由于历史和现实的种种原因，湖北省高等教育虽然规模大、名校多，但其内部发展极不均衡。从空间分布上看，绝大多数优质高校均集中于武汉一市，无论是普通本科院校还是高等职业院校，武汉都处于绝对的“一城独大”地位。作为我国高等教育名城，武汉市高等教育在国内一直有着比较明显的优

① 李宣海，等. 高校绩效评估的缘起［J］. 复旦教育论坛，2011（Z2）.

表 1.1 改革开放以来湖北省地方高校发展情况①

年度	招生数/万人	地方本科高校数/所	地方专科高校数/所
1977	1.9	15	8
1999	5.5	19	16
2007	29.1	62	51
2013	35.2	59	56
2016	35.8	60	61

势，是我国四大科教中心之一。截止到 2018 年，武汉高等院校数量达 84 所，其中包括武汉大学等 7 所部属高校，普通本科院校 46 所，高职高专院校 38 所,高等教育在校生人数 107.5 万人，是世界上在校大学生最多的城市。而其他非省会城市所拥有的高等教育资源则十分稀少，因而高等教育对地方经济发展未能充分发挥应有的促进作用；从资源分配上看，部属高校、地方高校、职业院校之间，示范院校和非示范院校之间存在过大的差距。以地方高校为例，虽然湖北省 129 所高校中，地方高校就占了 121 所，但地方高校所获得的高水平资源却相当稀少，存在着无院士、无“211”、无国家重点实验室、无国家重点学科的“四无”现象，在以院士等为代表的师资拥有量上，湖北仅有的两所“985”高校就远超湖北所有地方高校的总和。作为中西部地区高等教育第一强省，湖北省地方高校综合实力排位却在全国居倒数第 7 位。资源分配不均和过大的发展差距带来了湖北省高等教育的发展短板，使大部分湖北高校的积极性难以得到有效的激发，也使其难以打造专业优势和地方特色，从而削弱了湖北的科教优势；从办学特色上看，湖北省高等教育系统内部的同质化办学较为突出，特别是在 21 世纪初以来的高校合并浪潮中，湖北省许多具有独特优势的专业院校为了适应本科教学评估的要求而纷纷被合并到综合性大学中，但合并后的综合性大学并没能很好地消化和整合各原有院校的专业优势与特色学科，从而使许多原本的优势学科逐渐式微，也造成了各大高校大而不强，缺乏特色的客观现实。本书正是基于这样的历史背景，将研究的重点落在了探寻湖北省如何由高等教育大省转变为高等教育强省，如何将科教优势转化为发展优势的思考上。以湖北省高等教育为聚焦对象，以分类化发展和绩效评估体系构建为两大支点，提出了本书所关注的核心问题。

① 表内数据均来自历年《湖北教育年鉴》。

1.2　概念界定

1.2.1　高等院校

在我们日常的语境之中，高等院校即为人们所说的“大学”，泛指对公民进行高等教育的学校机构。因此，对高等院校的理解依托于对高等教育的解读。《中华人民共和国高等教育法》第1章第2条指出：“本法所称高等教育，是指在完成高级中等教育基础上实施的教育。”从历史的角度来看，高等教育是人类社会发展到一定阶段的产物，其内涵和外延在不同的历史时期有着不同的表现。在古代社会，高等教育表现为“高深学问的教育”。为传播当时的“高深学问”（如古印度的《吠陀经》，中国古代的“六艺”）而建立的各式学校以及之后在此基础上形成的学术中心，成为“高等院校”在那一时期的主要表现，但是这些学校机构或学术中心还不具备现代高等院校的形态和属性，还不能称为真正意义上的“大学”。12—13世纪，中世纪大学的诞生和演变推动了高等教育的深刻变革，成为近代高等教育发展的直接先驱，具有近现代意义的“大学”登上了历史舞台，“大学教育”成为近代高等教育的主要形式，近代大学也成为“高等院校”在那一时期的主要表现。在这一时期，大学教育仍具有“钻研高深学问”的核心属性，学术性是近代大学最重要的价值属性。进入20世纪以后，特别是第二次世界大战以后，众多新型高等教育机构大量涌现，深刻地改变了高等教育的存在形态，高等教育逐渐迈出传统的“象牙塔”，开始和劳动力市场紧密结合，原有的大学教育概念已经不能涵盖多样化的高等教育现状，“第三级教育”应运而生，并成为现代高等教育的重要诠释。根据国际社会对第三级教育的一般理解，其通常包括中学以后的各种教育和训练。由此可见，第三级教育的内涵明显较高等教育更为丰富，直接以第三级教育指代高等教育并不合适。根据联合国教科文组织的分类标准，第三级教育的5~6段才是标准的高等教育阶段，我们今天所描述的高等院校也正是处于这一阶段的所有高等教育机构的总称。在我国，政府是高等院校的最重要办学主体，其通过政策手段管控并引导着全国高等院校的运行和发展。高等院校因而在很大程度上属于一个政策概念。因此，在本书中，关于高等院校的定义基本等同于政策语境下的高等院校概念。从政策语境上看，我们日常所说的高等院校就是按照国家规定的设置标准和审批程序批准设立的，通过普通高等院校、成人高等学校招生全国统一考试招收普通高中毕业生为主要培养对象，并对其实施高等教育的全日制大学、独立学院、职业技术学院、高等专科学校、广播电视大学、开放大学、职工大学、业余大学、职工医学院、管理干部学院、教育学院和普通高校的继续教育学院、成人教育学院等。

在我国，高等院校涵盖的主体非常广泛，但归纳起来可以分为两大类，即普通高等院校和成人高等学校。根据本书在研究对象上的范围和界定，其讨论范围更多地聚焦在普通高等院校之上，因此，本书中的高等院校概念可基本定位于普通高等院校。

1.2.2 分类发展

分类（classify）是逻辑学的基本概念，它是指根据事物的共同点和不同点，把事物划分成不同种类的逻辑办法。它是在比较的基础上，根据事物的异同，按照共同点将事物归为大类，再按差异点将事物归为小类，从而将研究对象区分为有一定从属关系的、不同层次和等级的系统。

一般来说，分类可沿两个方向进行：一是归纳方向，即将具体事物根据其共同点先归为小类，后逐级向上，从而实现由个体到整体、由具体到一般的整合；二是分析路线，即将一个大类下的众多事物根据其差异点划分为不同的亚群体或子分类，再由此逐级向下，从而实现由整体到个体、由一般到具体的发散。在本书中，高等院校分类发展中的“分类”更多地强调其“分”的一面，更关注高等教育系统内部的差异化表现，更注重采取有针对性的举措。

分类作为一种科学研究方法，在科学研究活动中扮演着重要角色，能够指导深入的调查并有助于理论的构建。分类发展的实质是根据发展主体的类别差异，采取更符合每一个发展主体特性的发展方式，从而实现个性化的发展。在教育学语境下，我们研究高等院校的分类发展，实际上就是在承认高等院校之间客观差异的基础上，探寻符合不同院校发展特性的多元化路径。一方面，我们需要高等院校实现共同发展，使每一所高校都能在自身的轨道上充分发展；另一方面，我们需要更具包容性的发展路径，以多元化的标准和要求激励高校的自我提升，让它们在“果”上相一致，但在“道”上却截然不同。分类发展的实质就是在明确定位、正视差异的基础上实现殊途同归的发展结果。

1.2.3 高等院校分类体系

分类体系，即将个体按照其关键特征纳入相应类别的分类学概念系统。高等院校分类体系，即在一定的分类标准指引下，以高等院校的关键特征和属性差异为依据而构建的学校类别系统。在我国，高等院校的分类体系可从多个角度展开（见图 1.1），具体来说，包括以下几个层面。

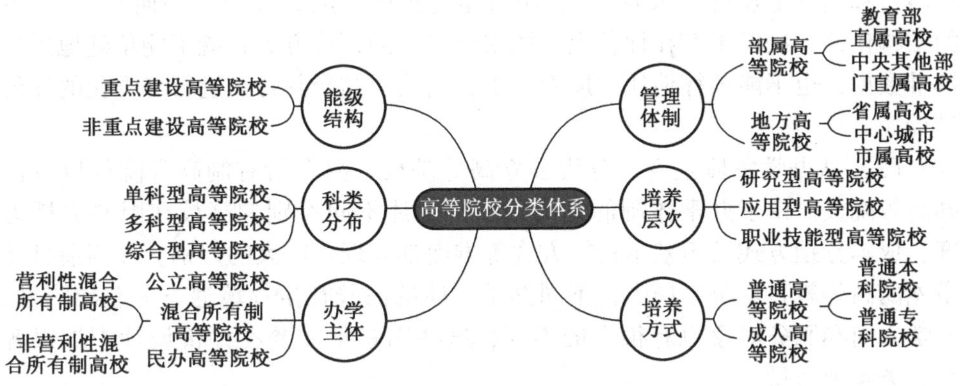

图1.1 我国高等院校分类体系

（1）从能级结构上看，分为重点建设高等院校与非重点建设高等院校。基于办学水平与实际能力的差异，我国自20世纪末开始相继实施了一批重点大学建设工程。在本科教育方面，有被民众广泛熟知的“985工程”和“211工程”，世界一流大学和一流学科建设（“双一流”建设），以及高等学校创新能力提升计划（“2011计划”）等，旨在集中资源打造一批具有世界一流水平或国内领先水平的高等学府和专业学科，从而推动我国高等教育综合实力和国际竞争力的有力提升。在职业教育方面，则有包括中国特色高水平高职学校和专业建设计划（“双高计划”）在内的一批职业教育骨干校、示范校建设工程，旨在集中力量建设一批引领改革、支撑发展、中国特色、世界水平的高职学校和专业群；引领职业教育服务国家战略、融入区域发展、促进产业升级①。这些重大工程构建起我国高校体系能级结构的基本框架。相比之下，重点建设高等院校多为研究型或教学研究型大学，以及具有全国甚至国际影响力的高职示范校和骨干校。其更多地服务于国家尖端领域的突破与创新，以及核心产业的人力资源支撑，更直接地服务于国家战略；而非重点高校则多为教学型或技能型高校，更多地服务于地方经济的建设与发展。不同的使命、不同的侧重和不同的内部结构决定了两者在评价设计上的差异化要求，因而更需要建立分类化的评价体系。

（2）从科类分布上看，分为单科型、多科型和综合型高等院校。基于内部专业构成以及在校生有效覆盖的不同，单科型、多科型和综合型高校在学校规模、办学方向等方面都呈现出较大的差异。相比之下，多科型、综合型高校

① 教育部财政部关于实施中国特色高水平高职学校和专业建设计划的意见［EB/OL］.［2019-04-01］. http://www.moe.gov.cn/srcsite/A07/moe_737/s3876_qt/201904/t20190402_376471.html.

从体量和结构上显得“大且全”，单科型高校则一般表现为“小而专”。两者的结构化差异决定了其在评价上不能采用单一的评价方式，既不能单纯地拼规模堆数据，也不能纯粹地比深度看水平，而是要结合其特点进行分类化的评价设计。

（3）从办学主体上看，分为公立高等院校、混合所有制高等院校以及民办高等院校。由于办学体制的不同，使得上述不同类别的高校在财政支持力度、成本分担方式乃至基本运转方式等方面都表现出巨大的差别。在当前日益激烈的高等教育竞争格局中，不同办学主体的高校在生存境遇方面差异明显，办学方向和服务对象也有很大的不同，这些因素都需要在评价设计中加以客观、务实地考量。

（4）从管理体制上看，分为部属高等院校和地方高等院校两大类，两大类之内又分别有教育部直属高校和中央其他部门直属高校，省属高校和中心城市市属高校这两组大致的类别划分。此外，还有一类介于两者之间的省部共建院校（在此不做详细介绍）。相比之下，部属高等院校在师资力量、生源水平以及管理建设等多方面都居于优势地位，其服务定位更多地着眼于国家整体战略。而地方高校在资源获取以及发展态势上整体偏弱，其服务定位更多地着眼于地方经济发展，因而两者很难在同一个标准体系中进行直接对比，需要在评价设计中充分考虑它们的发展差异。

（5）从培养层次上看，分为研究型高等院校、应用型高等院校以及职业技能型高等院校。三者在办学定位和培养目标上有着明显的不同。一般来说，研究型高等院校的办学定位相对较高，更多地侧重于科研创新及学术研究，旨在培养学术型尖端人才；应用型高等院校多为教学型或教学研究型大学，更多地侧重于教学创新、社会服务和应用型成果开发，旨在培养高层次应用型人才。此外，应用型高等院校在内部培养层次上又可分为应用型本科和应用型专科，两者在培养定位、专业要求、考核评价等方面差异明显；职业技能型高等院校则主要为高职高专院校，更多地侧重于技术性服务和生产工艺的革新，旨在培养生产、管理及服务一线的高素质技能型人才。由此可见，三者的发展脉络和方向定位存在明显的差异，要对其进行客观、科学的评价就必须依托多元化的权重设计，实行分类化评价。

（6）从培养方式上看，可分为普通高等院校和成人高等院校。相比之下，普通高等教育在正规性、权威性和培养的连贯性、专业性等方面都强于成人高等教育，两者的目标定位和服务对象也截然不同。因此，对于普通高等院校的评价机制自然也要和成人高等院校有所不同，两者在水平建设、内容要求以及其他各方面的差异必须在评价体系中得到承认和关注，才能更好地推动两者的分类化发展。

由以上内容可知，分类化的高校体系决定分类化的评价体系，由于不同院校之间在多个层面的差异化表现，使得我们必须建立起分类化基础上的高校绩效评价机制。

1.2.4 绩效评估

“绩效”（performance）一词来源于管理学，是经济管理领域的重要概念，最初主要应用于生产性环节和市场部门中，伴随着新公共管理运动的开展，绩效概念的应用开始由市场部门拓展到非市场部门，并成为公共管理的重要概念。在《现代汉语词典》（第7版）中，绩效一词实际是两个概念，即“绩”和“效”的综合。“绩”即业绩，是指资源投入所要实现的目标；“效”即效果、效率、效益，是对目标达成结果的测算与考核。从这个意义上看，绩效概念的内涵包括了投入与产出之间的比值关系。构成绩效的要素包括资源投入、成果产出以及两者的转化过程，是投入、产出、实效的完整链条。投入和产出之比构成效率，而产出和实效之比则构成效益。因此，绩效评估的概念实际上包含效率与效益的双重考量。这个过程无疑是复杂而艰巨的，一般情况下，研究者们会根据自身考察的侧重点来选择相应的倾向。在本书中，对高等院校的绩效考核基本涵盖了效率与效益的双重考察，并且更侧重前者的考量，是对高等院校投入与产出关系的全面测评。

对绩效概念的理解可从不同角度进行解读。从管理学角度看，绩效分个人绩效和组织绩效，个人绩效是人力资源评估的重要依据，而组织绩效则是部门考核与评价的重要参考。在不同的语境下，绩效概念的内涵也会有所差异。在经济管理语境中，它是指社会经济管理活动的结果和成效；在人力资源管理语境中，它是指主体行为或者结果中的投入产出比；而在公共管理语境中，其主要是用来衡量政府等公共部门活动的实际效果。在本书中，高等院校绩效评估的概念更偏重于组织绩效的考量，特别是公共管理范畴中的组织绩效考量，旨在通过相应的指标体系对学校的组织绩效进行全面而深入的考察和测算。

绩效评估是组织设计中的关键环节，科学的绩效评价是降低组织运行成本，提升公共部门运行效率的必要保障。在我国，国家是高等教育的主要组织者和投入者，其对高等教育给予巨大的财政投入，但高等教育的公共产品属性却在很长一段时间内造成其绩效评估的弱化和缺位，导致财政资源分配的失衡和低效，从而引发社会公众的广泛质疑。随着我国改革进程的不断深入，公共部门及事业单位的管理要求也日趋精细化和科学化。对高等教育绩效的科学评估，是回应公众关注、建立高效的高等教育投入分配机制和监督问责机制的基础性环节，在整个高等教育管理和质量保障体系中具有“牵一发而动全身”的重要作用，是改善高校治理结构、提升高校办学效率的必然要求。

1.3 研究的意义

1.3.1 促进湖北省高校办学质量的有效提升

实施分类发展与绩效评价的直接目的是推动高校办学质量的有效提升，通过本书的学术探索，旨在为湖北省高等院校的发展探寻一条结构多元、定位准确、针对性强、涵盖面广的分类发展思路，从而帮助各大高校在未来的湖北高教发展格局中找准自己的位置，推动它们探索个性化的发展道路，充分发挥自身特长与优势，实现更高水平的发展；与之相对应的，本书还将借助于量化分析工具和实证研究范式，力图构建一套与湖北省高等院校分类发展相适应的高等院校绩效评估体系，推动高校评价机制的改革，使其逐渐由单一化的评价方式向多元化的评价方式转变，从而充分地发挥评估制度对各级各类高校的激励作用，使各大高校都能在新的评价体系中各尽其能、充分发挥，进而促进湖北省各大高校办学质量的整体提升。

1.3.2 提升湖北省高等教育与经济发展的耦合度

科学、合理的分类评价体系有助于释放湖北各高校特别是地方高校的办学活力，使不同类型、不同层次的办学主体不必为了迎合单一化的评估要求而牺牲自己的办学特色和专业优势，从而为具有地方特色的学科专业的健康发展创造良好的制度氛围，并推动湖北各高校特别是地方高校根据本地发展特点调整专业结构，使其能够更好地服务于湖北经济社会发展的现实需要，并充分发挥高校的智力优势，增强其对地方经济社会发展的引领能力和服务能力，使高等教育成为湖北省建立社会主义现代化强省的重要支撑。

1.3.3 推动湖北省高校管理决策的精准化和科学化

一方面，分类发展的前提是明确高校的自身定位，一个科学合理的高等院校分类化发展格局的形成有助于身在其中的各大高校明确自身定位，健全自身管理，推动自我提升，有助于它们根据自身的发展定位，更好地探索个性化的发展路径，从而推动高校管理决策的科学化；另一方面，借助于一个完善的高等院校分类评价体系，能够更好地帮助各大高校找准不足，把握病根，围绕自身建设展开更具针对性的调整或改革，从而提升管理决策的精准化。

1.3.4 改善湖北省高校评价体系的实施效果

科学、合理的高校评价体系是优化高校管理水平的必备条件，也是引导高校发展方向的重要指挥棒。很长一段时间以来，湖北省高校发展所表现出的高马太效应和原有的单一化评价方式密切相关。虽然政府从理念层面鼓励并倡导各大高校走分类发展的道路，但由于没有评价体系改革的跟进，各大高校在实践层面仍不得不选择原有的发展路径。为了在评估中获得相对优势，各大高校只能将有限的资源投入于现有评价方式所指向的领域中去，因此，单一化的评价方式带来了同质化的发展态势，从而使评价机制所应有的资源优化功能无法得到充分发挥。本书力图构建一套科学、合理的高校评价体系，使其与分类发展的理念相适应，能够对分类发展格局下不同的高校发展方向做出客观、公正且富有激励性的评价，从而充分调动各大高校的办学积极性，推动其自我调整与提升，进而改善高校评价体系的实施效果，充分发挥其激励作用。

1.3.5 促进湖北省相关制度建设的完善

制度建设是一个有机的系统。绩效评估的制度变革和体系优化有助于促进湖北省高等教育发展生态制度的整体完善。以优化绩效评估为中心节点，可以联动湖北省相关制度建设的协同进步。一是形成客观、有效的监督问责机制，通过将绩效与问责挂钩，能够强化政府对各高校的组织监督，促使各高校提升办学效率，严肃纪律要求；二是形成更为高效的财政拨款机制，通过将绩效与拨款挂钩，进一步推动高校之间的良性竞争和优胜劣汰，并通过差异化的拨款机制引导高校的办学方向和专业建设；三是形成更有力的激励机制，通过将绩效与奖励挂钩，进一步调动高校的办学积极性，促使其努力开发新的增长点和绩效提升空间，以有限的资源激发更大的效能，从而进一步提升财政资源的利用效率。

1.4 文献综述

1.4.1 高校分类发展研究：国内及国外现状

由图1.2可知，围绕高校分类发展的研究主要以2010年以后发表的成果为主，属于近10年来的新兴教育研究主题，且研究热度仍处于逐年增长态势。

这一现象反映出分类发展理念正受到学术界乃至社会各界的越来越多的关注。围绕这一主题，众多学者都在各自领域开展了卓有成效的研究。总的来说，其研究内容主要集中于以下几个主题。

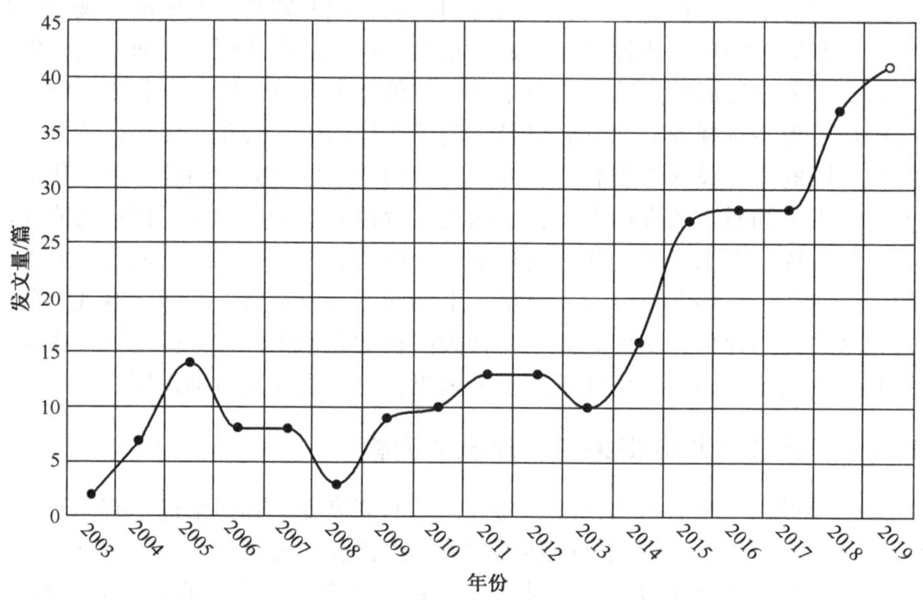

图 1.2 以高校分类发展为主题的研究成果年份分布情况

资料来源：中国知网

1. 基于不同视角的高校分类发展研究

在这一类研究中，不同研究者从不同视角切入主题，如朱飞等选择了校名为切入视角，分析了当前高校校名发展呈现趋同化、“名不副实”等突出问题，并在此基础上剖析了教育监管部门的主体责任和社会舆论监督需要改进的地方①。张旺等则分析了“双一流”建设背景下高校分类的主要依据，强调了“双一流”建设所带来的高校马太效应加剧等突出问题，并提出了强化高校分类理念、营造动态均衡的高校生态、建立多样化评估体系及完善多元主体共建机制等分类实施路径②。陈龙等从大学治理的角度出发强调了高校分类理论的

① 朱飞，闫晓静．基于校名视角的我国高校分类发展研究［J］．当代教育科学，2015（17）：29-32.

② 张旺，龙柯．“双一流”建设背景下高校分类发展的依据及实践路径［J］．教育评论，2018(1)：3-7.

合理性，并在此基础上剖析了本科院校同质化发展的成因及出路①。张辉从管理学角度探讨了高校分类发展所遵循的基本规律，认为高校分类发展的实质是要求高校科学分析学校外部环境和自身发展状态，以系统的观点找准自身的科学定位，而这正是高等教育系统发挥最佳效能的成功之道②。

部分学者从特定的学理视角出发，探索了高校分类的新视角和新方案，如朱铁壁等基于知识生产与学生学习的双重视角，提出了由理论研究型、应用研究型、应用教学型和理论教学型四个基本类型构成的分类体系③。潘黎等则从知识布局的角度出发，分析了辽宁高等教育的分类情况，并提出了综合知识型、多种知识型、专门知识型三种基于知识布局的分类结果④。张海生以"新工科"建设为切入点，归纳了综合性高校组、工科优势高校组以及地方高校组这三种"新工科"建设实践模式⑤。陈伟从构建"理想类型"目的出发，紧扣"研究-教学""学术-应用"两大维度，基于"优、雅、实、用"四大价值基准，划分出学术类、通识类、应用技术类和技术技能类四类高校⑥。刘清华分析了高考制度改革与高校分类发展的关系，认为高考改革需要与高校分类发展相适应，调整高考的适应策略，需要处理好考生与大学的关系，以及大学、考生与考试机构、监管机构的关系，一是要分清责权，二是要多元评价，三是要双向选择⑦。

对地方院校的关注是相关研究的另一重点，如顾永安从地方本科院校发展在建设高教强省中的作用出发，凸显地方本科院校在高校分类格局中的重要作用，指出政府应在促进地方本科院校发展中扮演更重要的角色，通过统筹协调、政策引导以及准确定位等方式多措并举，与地方本科院校一道共同推进其深度发展⑧。李娜、贺祖斌通过剖析地方普通本科院校的办学定位，从学位授

---

① 陈龙，方丽，颜海波．本科院校同质化发展的归因及出路——基于大学治理和高校分类理论［J］．黑龙江高教研究，2015（6）：44-48．

② 张辉．高等学校分类发展的管理学阐释［J］．高教探索，2005（1）：40-42．

③ 朱铁壁，张红霞．高校分类新思考：知识生产与学生学习双重视角［J］．高等教育研究，2015（11）：24-30．

④ 潘黎，刘元芳．基于知识布局的高校分类的理论构建［J］．科学学研究，2009（3）：340-344．

⑤ 张海生．我国高校"新工科"建设的实践探索与分类发展［J］．重庆高教研究，2018（1）：41-55．

⑥ 陈伟．高等学校分类模式的反思与"理想类型"建构［J］．教育发展研究，2016（11）：1-6．

⑦ 刘清华．高校分类发展与高考制度改革［J］．考试研究，2005（2）：84-95．

⑧ 顾永安．高教强省与地方本科院校发展——基于对高校分类指导的视角［J］．教育发展研究，2011（1）：47-51．

予、人才培养类型以及学校职能等方面出发，对广西普通本科院校做出了包括相关学位授予单位、相关学位授予立项建设单位、新建本科院校、独立院校等在内的分类划分，并在分类分析框架的基础上提出了相应的分类定位策略①。方晔等从需求导向出发分析了浙江省高校创业学院的分类发展路径，提出了面向文化发展、行业特色、网络服务、国际合作四个方向上的定位发展②。

2. 基于高校管理的高校分类管理研究

分类管理是高校分类发展相关研究中的又一重要主题，其中又以对民办高校的分类管理研究较为丰富。例如宫法明分析了分类管理视阈下非营利性民办高校面临的困境与可行的发展策略，认为对营利性与非营利性两种民办高校实行分类管理是十分必要的，有利于提高民办高校公益性、突破制度瓶颈、提升民办高校办学声誉，并保障学校教育公平③。李广则探讨了分类管理体制下民办高职教育的分类发展路径，提出要通过自主选择分类、完善内部治理结构、落实法人财产权和建立良好外部关系等关键环节贯彻和落实民办高职教育的分类管理④。任奉龙分析了分类管理背景下民办高校发展的现实困境，认为政府要通过健全分类管理制度，配套一系列的政策文件以及给予相应的财政支持和资金奖励等路径，有效地推进民办高校的分类管理发展。而民办高校也要找准自身定位，不断优化办学水平，推进学校快速发展⑤。李文章从利益相关者视角出发，分析民办高校分类管理的政策选择，提出要从法律上许可和规范营利性民办高校办学，加大对非营利性民办学校的政策支持力度，创新教师社会保障制度，保障学生公平发展的权利，提高政府对民办高校的指导服务能力和水平⑥。

此外，相关研究还比较关注高校环境下的分类管理内涵建设。例如赵庆年等分析了高等学校分类管理的主要内涵，认为高校分类管理主要包括高校职

---

① 李娜，贺祖斌．地方普通本科院校办学定位及分类发展研究——以广西为例［J］．广西师范学院学报（哲学社会科学版），2014（2）：78-81.

② 方晔，李增芳．基于需求导向的浙江省高校创业学院分类发展研究［J］．黑龙江高教研究，2018（3）：113-116.

③ 宫法明．分类管理视阈下非营利性民办高校面临的困境与发展策略［J］．黑龙江高教研究，2019（1）：40-43.

④ 李广．分类管理体制下民办高职院校的分类发展［J］．教育与职业，2018（5）：18-22.

⑤ 任奉龙．分类管理背景下民办高校发展的现实困境与对策研究——以辽宁省为例［J］．中国高等教育评估，2018，29（1）：50-54.

⑥ 李文章．利益相关者视角下的民办高校分类管理政策选择［J］．黄河科技大学学报，2015，17（3）：7-10.

能、高校办学质量、高校办学资源和高校办学制度等方面的分类管理①。还有部分学者就分类管理内涵的某一具体方面展开了更为具体的深入研究，如侯月明等研究了分类管理视阈下大学发展战略的嬗变，指出促进每一所大学合理定位与不同层面的卓越发展是我国当前高等教育改革一个基本的价值诉求。为了实现追求卓越与效益的共同目标，需要将大学分类管理制度引入大学的规划设计、目标制定及管理运行中，借以推动不同类型大学的卓越发展与高等教育质量的提升②。杜瑛探析了基于绩效的高校分类管理机制，认为构建推动绩效提升的资源配置策略是我国高等教育分类管理的现实需要，并在概括高校绩效研究成果的基础上，明晰了基于绩效的分类管理的内涵、主要内容和政策工具，提出并初步构建了促进绩效提升的高校分类管理新机制③。

最后，还有少数学者从一般视角对高校分类管理进行了归纳和总结。如习勇生归纳了21世纪头10年我国高校分类管理的有关研究，认为高校分类管理研究的难点主要包括三点，即分类管理的基本内涵，高校分类管理的必要性、可行性和局限性以及高校分类管理主体的价值取向，并认为学术界应在研究视阈、研究方法和研究主体上进行进一步的努力④。雷家彬则分析了高校分类管理制度的国外经验，指出国外在高校分类管理上的经验主要包括广泛使用分类管理工具增进院校多样性，在制度层面一般通过刚性政策工具，如法定性院校分类规程和院校分层调和制度等直接促成院校分化；而在政策层面则侧重通过系统发展规划、院校办学信息和资源导向等软性工具引入市场竞争机制、环境压力促进院校办学要素整合和组织转型。我国高校应充分借鉴国外高等院校的经验，在“入口与出口”系统和院校个体内部与外部等多个层面把握高等教育需求，处理好新建院校与改造老院校的关系，适度引入市场机制等核心举措，进一步落实高校分类发展的自主权，实现院校自主分化发展⑤。

3. 基于要素分析的高校分类发展研究

这类研究关注的是高校内部各关键要素的分类发展研究，其中又以对于“人”的关注，即对高校教职工群体的关注为研究重点，如张泳等分析了大学教师的分类发展，认为教师分类发展的关键是实现“多元下的统一”。并指出学校在管理过程中要结合学校动态发展的不同阶段，基于差异化的目标和任

---

① 赵庆年，祁晓．高等学校分类管理：内涵与具体内容［J］．教育研究，2013，34（8）：48-56.

② 侯月明，高树仁．分类管理视阈下大学发展战略的嬗变［J］．高等农业教育，2013(10)：17-19.

③ 杜瑛．基于绩效的高校分类管理机制探析［J］．国家教育行政学院学报，2017（12）：37-43.

④ 习勇生．我国高校分类管理研究十年（2000—2009）［J］．高校教育管理，2011，5（1）：86-91.

⑤ 雷家彬．高校分类管理制度与政策：国外经验与启示［J］．中国高教研究，2019（7）：47-55.

务，对各种类型教师的发展给予平衡而动态的支持，从而实现高校教师分类发展①。雷文静则分析了应用型高校转型背景下高校教师的分类评价与发展情况，指出充分发挥应用型高校教师发展与教师分类评价之间双向促进的良性作用，从而推动学校与社会的共赢②。王金友等结合国外一流大学的经验分析了我国高校教师岗位分类管理的基本问题，认为必须实现教师队伍的稳定性和流动性的有机结合，使自由发展和竞争压力并存，方能建设一支高水平的、充满活力的高校教师队伍③。李兵帅实地考察了地方本科高校教师队伍的分类考核与评价，并就教师分类聘任考核的研究思路、价值所在、指导原则、岗位设置的类型及其聘任管理办法等内容进行了积极的探索④。张辉分析了 MOOC 背景下高校教师的分类发展现状，认为 MOOC 的持续发展逐步推进了高等教育课程市场的形成，成为真正实现高校教师分类发展的突破口，而在课程市场化的背景下，打造课程建设“实践共同体”是高校教师分类发展的成效保障⑤。王戎则对高校辅导员分类分级发展模式的构建展开了探讨，认为辅导员的专业化发展存在角色定位混淆、专业化方向不明确以及工作复杂性增强等有待提高的问题。认为新形势下高校辅导员专业化发展要以专业化分类为导向做好辅导员选拔与聘用工作；以专业化培养为目标创新辅导员培训机制；以专业化研究为驱动组建辅导员理论研究团队；以科学化评价为指导拓宽辅导员专业化发展通道。这些研究从“人”的角度着眼，凸显了“人”的分类发展对组织分类发展的影响，从而折射出人的因素在高校分类发展中的重要性⑥。

此外，也有部分学者从“物”的角度探析了高校分类发展的不同要素，其中又以课程建设和制度分析为重点内容。例如潘懋元等从高校分类的视角出发，分析了应用型本科的课程建设，认为课程建设是实现高校分类发展、提高教育质量的重要环节。重构课程理念、吸纳校外人士参与人才培养方案的编

---

① 张泳，张焱．多元下的统一——关于高校教师分类发展的探讨［J］．江苏高教，2018（12）：82-86.

② 雷文静．应用型高校教师分类评价与教师发展探究［J］．高教论坛，2018（2）：113-115.

③ 王金友，蒲诗璐，王慧敏，等．高校教师岗位分类管理刍议——国外一流大学的经验和我国高校的实践［J］．四川大学学报（哲学社会科学版），2014（2）：127-136.

④ 李兵帅．地方本科高校教师队伍分类考核与评价的实证研究［J］．湖北经济学院学报（人文社会科学版），2019，16（7）：128-131.

⑤ 张辉．MOOC 背景下高校教师的分类发展——基于高等教育课程市场化的视角［J］．岭南师范学院学报，2016，37（2）：46-51.

⑥ 王戎．新形势下高校辅导员专业化发展路径探析——高校辅导员分类分级发展模式构建［J］．思想理论教育，2015（12）：99-102.

制、构建专业学习共同体、面向实践能力的学业成就评价等是落实应用型本科课程建设的重中之重①。林刚、李响等从分类发展的角度阐述了地方综合性高校内部资源配置的优化逻辑，指出地方综合性高校内部在资源配置的过程中的趋同化发展与多元化主体存在供需不一致的矛盾，因此，实施分类发展是走出资源困境的理性选择。而要实现这一目的，就要考虑高校定位下整体发展的总需求，并尊重各参与主体的现实发展状况与合理发展诉求，构建实施学科分类发展、学院分类转型、教师分类管理、学生分类培养等机制②。刘少雪、刘念才等则结合卡内基教学促进基金会的大学分类体系，对我国普通高校的分类标准及管理展开分析，认为应采用不同层次学生数量、最高层次学生与本科生比例等四个指标构建我国的普通高校分类标准③。魏红等分析了我国高校内部质量保障体系的分类发展现状，认为我国高校内部质量保障体系已初具雏形，但在体现高校自主性和特质方面还比较欠缺，且不同类型高校在内部质量保障体系中的发展还很不均衡，从而也进一步导致了高校分类发展的相对滞后和效率不高现象。因此，还需通过加强高校办学自主性、充分发挥教师主导作用等方式进一步加强其内部质量保障体系建设④。

1.4.2 高校绩效评价研究：国内及国外现状

绩效评价研究是高等教育研究中的一个传统热点，围绕这一主题展开的研究也取得了丰硕的研究成果。在中国知网上搜索关键词“高校绩效评价”或“高校绩效评估”，分别能搜到10468条和4657条结果，远高于搜索“高校分类评价”的结果。在系统阅读相关文献后，我们可以发现这些研究的几个主要集中点在一定程度上也反映了高校绩效评价的核心内容所在。

1. 高校财务绩效评价

最初绩效评价本身便是一个经济管理概念，因此其在教育事业中的应用也更多集中于经济事务之中。在围绕高校绩效评价所展开的研究中，以高校财务为对象的研究占据了最主要的部分，其内容也涵盖了高校财务管理的方方面

---

① 潘懋元，周群英．从高校分类的视角看应用型本科课程建设［J］．中国大学教学，2009（3）：4-7.

② 林刚，李响．分类发展：地方综合性高校内部资源配置的优化逻辑［J］．教育评论，2018（11）：13-16.

③ 刘少雪，刘念才．我国普通高校的分类标准与分类管理［J］．高等教育研究，2005（7）：40-44.

④ 魏红，钟秉林．我国高校内部质量保障体系的现状分析与未来展望——基于96所高校内部质量保障体系文本的研究［J］．高等工程教育研究，2009（6）：64-70.

面。例如夏澍等探讨了政府会计制度下高校预算绩效评价 BSC（平衡计分卡）的应用情况，认为 BSC 与高校预算管理相结合能够为日益复杂的高校预算工作带来很大的便利，且有助于探索政府会计制度下高校预算绩效评价中 BSC 应用的理论意义①。郑鸣等则关注非财务信息在高校财务绩效评价中的作用，认为高校必须从重视人力资源管理、提高科研能力、控制学术活动费用和合理进行高校合并四个方面入手，提高自身的财务绩效②。贾明春等分析了高校科研绩效影响因素对审计工作的影响，归纳了影响高校科研绩效水平的正反因素，并从高校内部审计角度提出了强化高校校长经济责任审计中对科研绩效的评估，完善科研经费管理内部控制制度等具体策略③。刘从兵以绩效评价“3E”原则（即经济性、效率性、效益性）为基础，通过对目标层、准则层、指标层的设计，构建了高校预算绩效评价指标体系④。王莉华通过美国两个州的案例分析了美国高等教育绩效拨款政策，揭示了美国高等教育绩效拨款政策的多元化特征，并指出政策制定过程中的实质性全面协商是政策成功的关键所在⑤。李永宁通过实证分析了高校预算绩效拨款模式改革的基本情况，指出了其在系统理论支持、核心要素体系设计等方面存在的问题，并认为加强预算绩效理论研究与核心要素体系设计等措施是改善相关问题的有效途径⑥。

除了对高校一般财务过程的绩效评价研究外，也有部分学者针对某些特定的财务领域展开了独到的分析，其中资助体系的绩效评价是相关领域的重点之一。例如赵炳起等分析了高校贫困生资助绩效评价的一些问题和提升之道⑦，刘少军等则就高校学生资助绩效评价中的设计问题展开了探讨，认为需要从经济性发展、学习性发展、社会性发展、责任性发展、职业成熟度五个角度展开

---

① 夏澍，李健，钟华，等．政府会计制度下高校预算绩效评价 BSC 的应用探讨［J］．经营与管理，2019（9）：153-157.

② 郑鸣，赵璧辉．基于非财务信息的我国高校财务绩效评价实证研究［J］．教育科学，2008（1）：54-58.

③ 贾明春，张鲜华．高校科研绩效影响因素分析及对审计工作的启示［J］．审计研究，2013（3）：28-33.

④ 刘从兵．高校预算绩效评价指标体系构建——基于绩效评价“3E”原则［J］．会计之友，2012（7）：127-128.

⑤ 王莉华．美国高等教育绩效拨款政策——两个州的案例比较分析［J］．清华大学教育研究，2008（2）：63-69.

⑥ 李永宁．高校预算绩效拨款模式改革：现实问题与应对路径——基于试点省份的探索［J］．教育发展研究，2016，36（1）：72-77.

⑦ 赵炳起，李永宁．高校贫困生资助绩效评价与提升对策研究［J］．高等工程教育研究，2007（3）：64-68.

设计，从而实现精准资助①。廖述平等探讨了基于学生发展的高校资助绩效评价，指出必须坚持价值判断与事实评价、防护性保障与成长性发展和主体性与参与性相结合的原则，以保证评价体系的多元性和完整性，并在此基础上，建构起经济性发展、学习性发展、社会性发展和职业成熟度提升的四个绩效评价体系、以期形成学生资助评价在促进学生发展绩效中的闭环回路，推动高校资助目标的精准化②。此外，于洪艳就高校财政专项资金支出绩效评价展开了探讨，并结合国家“双一流”战略的实施探讨了符合高校自身管理需求的财政专项资金支出绩效评价的可行方案③。李燕萍结合国内外经验分析了高校薪酬体系的构建方式，提出了坚持薪酬激励体系的五原则，定期开展教师薪酬调查，设计具备教师岗位特点的薪酬体系等路径思考。这些研究为我们呈现了高校财务绩效评价的完整画面，让我们对该领域的评价体系建立了更加全面的认识④。

2. 高校业务绩效评价

“钱”和“事”是高校绩效评价的两大核心内容。因此，围绕“事”而展开的高校业务绩效评价是相关研究的第二个重要方面，其内涵非常广泛，涵盖了教学、科研、学工、行政乃至人才队伍建设、信息化建设等各个领域。例如房国忠等探讨了高校教师综合绩效评价系统设计，提出了一套包括教学、科研等多维导向的综合评价体系设计⑤。刘世清则借鉴绩效技术和系统思想，提出一种基于绩效技术的评价方法——教师教学水平 TTF 系统评价方法，该方法克服了传统教学评价的诸多不足，有利于实现教学绩效评价的系统化和精确化⑥。郭际等通过 DEA-Tobit 模型分析了全国 31 个省（自治区、直辖市）高校的科技投入产出活动效益，发现高校自身对科技投入产出活动控制能力不足是导致效率不高的原因，并论证了高校科技发展与所处地区经济状况和人力资

① 刘少军，王瑜瑜．模糊综合评价法在高校学生资助绩效评价中的设计与实现［J］．国外电子测量技术，2018，37（8）：29-33.

② 廖述平，张丽红．基于学生发展的高校资助绩效评价研究［J］．高教探索，2016（4）：20-25，53.

③ 于洪艳．“双一流”背景下高校财政专项资金支出绩效评价研究——以 F 高校为例［J］．教育财会研究，2018，29（4）：25-33.

④ 李燕萍，沈夏珏．高校薪酬体系构建：国内实践和国外经验［J］．中国高等教育，2016（7）：14-17.

⑤ 房国忠，孙杏梅，杨雪．高校教师综合绩效评价系统设计［J］．东北师大学报，2006（3）：156-160.

⑥ 刘世清．基于绩效技术的高校教师教学水平评价系统方法研究［J］．中国电化教育，2004（6）：20-23.

源情况的密切联系，认为建立产学研体系、采用高校科研风险投资等措施可以加快高校科技成果的转换，提高科技资源配置的效率①。晋兴雨等利用 DEA（数据包络分析）模型探讨了高校教学与科研综合绩效评价方法，从制度供给、投入优化和产出提升三方面建议构建基于教学与科研综合绩效评价的资源配置体系②。刘琪分析了我国大学行政人员年度绩效考核的问题，发现绩效目标模糊、忽视日常管理等问题使年度绩效考核效果受到不利影响。要构建专业的行政人员年度绩效考核体系，需要在明确战略目标、及时辅导反馈、注重员工开发等方面做出努力③。田凌晖编制了高校人才集聚指数作为人才队伍建设的绩效评价方法，利用量化分析的基本工具对高校人才集聚工作进行了实证探讨④。党建宁等探讨了教育信息化 2.0 背景下高校信息化绩效评价模型的变革和发展，并结合即时评价和长效评价机制，构建了融目标层、中间层和指标层为一体的指标体系⑤。刘雪凤等以“985”高校为对象，探讨了知识产权能力绩效评价体系的建设，提出了建立高校教师职务发明专利权以及学生专利权共享机制，加强科研人员的创造动力；提升知识产权成果转化能力，建立产学研系统良性循环等路径措施⑥。张志莹等依据影响少数民族地区高校教师教学质量因素高低及存在的问题，对民族类高校教师教学质量绩效评价体系进行了重构和发展⑦。此外，匡玉梅、韩锋等围绕辅导员绩效展开了分析，分别从 KPI（关键绩效指标）制度在高校辅导员绩效管理中的应用状况以及专业化趋势下的辅导员绩效考核制度这两个方面进行了研究探讨⑧。张建祥、马坤等则探讨

---

① 郭际，吴先华，吴崇．基于 DEA-Tobit 模型的我国高校科技投入产出绩效评价及政策启示［J］．科技管理研究，2013，33（23）：65-70.

② 晋兴雨，张英姿，于丽英．高校教学与科研综合绩效评价研究——基于 DEA 模型的实证分析［J］．教育发展研究，2018，38（19）：7-15.

③ 刘琪．我国大学行政人员年度绩效考核的问题与出路［J］．教育科学，2018，34（5）：47-52.

④ 田凌晖．高校人才集聚绩效评价方法探析：集聚指数的编制与应用［J］．教师教育研究，2007（2）：45-49.

⑤ 党建宁，杨晓宏，王馨晨．教育信息化 2.0 下的高校信息化绩效评价模型和指标体系研究［J］．电化教育研究，2019，40（8）：45-52.

⑥ 刘雪凤，杜浩然，闫莉．我国“985”高校知识产权能力绩效评价［J］．科技管理研究，2018，38（2）：65-74.

⑦ 张志莹，吴亮．民族高校教师教学质量绩效评价及其影响因素研究［J］．北方民族大学学报（哲学社会科学版），2019（4）：72-78.

⑧ 匡玉梅．专业化趋势下高校辅导员绩效考核制度探析［J］．湖南农业大学学报（社会科学版），2009，10（2）：83-86；韩锋．高校辅导员绩效评价模式的现状与路径［J］．北京教育学院学报，2011，25（4）：21-24.

了人才培养的绩效评价问题，分别从绩效评估的内涵与本质特征以及影响因素等视角展开了深度分析①。郭玉莉、吴雪等就高校创新创业教育的绩效评价体系进行了研究，分别探讨了应用型本科和地方高校在创新创业教育绩效评价模型构建上的特点与逻辑②。与之相关，朱光兴等还探讨了高校科技创新团队的绩效评价体系构建，创新性地引入 IMOI（输入-中介-输出-再输入）模型，从团队投入、中介、产出、再投入四个维度全面深入地构建了高等学校科技创新团队绩效评价的指标。这些研究维度各异，内容多元，为我们全面展示了高校业务考察的诸多观测点和聚焦点，有助于我们全面、系统地衡量高校发展的内涵维度③。

3. 高校综合管理绩效评价

高校综合管理方面的绩效评价是相关研究的又一重要方面，涵盖要素管理、高校治理、后勤保障等多个领域，其中，资产管理绩效评价是该领域研究的重点内容。例如陈舒等提出了基于 BP 神经网络的高校事业资产管理绩效评价方法，将事业资产管理绩效评价的研究思路、指标体系、评价方法和运行机制等结合起来，实现了对高校事业资产管理绩效的等级评价④。蔺汉杰探讨了高校国有资产管理绩效评价体系的构建，在剖析现有体系问题的基础上，从资产质量、效益、体制和机制建设等方面构建了全方位的国有资产管理综合绩效评价系统⑤。李道国等提出了基于雷达图分析法的高校资产管理绩效评价模型，以期提升资产管理绩效评价的科学性和便捷性⑥。此外，人员管理绩效评价也是相关研究领域的核心关注之一。如陆万权等探讨了高校管理人员的绩效

---

① 张建祥．高等学校人才培养绩效评估的内涵与本质特征［J］．教育研究，2018（3）：51-61；马坤，刘伟．中国高校人才培养绩效评价的影响因素［J］．北京航空航天大学学报（社会科学版），2019（5）：148-154.

② 郭玉莉．应用型高校大学生创新创业教育绩效评价指标体系构建［J］．西昌学院学报（自然科学版），2019（2）110-115；吴雪，黄小龙．地方高校创新创业教育绩效评价模型构建［J］．高等理科教育，2019（3）：38-45.

③ 朱光兴，郭东强．高校科技创新团队绩效评价体系构建——基于 AHP-IMOI 模型［J］．教育评论，2019（6）：71-77.

④ 陈舒，潘晓梦．基于 BP 神经网络的高校事业资产管理绩效评价研究［J］．华南理工大学学报（社会科学版），2019，21（4）：43-50.

⑤ 蔺汉杰．高校国有资产管理绩效评价指标体系的构建［J］．会计之友，2014（16）：115-118.

⑥ 李道国，邵渊韬，范作冰．雷达图分析法在高校资产管理绩效评价中的应用研究［J］．新西部，2009（1）：96-98.

考核评价，并利用层次分析法设计了相关指标体系①；沈舒南等探索了高校实验室人员的绩效评价体系构建途径，并提出了利用绩效雷达图进行评价的思路和步骤②；江嵩等分析了美国高校校长的绩效评价方式，并就其存在的问题和优化路径进行了详细的介绍③；闫现洋等则利用多重实证方法构建了高校图书馆学科馆员服务绩效评价 DEA 模型，找出了影响学科馆员服务绩效差距的主要因素，并提出相应的学科馆员服务绩效改进对策④。综合管理绩效评价的另一焦点是组织管理绩效评价，其覆盖面几乎涵盖了高校各个组织或部门。如谭建伟等分析了高校职能管理部门的总体绩效评价系统⑤；沈鸿借鉴平衡计分卡思想构建了新型的五元结构高校管理绩效评价体系⑥；蒲筱哥等利用网络分析法构建了高校图书馆电子资源服务绩效评价模型⑦；邢周凌则分析了承诺型人力资源管理系统与组织绩效的关系⑧；朱皆笑等探讨了高校学生组织治理中管理熵的组成，建立了针对学生组织治理的管理熵集成评价体系，并根据熵值法得出高校学生组织治理绩效中各指标的熵值计算方法，为测度高校学生组织的治理绩效给出了新方法⑨。庄丽研究了最佳人力资源管理模式在高校组织绩效评价中的应用，认为前者既是高校实现绩效考核目标的保障，又是高校实现三维绩效考核的动力。因此，要把最佳人力资源管理模式充分地应用到高校组织绩效评价中，建立公平、公正的绩效评价制度，建立完善的教职工信息数据库，提高教师对于绩效评价的参与度，构建良好的评价氛围，完善高校的薪酬

---

① 陆万权，宋信强．基于层次分析法的高校管理人员绩效考核评价研究——以广东某高校为例［J］. 高教探索，2017（10）：40-46.

② 沈舒南，黄刚，卢子芳，等．高校实验室管理人员绩效评价的探索［J］. 实验室研究与探索，2017，36（11）：242-245，282.

③ 江嵩，宋洪峰．美国高校校长的绩效评价［J］. 比较教育研究，2007（7）：36-40.

④ 闫现洋，余小萍．基于 DEA 方法的高校图书馆学科馆员服务绩效评价研究——基于西南大学图书馆学科馆员的实证分析［J］. 情报理论与实践，2011，34（2）：88-92.

⑤ 谭建伟，陈理涛．高校职能管理部门绩效评价研究［J］. 重庆工学院学报（社会科学版），2009，23（8）：36-39.

⑥ 沈鸿．基于平衡计分卡的五元结构高校管理绩效评价体系及实证研究［J］. 高教探索，2008（1）：61-64.

⑦ 蒲筱哥，乔亚铭，胡亚敏．基于网络分析法的高校图书馆电子资源服务绩效评价模型及实证研究［J］. 大学图书馆学报，2014，32（4）：41-49.

⑧ 邢周凌．承诺型人力资源管理系统与组织绩效的关系研究——基于中部六省高校的实证分析［J］. 管理评论，2009，21（11）：74-83.

⑨ 朱皆笑，陈芳．基于管理熵理论的高校学生组织治理绩效评价体系研究［J］. 黑龙江高教研究，2017（7）：54-58.

分配制度，进而更好地促进高校持续健康发展①。

此外，白宗颖分析了高校绩效管理在推进高校治理现代化方面的重要作用，指出高校绩效管理能够提升高等教育治理能力、完善高等教育治理体系、优化高等教育资源配置和促进阳光高校建设，而共同的理论基础、价值引领、协商过程和目标导向也为高校绩效管理推进高等教育治理现代化提供了可行性。由此可以看出高校治理现代化对高校绩效管理的倚重②。薛晖等利用多种DEA模型和Gini准则对我国高校运营绩效进行了评价，从多视角出发对高校运营绩效进行了全方位的评估③。周超等对高校信息公开绩效评价展开了深入的研究，利用模糊综合评价法构建了高校信息公开绩效模糊综合评价模型④。曾朝夕则对高校教师思想政治教育绩效管理进行了定量分析，其利用量化工具所构建的定量绩效评价指标具有系统、清晰、可量化的特点，通过该体系的应用有助于高校教师思想政治教育绩效管理的有效提升⑤。这些研究丰富了管理科学的研究体系，也开拓了高校绩效评价研究的有效边界，使相关研究体系更为完善。

1.4.3 现有文献的不足

1. 缺少打通高校分类发展与高校绩效评价的研究内容

尽管围绕高校分类发展与高校绩效评价两个主题的研究均不在少数，但从分类发展的视角出发考察高校绩效的研究却较为稀少。然而在目前的政策环境与发展态势下，推动更高效的分类发展已是我国高等教育发展的主要趋势之一，也受到了国家决策部门的高度关注和大力支持。在不久的将来，高校绩效评价的基本格局将建立在分类化发展的基础之上，单一化的绩效评价体系将被多元化的绩效评价体系所取代。基于此，分类发展的实施效果理应成为高校绩效评价的重要维度，这一发展趋势应当在学术层面得到恰当的体现。

---

① 庄丽．最佳人力资源管理模式在高校组织绩效评价中的应用［J］．黑龙江高教研究，2019（4）：47-51.

② 白宗颖．以高校绩效管理推进高等教育治理现代化［J］．现代教育管理，2019（7）：42-48.

③ 薛晖，郑中华，谢启伟．基于多种DEA模型和Gini准则的效率评价方法——兼对我国高校运营绩效的评价［J］．中国管理科学，2014，22（4）：98-104.

④ 周超，马海群．基于模糊综合评价法的高校信息公开绩效评价研究［J］．图书馆理论与实践，2014（2）：6-10.

⑤ 曾朝夕．高校教师思想政治教育绩效管理的定量评价指标研究［J］．思想理论教育导刊，2016（11）：156-159.

2. 缺少有关职业教育的相关研究

在现有的围绕高校分类发展与高校绩效评价而展开的研究中，绝大部分将关注的焦点放在了本科层面的各类院校之上，无论是央属高校还是地方院校，无论是“985”“211”高校还是普通一本高校，都在当前的相关研究体系中占据着十分重要的位置。与此同时，占据中国高等教育近半壁江山的高等职业教育却显得“默默无闻”。这在国家大力发展职业教育、努力推进应用型高校转型的时代背景下显得更为突兀，其未能如实反映高等职业教育在高等教育发展中的重要地位，也难以回应高职教育发展所产生的学术诉求。因此，未来的相关研究需要更好地体现高等职业教育的重要角色，充分探访职业教育的分类特点和绩效评价要求，从而更好地推动高等职业教育的相关研究，并进一步完善相关研究体系。

3. 缺少以湖北省高等教育为研究对象的相关研究

在围绕高校分类发展与高校绩效评价而展开的研究中，大都是相对宽泛的共性分析，着眼地方发展特色的研究成果相对较少，而其中以湖北省高等教育为研究对象的成果则更为稀少。作为我国高等教育实力排名前三的高等教育强省，湖北省高等教育发展的学术话语权与其实际地位相比差距甚远，仍有巨大的研究潜力亟待开发。作为一个全国领先的高等教育强省，湖北省拥有全国屈指可数的高等教育完整体系。因此，其在分类化发展以及与此相关的绩效评价体系构建上存在更多、更迫切的现实需求，这些需求理应得到学术界的应有重视。未来的相关研究体系应形成更多的体现地方特色的研究成果，并将湖北省高等教育发展的相关研究推向一个更新的高度。

1.5 研究的思路与方法

1.5.1 研究思路

本书在参考相关理论的基础上，对分类发展视阈下的高校绩效评价内涵进行了明确界定，并由此构建了本书的分析框架。以此为基础，本书分别从纵向和横向两个角度展开了一般探讨，一是从纵向上梳理了分类发展视阈下我国高校绩效评价的演进脉络，并对其现状进行了概述；二是从横向上对比了分类发展视阈下国外高校绩效评价的经验，并分析了其对我国的启示和借鉴意义。在一般探讨之后，本书结合相关院校的具体案例对分类发展视阈下的高校绩效评价展开了深度分析，一是探讨了分类发展视阈下高校绩效评价的优化策略；二是在优化策略的指导下探索了分类发展视阈下高校绩效评价指标的优化路径及其应用方式。整体思路上呈现由一般向个案、由宏观向微观不断深入的基本脉络。

1.5.2　研究方法

综合本书的研究特点和内容体系，本书采用的研究方法主要包括以下几个。

1. 比较研究法

从一般概念上看，比较研究法就是对物与物之间和人与人之间的相似性或相异程度的研究与判断的方法。艾尔·巴比认为比较分析法能够帮助研究者“发现不同文化中的历史模式”①。应用到教育学语境之中，比较研究法是“根据一定的标准，对不同国家或地区的教育制度或实践进行比较研究，找出各国教育的特殊规律和普遍规律的方法”。② 作为一种重要的教育研究方法，比较研究法可以通过更宽广的研究视野，使人们在跨文化、跨国别的比较分析中更好地认识本国的教育状况，更清晰地把握教育现象的本质与规律。对分类发展视阈下高校绩效评价的全面理解离不开对其他国家相关经验做法的吸收和借鉴，通过比较美国、英国、日本、印度、新加坡等国在该领域的做法与经验，对中国在分类发展视阈下高校绩效评价的分析有了更立体、更全面的研究视角。在国别选择过程中，兼顾了经济发展、文化差异以及人口结构等方面的考量，从而尽可能地保障了分析的严谨性和全面性，使相关国家的经验借鉴具有了更强的可行性和操作性。

2. 历史分析法

历史分析法是历史诠释研究的具体体现，通常分析历史性的过程，用数量不多的个案进行比较分析并论证其观点③。列宁认为：“在社会科学问题上有一种最可靠的方法，它是真正养成正确分析这个问题的本领而不至淹没在一大堆细节或大量争执之中所必需的，对于用科学眼光分析这个问题来说是最重要的，那就是不要忘记基本的历史联系，考察每个问题都要看某种现象在历史上怎样产生、在发展中经过了哪些主要阶段，并根据它的这种发展去考察这一事物现在是怎样的。”④ 基于此，历史分析法是从抽象上升到具体的重要方法，

---

① 艾尔·巴比．社会学研究方法［M］．邱泽奇，译．北京：华夏出版社，2014.

② 吴文侃，杨汉青．比较教育学［M］．北京：人民教育出版社，1999.

③ 陈振明．社会研究方法［M］．北京：中国人民大学出版社，2012.

④ 列宁．列宁全集［M］．北京：人民出版社，1986.

其方法选择包括典型分析、因果分析、路径依赖分析、逻辑与历史相统一的方法等。在本书中，为了更好地构建当前分类发展视阈下高校绩效评价的基本框架，必须对相关制度的历史发展、文化基础以及路径生成做出详细的梳理和认知，从而使研究能够站在历史与现实的结合点上，更好地契合我国的历史与国情，进而提升研究的有效性和科学性。

3. 文献研究法

文献研究是一种通过收集和分析现存的，以文字、数字、符号、画面等信息形式出现的文献资料，来探讨和分析各种社会行为、社会关系及其他社会现象的研究方式①。文献研究的取材范围十分广泛，根据文献形式及来源的不同，可分为个人文献、官方文献和大众传播媒介三种形式②。在我国，文献来源包括许多方面，其中，政策文本以及学术成果是最为重要的两类，特别是在政策研究中，更需要对相关的政策文本的发展脉络及其历史走向做出清晰的梳理，并对相关研究成果进行翔实的总结，才能对政策发展的趋势做出科学的预测和有效的分析。本书从总体上看属于政策研究的基本范畴，文献回顾与梳理的内容分析在本书中占据非常重要的位置，因此本书的多个环节中都需要对以往的历史文献及法规制度进行系统的梳理和归纳，从而理清分类发展视阈下高校绩效评价的演变脉络与发展要点，并为构建相关的制度体系提供历史与现实依据。

4. 案例研究法

案例研究法也被称为个案研究法，是社会科学中最常见的研究方法之一。案例研究就是对真实发生的案例进行深入调查，运用多重证据材料对案例进行研究、分析、概括和总结，进而发现新的知识和理论的实证研究方法③。它强调研究者与研究对象之间的真实互动，是对社会现象或社会问题进行深入探索的一种研究活动。在本书中，由一般探讨所引申出的基本原理和分析框架，将最终落脚到分类发展视阈下高校绩效评价的优化策略和指标体系设计上，而对相关内容的深入挖掘离不开具体的个案分析和实践佐证，因此，针对高校绩效评价体系的分类化设计，本书特意选取了不同类别高校在相关领域的具体做法和实践素材，在对比与归纳中推动科学指标体系的有效构建，从而实现本书在内容和主旨上的进一步深化。

---

① ② 风笑天. 社会研究方法［M］. 北京：中国人民大学出版社，2013.

③ 陈振明. 社会研究方法［M］. 北京：中国人民大学出版社，2012.

1.6 技术路线

本书的研究所采用的技术路线如图1.3所示。

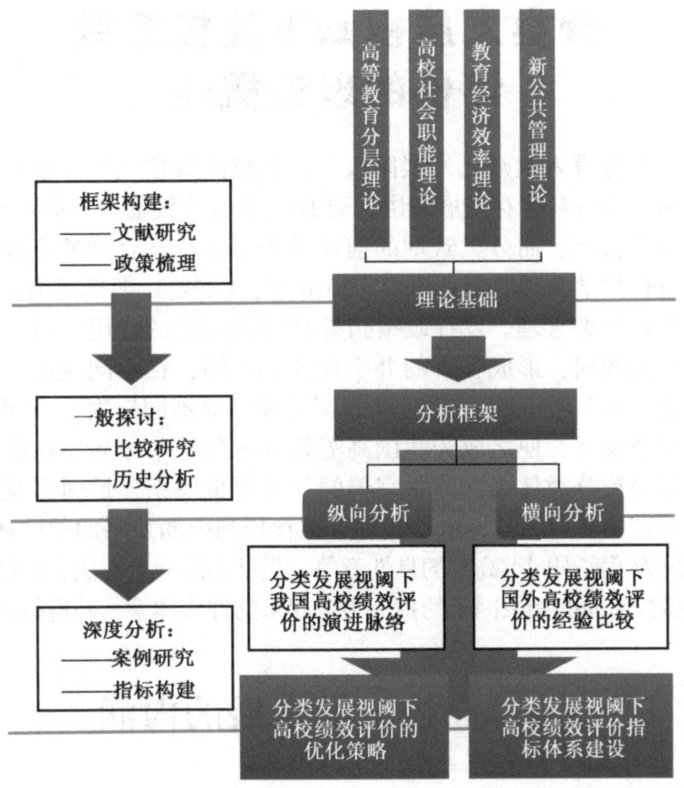

图1.3 本书的研究采用的技术路线

第2章

分类发展视阈下高校绩效评价的理论概述

我国高等教育进入大众化发展阶段后，高校的数量仍在不断增加。从逻辑上来说，更从高校自身生存发展来讲，要有效地引导数量众多的高校有序发展，就必须进行分类管理。而分类管理的前提是先要有科学合理的高校分类，然后据此对高校进行科学合理的分类评价。2010年，《纲要》明确提出要“建立高校分类体系，实行分类管理。发挥政策指导和资源配置的作用，引导高校合理定位，克服同质化倾向，形成各自的办学理念和风格，在不同层次、不同领域办出特色，争创一流”。① 因此，新时期我国必须引导不同层次、不同类型的高校合理定位与科学发展，使之成为我国高等教育深化改革创新、促进科学发展的突破口。依据高校分类体系，建立完善的分类评价体系，是国家及地区实现高等教育分类管理的必备工具，也是实现分类管理和内涵发展的关键环节。② 高校绩效评价就是为了实现同类高校的良性竞争，借助系统观点方法，设计一套能够反映高校各个运行层面的相关因子的指标组合起来的评价体系，并进行测评。

2.1 高校分类发展的内涵

2.1.1 高等学校的分层、分类与定位

分层，是指系统以分层分工之方式堆叠而成。③ 就是将一个系统划分成若干个集合，层间关系的形成要遵循一定的规则，并将功能进行有序的分组。这

---

① 国家中长期教育改革和发展规划纲要（2010—2020年）[EB/OL].（2010-07-29）[2011-10-05]. http://www.moe.gov.cn/publicfiles/business/htmlfiles/moe/A01_zcwj/201008/xxgk_93785.html.

② 张珏. 创新分类评价管理体系 促进高等学校差异化发展 [J]. 中国高等教育，2018（1）：22-23.

③ 辞海之家 [EB/OL]. http://www.cihai123.com/cidian/1137760.html.

些组别相互联系且应呈现出明显的递进关系，以保证整个系统运行的有序性和稳固性。高等学校的分层与之同理，一般来说可按照学科覆盖面、办学水平、办学条件等多个指标，将高等学校分为大学、学院、专科（包括高职）三个层次。① 同时在这三个大层次下，依据其综合实力又可细分成许多小层次。例如我们口中常说的“985 高校”“211 高校”“双一流高校”和重点大学、普通高校等就是对大学这一层次的细分。高等学校出现分层的主要原因，归结于学校的现实发展需要以及国家教育环境变化所导致的必然规律。政府通过给大学分层，有目的地使大学按照一定的标准形成一个层次合理、结构合理的高等教育系统。然后，再通过政策调节的手段，给不同层次的大学赋予不同的职能，使不同层次的大学各司其职、各安其位，并建立一个稳定的、缓慢的、有序的层际流动制度。②

分类，是指根据事物的特点分别归类③，即把无规律的事物分为有规律的，按照不同的特点划分事物，使事物更有规律。与分层不同的是，在同一条件下，事物按照不同的标准可以同时归为不同的类别，且在同一类别中并无明显的高低序列以及不同类别并无层次高低之分。高等学校分类则是指按照高校的类别、功能或属性对其进行区别，反映的是高等教育系统内部各结构之间水平分化的程度，其目的是防止分类不清所导致的高校同质化问题。例如按照教育目的来划分，普通教育与职业教育是具有同等重要地位的两种不同教育类型；又如按照学科覆盖面，可分为综合性院校、多科性院校、单科性院校等；还如按照人才培养类型可分为学术型院校、应用型院校、技能型院校等。分层是对高等学校发展水平的界定，分类则是对高校发展特质的界定。两者犹如高等教育系统的纵坐标和横坐标，共同规范着高等学校的发展秩序。

定位，是指确定方位，确定或指出地方，确定场所或界限。④ 高等学校定位，即是高等学校的办学定位，从语义上讲它指的是确定方向、明确方位与规定界限。宏观上，办学定位是从社会系统出发，确定高等学校在整个社会系统中的位置；中观上，办学定位是从高等教育系统出发，是指一所学校在整个高等教育系统中的定位；微观上，办学定位是从高等学校出发，是指一所高校在发展过程中，各要素在学校内部的定位。高校的办学定位一般包括学校办学目标的定位、办学类型的定位、办学层次的定位、学科专业的定位、人才培养的

① 雷家彬. 高等学校分类方法导论［M］. 北京：中国社会科学出版社，2016.

② 张阳. 分层抑或分类——大学定位的研究与实践［J］. 煤炭高等教育，2010，28（6）：1-4.

③ 汉语大辞典［EB/OL］. http://www.hydcd.com/cd/htm_a/9385.htm.

④ 辞海之家［EB/OL］. http://www.cihai123.com/cidian/1063050.html.

定位以及服务面向的定位这六大定位内容。较前两者而言，高校定位更偏向于学校的一种自主选择。自主选择不等于主观性构建，高校定位仍会受到学校的办学历史、地理位置和优势，以及相关的客观条件限制；同时往往受到办学者的价值追求等主管因素影响。只有正确定位，学校才能谋定而后动，才能优化资源配置和发扬优势，才能办出特色和形成个性，才能有助于整个高等教育系统之功能的释放。①

2.1.2 高等学校的分类发展

高校分类发展是高等教育多样化的根基，也是建设结构优化和功能耦合的高等教育强国的基石。②这一观点既是世界高等教育发展的现实经验，也早已成为我国高等教育发展的重要共识。纵观国际高等教育发展进程，早在20世纪70年代，欧洲教育部长会议就组织了一个“第三级教育多样化专题调查组”，在英国、法国、德国、荷兰、挪威、瑞士、瑞典7国经过6年的调查与试验，提出“第三级教育多样化”的报告（以下简称《报告》），《报告》指出：“传统的高等教育制度，既不能满足各方面差别不断增加的学生们的需要，也不能适应这些国家技术上较发达以及民主的欧洲社会中技术和资格极大多样化对教育的需求。要使这些问题得以解决，只有把传统的高等教育改变成范围较广的、具有各种目的的和各种水平的多样化第三级教育体系。”高等教育多样化逐步成为国际共识。③ 1998年，第一届世界高等教育大会上，联合国教科文组织提出《关于高等教育的变革与发展的政策性文件》，文件中强调多样化应该成为当今高等教育中普遍欢迎的趋势，定当全力支持。第二次世界大战后，美国、德国、法国、英国、日本、韩国等国为适应社会经济的发展建立了传统大学系统以外的高等职业教育系统，它们一般都把本国的高等教育体系分为学术理论型、专业应用型和技术实用型三大教育类型，每种类型都有相应的高等学校系统，使之适应社会经济多元化的人才需求。④

而在我国，早在1993年所颁布的《中国教育改革和发展纲要》中已经提出了关于高等学校分类问题，要求“区别不同的地区、科类和学校，确定发展目标和重点，制定高等学校分类标准和相应的政策措施，使各类型的学校合

---

①② 李枭鹰．高校分类发展：高等教育强国建设的基石——读《普通高等学校定位实证研究》有感［J］．现代教育论丛，2016（5）：94-96.

③ 潘懋元，董立平．关于高等学校分类、定位、特色发展的探讨［J］．教育研究，2009（2）：33-38.

④ 潘懋元，刘丽建，魏晓艳．潘懋元高等教育论述精要［M］．福州：福建教育出版社，2015.

理分工，在各自的层次上办出特色”。① 2010 年，教育部正式颁布的《国家中长期教育改革和发展规划纲要（2010—2020）》中再次明确提出，要“促进高校办出特色。建立高校分类体系，实行分类管理。发挥政策指导和资源配置的作用，引导高校合理定位，克服同质化倾向，形成各自的办学理念和风格，在不同层次、不同领域办出特色，争创一流”。② 尽管高校分类始终是我国高等教育关注的焦点，但也始终是困扰我国高等教育发展的难题。在高等教育大众化进程推动下，我国高校的数量和质量都得到了一定程度的快速提升与发展，然而由于分类不清导致的高校职能交叉、同质化等问题，同时也严重阻碍了我国高等教育强国的建设进程。因此，推动高校分类发展一方面是符合国际高等教育发展的一般规律，另一方面也是我国高等教育自身发展的必然要求与途径。

目前，我国高等学校分类标准众多。从能力结构上，将高校分为重点建设高校与非重点建设高校；从科类分布上，分为综合型高校和专业型高校；从办学主体上，分为公立高校、混合所有制高校以及民办高校；从管理体制上，分为部属高校和地方高校；从培养层次上，分为研究型高校、应用型高校以及职业技能型高校；从培养方式上，可分为普通高校和成人高校。《普通高等学校定位实证研究》（中国社会科学出版社，2015 年版）一书则立足于人才培养类型，将高校分为研究型、应用型和职业型三类。国际上，则有著名的卡耐基高校分类标准、国际教育贸易服务分类等，这些分类标准对高校分类发展产生了较为深刻的影响。根据我国高校发展现状，《关于深化教育体制机制改革的意见》中明确提出要“研究制定高等学校分类设置标准，制定分类管理办法，促进高等学校科学定位、差异化发展，统筹推进世界一流大学和一流学科建设”的思路和要求③，为我国高等教育创新治理体系，尤其是为各地区高等学校办学和高等教育发展实现分类评价、分类管理与分类发展指明了努力方向。

---

① 中国教育改革和发展纲要（中共中央、国务院 1993 年 2 月 13 日印发）［EB/OL］.（1993-02-13）［2011 - 10 - 05］. http：//www. moe. gov. cn/publicfiles/business/htmlfiles/moe/s3735/200407/2484. html.

② 国家中长期教育改革和发展规划纲要（2010—2020 年）［EB/OL］.（2010-07-29）［2011-10-05］. http：//www. moe. gov. cn/publicfiles/business/htmlfiles/moe/A01_zcwj/201008/xxgk_93785. html.

③ 关于深化教育体制机制改革的意见（中共中央、国务院 2017 年 9 月 24 日印发）［EB/OL］.［2017-09-24］. http：//www. gov. cn/xinwen/2017-09/24/content_5227267. htm.

2.2 高校绩效评价的内涵

2.2.1 绩效与绩效评价

“绩效”英文为“performance”，意为“成绩”和“效益”。管理学认为，绩效是组织中个人（群体）特定时间内的可描述的工作行为和可衡量的工作结果，以及组织结合个人（群体）在过去工作中的素质和能力，指导其改进完善，从而预计该个人（群体）在未来特定时间内所能取得的工作成效的总和。绩效评价主要是指政府对于相关部门、单位绩效目标实施的结果，运用一定的评价方法、量化指标和评价标准进行科学合理的综合性评估。“绩效”一词在语义上解释为“成绩和功效”，在管理学中的应用主要理解为组织的成就以及对于效果的系统和全面性的表征。不同的管理学者从不同角度对“绩效”做出解释。伯纳丁（H. J. Bernardin）等人认为绩效是工作达到的结果，是能够反映出工作成绩的记录。① 墨菲（K. R. Murphy）②、坎普贝尔（J. P. Campbell）③ 等人认为绩效是行为，认为绩效是由个体控制下的，与目标相关的行为所组成的。博尔曼（W. C. Borman）和莫托威多（S. J. Motowidlo）④ 则提出了绩效的二维模型，他们认为行为绩效包括任务绩效与关系绩效这两大部分，其中任务绩效指的是规定的行为或者与特定工作熟练相关的行为，而关系绩效则是指自发的行为或者与非特定工作熟练相关的行为。

绩效评价最先被运用于企业管理，即对企业内部组织或个体进行工作绩效评估。当把绩效评价迁移到高校评价领域时，绩效评价不仅应继续保有绩效评价本身的科学规范性，更重要的是加入高校元素，以高校视角突破原有指标体系的构成，发挥既可以突出高校特色，又能够对高校绩效进行全面评估的

---

① BERNARDIN H J. The analytical framework for customer-based performance content development and appraisal [J]. Human resource management review, 1992 (2): 81-102.

② MURPHY K R, CLEVELAND J N. Performance appraisal: an organizational perspective [J]. Needham heights, MA: Allyn & Bacon, 1991.

③ CAMPBELL J P. The army selection and classification project [C]. Personnel psychology, 1990 (43): 231-239.

④ BORMAN W C, MOTOWIDLO S J. Expanding the criterion domain to include elements of contextual performance [J]. Personnel selection in organizations, San Francisco: Jossey-Bass, 1993: 71-98.

作用。

2.2.2 高校投入

（1）人力投入。教育大计，教师为本。高校是教师的聚集地，高校教师人力资源投入是指高校教师人力资源按照不同人员类别进行区分后所形成的教师矩阵。首先，高校的人力投入可分为学校专任教师、科研机构人员、教辅人员、行政管理人员、工勤人员以及其他高校附属单位人员的总和。其中专任教师作为高校教学资源的主体，按照职称类别又可进一步划分为教授及相当正高级、副教授及相当副高级、讲师及相当中级、助教及相当初级和无职称人员。根据学历划分，可分为本科、硕士、博士等层级。其次，生师比是在教学过程中用来衡量本科办学水平以及办学质量是否合格的重要指标。由于教师在高等学校中的重要地位，“生师比”从来就是学校教学工作中的重要数据，在一定程度上体现了我国高等教育规模的大小、高校人力资源利用的效率，也从一个侧面反映了高校的办学质量。① 最后，根据国家对高层次人才需求的新政策，可以将两院院士、国家级教学名师奖获得者、“973”首席科学家和国家杰出优秀青年基金获得者等高层次人才单独作为指标进行分析。

就应用型高校及高等职业技术教育而言，“双师型”教师比是衡量应用型高校及高等职业技术学院的重要指标，“双师型”教师队伍建设是职教师资内涵式发展过程中的重点问题。“双师型”教师因其职业特殊性，在职业实践中同时扮演着双重角色，如教师角色和工程师角色等。但“双师型”绝不是某个个体或群体两者身份的简单线性叠加，而是在双向履行双重职业职责中平衡两种角色关系，顾此失彼或左支右绌势必会因其场域混乱而产生角色冲突。为满足社会大众对“双师型”教师角色的期待，教育部提出的“双师型”教师认证标准除了要考察教育教学能力以实现教师角色价值，还需评估“双师型”教师的技术技能以检验其专业胜任力。具有专业技能是职教师资异于其他普通教师最鲜明的特色，掌握娴熟的专业技能是“双师型”教师有别于普通职教教师的应然要求。职业教育要培养适合经济社会发展的高素质劳动者和技术技能人才，职教教师作为培养职教学生的专业教师，必须是学深艺高的“双师型”专门人才，因此“双师型”教师的专业技能是衡量其职业能力的核心组成部分。

（2）财力投入。根据目前的《高等学校财务制度》(财教〔2012〕488 号)

---

① 房宝金，山伟勤，马洪强．“双一流”背景下艺术高校师资结构现状与发展策略研究［J］．上海视觉，2018（2）：75-83.

和《高等学校会计制度》(财会〔2013〕30号),高校的经费支出具体可分为事业性经费支出和基建支出两部分,且两类经费支出分别单独设账核算,年末并表决算。按照支出经济分类,事业性经费支出分为工资福利性支出、商品和服务支出、对个人和家庭补助支出、其他资本性支出等。基建支出是经学校和相关的教育单位批准后用于教育基础建设以及其他相关基础建设的经费开支,它是属于基础建设投资额度范围之内的。因此,高校之间的外部绩效评价,即财力投入可以从经费总支出、事业性经费支出、基建支出及其他明细支出科目指标中进行选择。由于基本建设的资金来源一般是财政拨款和自筹资金,再由学校进行统一规划,因此在内部绩效评价中,院系的财力投入一般不考虑基本建设。财力投入主要体现为正常教学科研活动所产生的事业性经费支出,具体包括人员支出和公用支出两大类,进一步还可细分为相应的经济支出分类。

(3)物力投入。高校的物力投入主要是指学校的固定资产,具体包括现有仪器设备、家具、图书等资产的投入,教学、科研、办公等公有房屋的占用面积以及学校整体占用的土地面积等。在分析高校内部院系投入时,目前主要考察院系自身所掌握的仪器设备等资产资源,而不考虑学生宿舍、公用教室、公用机房、图书馆等学校公共服务设施的运行成本。

在涉及具体的高校办学条件及相关硬件要求方面,住房和城乡建设部、国家发展改革委、教育部等部门先后出台了《高等学校仪器设备管理办法》(教高〔2000〕9号)、《普通高等学校基本办学条件指标(试行)》(教发〔2004〕2号)、《普通高等学校建筑面积指标》(建标〔2018〕32号)等一系列文件,用于促进我国高等院校办学条件的改善并保障我国高等教育可持续健康发展。我国高校投入具体指标如表2.1~表2.7所示。

表2.1 普通高等学校基本办学条件指标(试行)(部分)本科基本办学条件指标:合格①

学校类别	本科				
	生师比	具有研究生学位教师占专任教师的比例/%	生均教学行政用房/(平方米/生)	生均教学科研仪器设备值/(元/生)	生均图书/(册/生)
综合、师范、民族学校	18	30	14	5000	100

① 普通高等学校基本办学条件指标(试行)(教发〔2004〕2号)[EB/OL].(2004-02-06) http://old.moe.gov.cn/publicfiles/business/htmlfiles/moe/s7050/201412/xxgk_180515.html.

续表

学校类别	本科				
	生师比	具有研究生学位教师占专任教师的比例/%	生均教学行政用房/(平方米/生)	生均教学科研仪器设备值/(元/生)	生均图书/(册/生)
工科、农、林院校	18	30	16	5000	80
医学院校	16	30	16	5000	80
语文、财经、政法院校	18	30	9	3000	100
体育院校	11	30	22	4000	70
艺术院校	11	30	18	4000	80

表 2.2　普通高等学校基本办学条件指标（试行）（部分）高职基本办学条件指标：合格①

学校类别	高职（专科）				
	生师比	具有研究生学位教师占专任教师的比例/%	生均教学行政用房/(平方米/生)	生均教学科研仪器设备值/(元/生)	生均图书/(册/生)
综合、师范、民族学校	18	15	14	4000	80
工科、农、林院校	18	15	16	4000	60
医学院校	16	15	16	4000	60
语文、财经、政法院校	18	15	9	3000	80
体育院校	13	15	22	3000	50
艺术院校	13	15	18	3000	60

注：1. 聘请校外教师经折算后计入教师总数，原则上聘请校外教师数不超过专任教师总数的 1/4。
2. 凡生师比指标不高于表中数值，且其他指标不低于表中数值的学校为合格学校。

① 普通高等学校基本办学条件指标（试行）（教发〔2004〕2 号）［EB/OL］.（2004-02-06）http：//old. moe. gov. cn/publicfiles/business/htmlfiles/moe/s7050/201412/xxgk_180515. html.

表 2.3 普通高等学校十二项校舍建筑面积生均总指标①

学校类别	办学规模（学生数）/人	校舍建筑面积生均总指标/（平方米/生）	学校类别	办学规模（学生数）/人	校舍建筑面积生均总指标/（平方米/生）
综合大学（1）	5000	28.00	综合大学（2）	5000	29.35
	10000	26.61		10000	27.76
	20000	24.96		20000	25.99
师范、民族院校	5000	28.28	财经、政法院校	5000	23.94
	10000	26.80		10000	23.07
	20000	25.03		20000	21.80
理工院校	5000	30.10	外语院校	5000	24.58
	10000	28.40		10000	23.71
	20000	26.60		20000	22.44
农林院校	5000	29.99	体育院校	3000	33.95
	10000	28.29		5000	31.86
	20000	26.49		8000	30.21
医药院校	5000	29.87	艺术院校	2000	42.80
	10000	28.47		5000	38.26
	20000	27.20		8000	36.86

注：1. 综合大学分为以文法学科为主的综合大学（1）和以理工学科为主的综合大学（2）。
2. 学校办学规模小于或大于表中所列的规模值时，其指标应分别采用表中最小或最大规模的指标值；学校办学规模介于表列规模值之间时，可用插入法取值。
3. 本表总指标未含研究生补助建筑面积指标。

表 2.4 十二项校舍建筑面积指标② 单位：平方米/生

学校类别	综合大学（1）			综合大学（2）			师范、民族院校		
学科结构	文法类 60%、理工类 40%			理工类 60%、文法类 40%			文法类 45%、理工类 40%、艺术类 10%、体育类 5%		
办学规模（学生数）/人	5000	10000	20000	5000	10000	20000	5000	10000	20000
1. 教室	2.83	2.83	2.83	2.88	2.88	2.88	2.88	2.88	2.88
2. 实验实习用房	5.43	4.63	4.00	6.75	5.76	5.02	5.66	4.77	4.02

① 普通高等学校基本办学条件指标（试行）（教发〔2004〕2 号）［EB/OL］.（2004-02-06）http：//old. moe. gov. cn/publicfiles/business/htmlfiles/moe/s7050/201412/xxgk_180515. html.

② 普通高等学校建筑面积指标（建标〔2018〕32 号）［EB/OL］.（2018-03-28）http：//www. mohurd. gov. cn/wjfb/201812/t20181226_238995. html.

续表

学校类别	综合大学（1）			综合大学（2）			师范、民族院校		
学科结构	文法类60%、理工类40%			理工类60%、文法类40%			文法类45%、理工类40%、艺术类10%、体育类5%		
办学规模(学生数)/人	5000	10000	20000	5000	10000	20000	5000	10000	20000
3. 图书馆	2.02	1.74	1.54	2.00	1.71	1.50	2.02	1.74	1.54
4. 室内体育用房	1.11	1.37	1.05	1.11	1.37	1.05	1.11	1.37	1.54
5. 校行政办公用房	0.80	0.70	0.60	0.80	0.70	0.60	0.80	0.70	0.60
6. 院系及教师办公用房	1.31	1.27	1.23	1.31	1.27	1.23	1.31	1.27	1.23
7. 师生活动用房	0.40	0.35	0.30	0.40	0.35	0.30	0.40	0.35	0.30
8. 会堂	0.36	0.30	0.24	0.36	0.30	0.24	0.36	0.30	0.24
9. 学生宿舍（公寓）	10.00	10.00	10.00	10.00	10.00	10.00	10.00	10.00	10.00
10. 食堂	1.30	1.25	1.20	1.30	1.25	1.20	1.30	1.25	1.20
11. 单身教师宿舍	0.50	0.40	0.40	0.50	0.40	0.40	0.50	0.40	0.40
12. 后勤及附属用房	1.94	1.77	1.57	1.94	1.77	1.57	1.94	1.77	1.57
十二项指标合计	28.00	26.61	24.96	29.35	27.76	25.99	28.28	26.80	25.03

表2.5　十二项校舍建筑面积指标　　单位：平方米/生

学校类别	理工院校			农林院校			医药院校		
学科结构	理工类70%、文法类30%			理工类70%、文法类30%			医学类90%、文法类10%		
办学规模(学生数)/人	5000	10000	20000	5000	10000	20000	5000	10000	20000
1. 教室	2.95	2.95	2.95	2.84	2.84	2.84	2.75	2.75	2.75
2. 实验实习用房	7.43	6.33	5.56	7.43	6.33	5.56	7.40	6.60	6.36
3. 图书馆	2.00	1.71	1.50	2.00	1.71	1.50	2.00	1.71	1.50
4. 室内体育用房	1.11	1.37	1.05	1.11	1.37	1.05	1.11	1.37	1.54
5. 校行政办公用房	0.80	0.70	0.60	0.80	0.70	0.60	0.80	0.70	0.60
6. 院系及教师办公用房	1.31	1.27	1.23	1.31	1.27	1.23	1.31	1.27	1.23
7. 师生活动用房	0.40	0.35	0.30	0.40	0.35	0.30	0.40	0.35	0.30
8. 会堂	0.36	0.30	0.24	0.36	0.30	0.24	0.36	0.30	0.24
9. 学生宿舍（公寓）	10.00	10.00	10.00	10.00	10.00	10.00	10.00	10.00	10.00
10. 食堂	1.30	1.25	1.20	1.30	1.25	1.20	1.30	1.25	1.20
11. 单身教师宿舍(公寓)	0.50	0.40	0.40	0.50	0.40	0.40	0.50	0.40	0.40
12. 后勤及附属用房	1.94	1.77	1.57	1.94	1.77	1.57	1.94	1.77	1.57
十二项指标合计	30.10	28.40	26.60	29.99	28.29	26.49	29.87	28.47	27.20

表 2.6 十二项校舍建筑面积指标[①] 单位：平方米/生

学校类别	财经、政法院校			外语院校		
学科结构	文法类 100%			外语类 90%、文法类 10%		
办学规模(学生数)/人	5000	10000	20000	5000	10000	20000
1. 教室	2.66	2.66	2.66	3.30	3.30	3.30
2. 实验实习用房	1.54	1.26	1.01	1.54	1.26	1.01
3. 图书馆	2.02	1.74	1.54	2.02	1.74	1.54
4. 室内体育用房	1.11	1.37	1.05	1.11	1.37	1.05
5. 校行政办公用房	0.80	0.70	0.60	0.80	0.70	0.60
6. 院系及教师办公用房	1.31	1.27	1.23	1.31	1.27	1.23
7. 师生活动用房	0.40	0.35	0.30	0.40	0.35	0.30
8. 会堂	0.36	0.30	0.24	0.36	0.30	0.24
9. 学生宿舍（公寓）	10.00	10.00	10.00	10.00	10.00	10.00
10. 食堂	1.30	1.25	1.20	1.30	1.25	1.20
11. 单身教师宿舍	0.50	0.40	0.40	0.50	0.40	0.40
12. 后勤及附属用房	1.94	1.77	1.57	1.94	1.77	1.57
十二项指标合计	23.94	23.07	21.80	24.58	23.71	22.44

表 2.7 十二项校舍建筑面积指标[②] 单位：平方米/生

学校类别	体育院校			艺术院校		
学科结构	体育类 90%、文法类 10%			艺术类 100%		
办学规模(学生数)/人	3000	5000	8000	2000	5000	8000
1. 教室	1.85	1.85	1.85	10.28	10.28	10.28
2. 实验实习用房	1.78	1.59	1.36	10.60	7.77	6.91
3. 图书馆	1.93	1.77	1.62	2.50	2.10	2.00
4. 室内体育用房	11.04	10.04	9.12	1.14	1.11	1.09
5. 校行政办公用房	0.95	0.80	0.75	1.00	0.80	0.75
6. 院系及教师办公用房	1.34	1.31	1.28	1.90	1.70	1.60
7. 师生活动用房	0.45	0.40	0.37	0.50	0.40	0.37
8. 会堂	0.48	0.36	0.30	0.48	0.26	0.30
9. 学生宿舍（公寓）	10.00	10.00	10.00	10.00	10.00	10.00

①② 普通高等学校建筑面积指标（建标〔2018〕32 号）［EB/OL］.（2018-03-28）http://www.mohurd.gov.cn/wjfb/201812/t20181226_238995.html.

续表

学校类别	体育院校			艺术院校		
学科结构	体育类90%、文法类10%			艺术类100%		
办学规模(学生数)/人	3000	5000	8000	2000	5000	8000
10. 食堂	1.35	1.30	1.27	1.40	1.30	1.27
11. 单身教师宿舍	0.50	0.50	0.45	0.50	0.50	0.45
12. 后勤及附属用房	2.28	1.94	1.84	2.50	1.94	1.84
十二项指标合计	33.95	31.86	30.21	42.80	38.16	36.86

2.2.3　高校产出

1. 人才培养

人才培养是高等学校的根本任务。人才培养水平是衡量高校办学水平和产出的根本标准。根据《中华人民共和国高等教育法》，高等学校的中心任务是培养具有创新精神和实践能力的高级专门人才，发展科学文化，促进社会主义现代化建设。2016年12月，全国高校思想政治工作会议上指出“办好我国高校，办出世界一流大学，必须牢牢抓住全面提高人才培养能力这个核心点”。① 党的十九大报告中提出要全面贯彻党的教育方针，落实立德树人根本任务，发展素质教育，推进教育公平，培养德智体美全面发展的社会主义建设者和接班人。② 很明显，人才培养是现代大学的根本任务。就高校而言，无论是前期的“211工程”“985工程”，还是目前的“双一流”高校建设方案都是围绕着内涵式升级这一核心。高校质量的评估影响其内涵式升级，而高校内涵式升级的核心问题就在于提高人才培养的质量。就实践层面而言，一流院校建设和一流学科建设都包含人才培养要义，因此把人才培养作为持续探索重点和理性规约成为高校“双一流”建设的应然选择，人才培养也成为贯穿高校一流院校建设和一流学科建设的结构逻辑起点。③

（1）人才培养目标与要求。人才培养质量是高校转型升级的评估指标。

① 李茜．牢牢抓住全面提高人才培养能力这个核心点［EB/OL］.（2016-12-13）［2018-05-03］. http://www.offcn.com/shi-zheng/2016/1213/18847.html.

② 习近平．决胜全面建成小康社会，夺取新时代中国特色社会主义伟大胜利［R］.（2017-10-18）

③ 杨红荃，李萌仕．从“双一流”视角审视我国高职院校建设的价值追求、核心内容与路径选择［J］. 教育与职业，2019（7）：17-24.

高校践行内涵式发展道路主要是通过衡量自身能否培养出胜任自己工作岗位的杰出工作者或行业代表来实现的，而人才培养的质量从基础上决定了高校内涵式发展的质量。近年来在各类的教育政策文本中都可以发现“质量”一词频繁出现，这也表明了党和国家时刻关注着高等教育的发展。例如，2015 年 3 月中共中央国务院公布的《中国制造 2025》（国发〔2015〕28 号）文件中明确提出要把“质量为先”作为产业发展的基本方针之一；2017 年 9 月颁布的《中共中央、国务院关于开展质量提升行动的指导意见》明确指出要“坚持以质量第一为价值导向”，践行质量提升行动；2017 年 11 月国家发展改革委在《增强制造业核心竞争力三年行动计划（2018—2020 年）》当中强调质量是促进我国制造业不断提升核心竞争力、壮大产业发展的重要力量。人才培养模式是教育质量的首要问题。无论是经济转型、产业升级、科技发展等外部环境的变化，还是教育内涵式发展、院校可持续建设、人才培养质量显著性提高等内部因素的需要，均是围绕着人才培养模式的整体改革进行的，以期取得更优成效，为我国不断壮大的支柱性产业、日益扩大的现代服务行业以及不断强盛的战略新兴产业、正在改造提升的特色产业发展提供人才资源支撑。

在这个产业快速升级与转型的时代，职业教育作为与普通教育同等地位的一种类型教育，必须更好地发挥其技术技能人才培养优势，不断地提高自己的发展水平。职业教育必须担负起为经济发展培养更多技能型人才的重任，适应经济发展的需求，满足社会对于职业教育发展的期望。一方面，高等教育是为产业发展而服务的；另一方面，产业是高等教育的需求主体。为了更好地协调产业与教育之间的关系，高校在拟订培养计划、确定培养目标时，要及时准确地了解产业发展的现实情况。明确不同行业、不同岗位的人才需求情况，首先，要摒弃传统的“流水线”式的工人培养模式，转向培养具有扎实的专业基础知识、高水平实践能力的技能人才，同时要不断挖掘人才潜能，提升人才的附加值。其次，在人才培养的过程当中，要借助企业和产业的平台，不断吸收新知识、新技术，提升自己的实践能力，以适应新兴产业的变化与更替，要形成层次清晰、分工明确、适应时代更替的技术技能人才培养格局。人才培养评价指标可以包括不同层次学生的比例、在校生人均获奖数、优秀硕士与博士论文比例等观测点。

（2）学科、专业建设。本科教育的“双一流”建设核心指标是学科建设，高职院校“双一流”建设的重点在于专业分布，以专业为载体为社会的发展输送大量的高素质劳动者和技术技能人才。毫无疑问，高校必须注重优质的学科建设以及专业布局，才能更好地适应经济社会的发展，输出更多优秀的技能型人才。从高校自身发展的视角看，首先，优秀学科建设和专业的布局是为产业发展提供人才的必要前提。在工作场所中，成功的关键在于个人的专业水平要能够适应行业的转型升级，因此在校内，学生需不断地提升自己的专业素质和工作实践能力，使自己具备一定的竞争优势，适应企业发展的人才需求。其次，学科建设与专业布局是保证学校就业率的重要因素。校内的学科和专业建设与产业发展所需要的人才结构是否匹配，会直接影响学生未来的就业，进而影响该专业和学院的就业率。最后，学科建设和专业布局是实现高校利益最大化的关键，产业结构是院校进行人力资源开发的显性约束和前置规定。当院校的人才培养质量不断提高，该院校办学的有效性和实用性会得到显著提升，高校的吸引力也将大幅增加，因此高校的利益会大幅地得到释放。从教育角度出发，高校作为为社会产业发展不断输送能量的教育机构，拥有学科或专业设置的自主权。然而从职业教育的根本性质考虑，高校的专业布局必须受经济社会发展与产业发展的约束，必须主动地适应产业的调整与升级，才能成为经济社会发展的重要推动力量。判断高校专业建设能力的核心衡量标准即高校的专业类别与专业口径是否能够满足经济发展需要，是否能够覆盖当前的产业结构。作为中部战略崛起的重要省份，湖北省将高等职业院校的专业布局以及专业结构与区域产业发展紧密地联系起来，更加明确了为产业分类提供技术支撑的专业类型与主要的承接院校。2017 年湖北省在“十三五”发展规划中提出将继续大力发展食品、药品、汽车制造、石油化工等传统优势产业，同时也会重点培育新能源、新材料、新技术等产业的发展，包括高科技电子制造行业、环保绿色产业等。为了满足湖北省产业体系发展的需求，以及对于技能型人才和劳动力的需求，《湖北省高等职业教育创新发展行动计划实施方案（2017—2020 年）》提出要围绕地方经济发展特色与社会需要，努力建成 15 所国家优质高职院校，面向湖北重点发展产业，合理布局 19 个专业大类，建成 250 个重点骨干专业，以更好落实高职院校“双一流”建设方向并真正对接地方经济社会发展需求。① 把区域产业结构的发展现状作为高校学科建设以及专业布局的指示器，突出高等职业教育对于推动区域经济增长发挥着重要的作用。服务区域经济发展，遵循产业升级转型的时代规律，并以此为逻辑明晰专业分类的框架结构，能够增加院校专业规划与经济产业发展之间的密切联系。

（3）教学资源建设。构建现代教学资源体系是实现职业教育现代化的基础性工程。优质的教学资源既包括基础设施、现代教育技术等硬件资源，也包括专业、课程、师资等软件资源。深度开发和整合职业教育教学资源，实现职

---

① 李梦卿，刘晶晶．我国优质高职院校建设的逻辑、特征与机制［J］. 高等教育研究，2018，39（2）：45-53.

业教育教学资源质量高水平发展，对于夯实职业院校办学基础具有决定性作用。2018 年 7 月 15 日，全国高职高专校长联席会议举办的 2018 年高等职业教育质量年度报告发布会在北京召开。会议发布了由上海市教育科学研究院和麦可思研究院共同编制的《2018 中国高等职业教育质量年度报告》，公布了“教学资源 50 强”名单。这项评选从专业建设、产教融合、课程育人和信息化教学四个维度进行评估，针对教学计划内课程总数、教学科研仪器设备值、年财政拨款水平、全日制在校生人数、专任教师总数、教学及辅助行政办公用房面积、校内实践教学工位数、双师素质专任教师比例、校园网主干最大带宽、企业提供的校内实践教学设备值、企业兼职教师年课时总量 11 项指标进行数据采集。

2. 科学研究

众所周知，高等院校除了是传授知识的殿堂，更是创造新技术和新知识的工厂。教育教学和科学研究都是高校承载的重要职能，对于推动经济发展和社会进步起着非常关键的作用。衡量高校科学研究情况的两个重要指标就是科研经费和科研产出，高校的科研产出主要有以下几种表现形式：一是在各种学术期刊上发表的学术论文以及科技报告，二是出版的学术专著，三是申报的国家发明专利，四是获得国家、各部委、各省（市、自治区）、各单位设立的各种科研成果奖。①

高等院校的科学研究水平是衡量该地区乃至国家科技发展水平的一个重要因素。2008 年，我国在高校科研经费上的投入约为 314 亿元，随着近 10 年各高校科研投入的扩大，截至 2018 年，我国高校科研经费投入金额已经上升到 1458 亿元。高校的科研人数和科研资源总量也得到了大幅上涨，这为提高我国的科技创新水平和促进高校科研活动的有序开展打下了基础。当下，科研经费已成为衡量高校科研实力的一项重要指标，而高校获得科技成果数很大程度上决定了高校科技经费投入的多寡。据教育部科学技术司发布的《2017 年高等学校科技统计资料汇编》数据分析，在全国 1804 所设有理、工、农、医类教学专业的高等学校的科学研究投入与产出中，中山大学以 11130 项科技课题位居第 1 位，当年投入 3952 人，当年拨入经费高达 28.86 亿元，支出经费也高达 20.17 亿元。浙江大学以 8864 项科技课题位居第 2 位，当年投入2883 人，当年拨入经费也高达 32.37 亿元。四川大学仅次于中山大学和浙江大学，共获得 8552 项科技课题。清华大学共获得 8546 项，位居第 4 位。此外，上海交通

---

① 胡宝民，王丽丽．高等院校科研机构评价指标及有效性评估模型研究［M］．北京：红旗出版社，2000：280-288.

大学、华南理工大学、复旦大学、华中科技大学、中国农业大学和北京大学获得科技课题总数位居前 10 位。①

3. 社会服务

高等教育的四大功能包括人才培养、科学研究、社会服务、文化传承与创新。服务贡献一共有七个指标，包括横向服务、纵向服务、技术交易、培训到款、公益培训、服务以及毕业生留在当地。2016 年高职质量年报持续创新，首次增加了"企业参与"部分，彰显企业在高等职业教育办学中应起到的主体作用；首次发布了"高等职业院校服务贡献 50 强"，引导各类院校将目光聚焦到对学生、对企业、对区域、对整体行业发展的服务贡献。高职院校的建设定位于耦合地方经济社会发展需要，其社会服务职能得到持续强化。高职院校遵循区域经济社会发展需求，不断提升服务区域内产业结构、行业企业的能力是贯彻落实国家教育规划纲要、服务国家"十三五"规划实施的重要举措，也是培养高素质技术技能人才的重要保障。《高等职业教育创新发展行动计划（2015—2018 年）》明确指出优质高职院校应具备"社会服务能力强"的属性，以此作为加强高职院校内涵建设的重要支撑，主动承担服务经济社会发展的职责，提高区域服务贡献水平。《湖北省高等职业教育创新发展行动计划实施方案（2017—2020 年）》中提出要加强专业布局结构与设置及区域产业发展需要之间的结合紧密度，围绕省内重点产业，列出 19 个专业大类，明确相关项目承接院校。武汉铁路职业技术学院作为交通运输大类的承接单位，2017 年该校向武汉铁路局、武汉地铁集团等铁路、轨道运输类行业单位输送约 3000 名技术技能人才，为地方经济发展特色与社会需求提供人才支持和支撑。

我国国土面积广阔，人口众多，但是区域发展呈现不平衡状态。在先富带动后富，实现共同富裕的指导思想之下，我国坚定实施"西部开发、东北振兴、中部崛起、东部率先"的区域协调发展战略，构建区域经济协同发展的战略布局，协调各地区经济发展水平，促进区域经济稳定持续发展。以东部为例，经过早期经济发展经验的积累，东部地区已经形成特色鲜明、重点突出的产业结构布局，如主要以手工业、制造业、服务业和新兴技术产业为主。持续稳定的产业发展背景能为高职院校的人才培养提供坚实的产业支撑和岗位支持，与此同时，只有高水平的职业院校才能培养出高素质的技术技能型人才，才能为东部地区的经济发展输送源源不断的优质劳动力，为区域经济发展提供

① 中华人民共和国教育部科学技术司 . 2017 年高等学校科技统计资料汇编［M］. 北京：高等教育出版社，2018.

人才保障，以此形成高职院校和区域经济发展之间的良性互动与相互支持。2016 年 4 月，日本经济产业省公开发布《新产业结构蓝图》，文件中明确提出“工业 4.0”时代将会引发整个产业和就业结构的改变，必须及时构建新的教育体系以适应“工业 4.0”的发展需求。2017 年，日本文部科学省在“工业 4.0”人才培养推进会议上提出，通过对职业院校进行项目开发，实施“超级职业高中计划”等措施，深入贯彻职业教育产教融合，培养更多的人才以适应日本“工业 4.0”的发展。高职院校对地方经济贡献率的评价指标要求高职院校要有质量达标、技术过硬、素质过强的劳动力输出。把“双一流”作为衡量高职院校整体水平的标准，有益于引导学生向行业内优秀代表看齐。

4. 文化传承与创新

在传统文化传承与创新的领域中，高等教育有着比其他教育阶段更为全面、科学、系统的优势。① 这与高等院校在教学资源、文化氛围、师资力量、学术积累等方面更胜一筹不无关系。中共中央政治局第十三次集体学习中提出：“要认真汲取中华优秀传统文化的思想精华和道德精髓，大力弘扬以爱国主义为核心的民族精神和以改革创新为核心的时代精神，深入挖掘和阐发中华优秀传统文化讲仁爱、重民本、守诚信、崇正义、尚和合、求大同的时代价值，使中华优秀传统文化成为涵养社会主义核心价值观的重要源泉。”②2018 年，国家教育部门发布了《关于开展中华优秀传统文化传承基地建设的通知》（教体艺函〔2018〕5 号），决定在全国普通高校开展中华优秀传统文化传承基地建设，并支持高校围绕民族民间音乐、美术、舞蹈、戏剧、传统手工技艺和民族传统体育等传统文化项目建设传承基地。③ 这是我国第一次在高校大规模建设中华优秀传统文化传承基地，这项举措的宗旨是希望通过将中华优秀传统文化融入高校教育的方法来提升中华优秀传统文化传承发展的质量和水平。一方面，在高校建设中华优秀传统文化传承基地，可以推动新时代的高校不断传承与创新中华优秀传统文化的理念、形式与方法，充分发挥高校文化传承创新的优势与作用，同时也可以推动中华优秀传统文化创造性转化和创新性发展；另一方面，高校可以在教育教学中通过提高学生的审美和人文素养，引领大学生做中华优秀传统文化的忠实继承者和弘扬者，汲取中国智慧、弘扬中

① 王潇．传统手工艺的再生产研究［D］．西安：西安美术学院，2016：134.

② 中共中央政治局进行第十三次集体学习．习近平主持［EB/OL］.（2014-02-25）［2019-08-31］. http://www.gov.cn/ldhd/2014-02/25/content_2621669.htm.

③ 教育部关于开展中华优秀传统文化传承基地建设的通知［EB/OL］.（2018-05-14）http://www.moe.gov.cn/srcsite/A17/moe_794/moe_628/201805/t20180523_336874.html.

国精神、传播中国价值、坚定文化自信、增强文化自觉。这项举措不仅开辟了高校文化阵地，拓展了优秀传统文化的传承途径，而且充分发挥了中华优秀传统文化的育人作用，落实了高校“立德树人”的根本任务。将“以美育人”“以文化人”和探索学科融合协调发展，整合优化我国目前的教育资源，是全面提升高校德育、美育、体育质量的创新之举。

2.2.4 高校绩效评价

高等教育是具有一定复杂性和特殊性的一种教育类型。高校绩效评价是指管理者（评价主体）通过构建合理的指标体系，对高校及其成员履行职责、完成任务、实现一定教育目标而采取的行为过程（投入）和结果（产出）做出评价，从而说明价值，指出需要改进和提高的方面。高校绩效评价主要包括高校的投入、产出、效益等多方面内容的评价。在高等教育领域中开展绩效评价意味着对高等学校及其成员履行职责或完成任务行为的过程与结果进行自评和他评。① 教育投入主要体现在高校办学过程中人力资源、物力资源和财力资源的使用与耗费上；教育产出则体现在高校学生接受高等教育之后知识能力素质的提高和高校在科学研究、社会服务等方面取得的成果。② 从绩效评价来看，高校的绩效评价仍然应该从投入与产出的视角来进行衡量，重视对经济和社会效益的研究。从高校来看，绩效评价指标是绩效评价的载体，不同的指标体系通常会指向不同的绩效评价结果。合理的绩效评价模式能提供学校运行状况的准确信息，更好地反映学校办学效率。

高等院校的绩效评价指标是为优化教育资源配置和提高高校办学效益而构建出来的。在国外院系绩效评价研究中，评价指标体系通常包括教师、学生、科研、就业、组织管理等。英国高等教育质量委员会在 1997 年介绍过伦敦大学金史密斯学院的学系评估方案，该学院提供的报告中要含有以下内容：陈述使命、目前办学状态（教学与科研、组织和管理、基本统计数字）、内部评价提供的证据、外部比较的结果、过去 3 年来的变化等。③ 近年来欧洲的高校内部评估中，评价内容通常包括学校教师的数量及学历、学生的进步与成就、校内设备设施、学生就业率、雇主对毕业生评价等方面。④ 美国一些高等学校参

① 刘茂梅. 我国高等学校绩效评价模式研究 [D]. 长沙：湖南大学，2017.

② 宋华明，范先佐. 高校教育资源优化与办学经济效益 [J]. 教育与经济，2005 (3)：9-12.

③ 张绍文. 大学学科竞争力研究 [D]. 上海：华东师范大学，2016.

④ LILLIE E. Convergence and divergence: differing approaches to quality and accreditation in Europe. In Eggins, H. (Ed.). Globalization and Reform in Higher Education. Maidenhead: SRHE & Open University press, 2003.

与院校认证时，会被要求提供如下院系信息：使命、目标、教学、学生与教师等人力资源、科研经费和薪酬等财力资源、组织与管理等。① 在国内院系绩效评价研究中，殷俊明、王平心采用数据包络分析法从投入和产出角度共选取9个指标对有关院系进行绩效评价，但其产出指标偏少，不利于效益产出分析。② 魏一鸣、冯向前构建了6个投入指标和5个产出指标的绩效评价指标体系，并利用数据包络分析方法对南京某高校进行投入产出绩效分析，但指标构建没有完全考虑到院系与院系之间具有一定的差异性。③ 王建宏采用DEA和SFA两种方法对某高校二级学院的经营效益进行了绩效评价实证研究，从人、财、物三方面选取4个投入指标，并且从学术水平、科研质量、培养人才数量及质量等方面选取3个产出指标，产出指标偏少。④ 王韬从综合实力、运行绩效、持续发展能力三方面构建院系评价指标，并对院系进行绩效评价，但指标大部分是经济类指标。从国内院系绩效评价研究可以发现，院系绩效评价指标大多是从资源投入和成果产出两个方面构建指标，内容通常包括教师、学生、经费、科研、社会服务。⑤

2.3 分类发展视阈下高校绩效评价的内涵

2.3.1 分类评价是手段，分类发展是目的

分类评价的意义在于帮助各高校找准定位，同类竞争扭转高校同质化倾向，并建立合理的高校绩效管理体制，激发高校办学积极性。高校分类评价有利于培养更加优质的人才以适应经济社会的发展需求，并能增强高校的社会认知度，提升其在整个社会中的地位。高校分类评价是为了让政府、社会公众更

① 童康．自我研究：西方高校内部院系评估的传统［J］．教师教育研究，2013，25（5）：92-96.

② 殷俊明，王平心．基于DEA的高等学校内部院系绩效评价［J］．管理评论，2011（7）：110-117.

③ 魏一鸣，冯向前．基于DEA模型的高等学校二级学院绩效评价实证研究——以N大学为例［J］．高校教育管理，2014（6）：66-70.

④ 王建宏．高等院校院系综合绩效评价的实证研究［J］．中国高等教育评估，2011（3）：61-65.

⑤ 王韬．高等学校院系绩效评价研究［D］．长沙：湖南大学，2007.

好地了解和管理高等教育系统及自身，同时也能便于高校分类发展。①

高等学校既有层次，又有类型，更有使命。当今，每个国家的高等学校都不再是单一的大学模式，而成为复杂多样的体系。② 整个高等教育组成一个有机的系统，系统内不同的学校有自己独特的办学理念以及培养和管理模式，每一所高校发挥自己的优势满足社会经济发展的不同需求，每一位老师根据自己的专业方向选择学校进行教学，每一位同学根据自己的兴趣和个性发展选择合适的学校。高校分类发展目的在于满足社会经济发展对人才的多元化需求，应该落脚在人才的培养上。为了满足对不同人才的需求，就需要不同的培养办学模式，进而就会产生管理方式上的差异，即需要根据高校的分类建立不同的绩效评价制度。高校分类发展是指在高等教育的环境制度中，学校按其自身定位和角色分工的不同，以区别于其他高校的特性进行发展。高校分类发展是大势所趋。随着我国高校群体的层次、类型结构的不断丰富，高校在办学定位、人才培养目标、科学研究水平、社会服务等逐步分化并初步形成自身特色，初步形成了具有高等教育发展阶段特点的高校分类发展体系。③ 为了提升高等学校发展的内驱力，引导高校更具特色地发展和提升内涵发展的实力，迫切需要构建具有资源配置指向功能的高校分类发展体系。不同类型的高校在发展规划、质量评价、经费投入等方面应分类管理，在学科专业设置、教育教学工作、师资队伍建设、科学研究和社会服务等方面应实行分类发展。通过科学合理的高校分类和分类评价促进各类型高校都能达到最大发展，并在各自类型层次上突出各自的一流水平，创造出自己的精彩。

2.3.2　现阶段高校分类方法不符合教育发展和高校发展规律

现实社会中，通常简单地以发展水平和状况来归类高校，或以某些特征或身份出身等分类，再以这些特征项来评价高校。中国社会正处于经济快速发展、生产结构不断调整的复杂时期，因此，社会对于教育结构和教育质量的要求也会显著增加，高等教育也不断摸索着转向内涵式发展，各种转型变化会给教育与社会之间的协同发展带来更多的考验。各类高校扮演的角色不同，它们在科研水平、人才培养、学科建设、社会服务、文化引领等方面的表现也不

① 陈厚丰. 中国高校分类标准及指标体系设计［J］. 高等教育研究，2008（6）：8-14.

② 马陆亭. 从一流大学建设转向一流体系建设［N］. 光明日报，2014-07-08.

③ 孙颖. 当前我国高校的分类发展：现状、难点及建议［J］. 教育理论与实践，2016，36（15）：9-11.

同。① 高校绩效评价的人力投入、财力投入、物力投入不同，产出的人才培养模式、学科专业的建设、教学改革的方式和服务区域也不相同。

不同层次或类别的高校有较明确的分工，以同一种标准进行高校绩效评价会导致不同类别高校低效的重复建设，从而造成国家资源的巨大浪费。高校绩效评价不仅应加入高校元素，并继续保有绩效评价本身的科学规范性，更重要的是以高校分类发展视角突破原有指标体系的构成，发挥对高校绩效进行全面评估的作用。目前的分类方式不符合教育发展和高校发展的规律。高校分类具有多样性，各类高校有其各类区别于其他类型高校的特征，因此这种高校分类特征决定了高校绩效评级制度必然会存在差异。高校绩效评价制度的建立是根据高校性质来决定的，不同类别高校绩效评价不同于其他类别的绩效评价制度。

2.3.3 多类型高校的绩效评价标准不同

针对不同类型不同层次的高校使用统一的绩效评价标准会影响绩效评价的准确性。必须实行分类指标设计。对于不同类型的高校而言，与同类型高校进行绩效评价结果的横向比较，才能帮助被评价高校找准自身定位和发展方向。不同分类条件下，每种类型的高校绩效评价指标都应有针对性的设置。评价指标体系的构建需要通过不断灵活地调整去适应情况各异的高校类别，最终达到能在不同类型的高校之间实现可比操作，有力地突出反映高校的职能和运行的效益与效率。根据高校发展的侧重点设计适应该类高校特有的绩效评价指标体系，并且根据其所承担的社会分工的侧重点分配其对应的权重值，从而增强绩效评价的针对性和精确性。②

2.3.4 卡内基选择性社会服务分类标准

1973 年，卡内基教学促进基金会首次发布了卡内基高等教育机构分类法，随后又在 1976 年、1987 年、1994 年、2000 年、2005 年、2010 年、2015 年对该分类标准进行了不同程度的更新与调整。2005 年，卡内基教学促进基金会在以往综合性分类的基础上发布了一种以院校自愿参与为前提的选择性分类标准，这种分类标准侧重于考察高等学校的社会服务职能。分类依据为高校提交的对其社会服务活动的概述，经由陪审小组审核进而分类。2015 年发布的卡内基选择性社会服务分类标准着眼于社会服务活动的更新变化，在完善已有分

① 凌炜．我国高等学校分类评价势在必行［J］．辽宁教育，2012（4）：49-50.

② 章大为．地方应用型高校绩效评价指标体系的研究［D］．南京：南京工业大学，2012.

类体系的基础上全面展现了大学发展情况，体现了大学多样化发展的程度。参与分类的高校所提交的申请报告中需概述目前的高校的社会服务状况，叙述较上一次分类后社会服务发生的变化，并提供相应证明材料。这样不仅可以更准确地评估高校的社会服务分类，而且可以更全面地认识自身社会服务的发展，并使分类的结果更加精确，从而也为高校绩效评价提供了可借鉴之处。① 在我国将高校分层进行绩效评价的过程中，可以借鉴美国卡内基选择性社会服务分类的标准和内容框架指南，并结合我国高校发展目标及实际情况将社会服务作为高校分层的依据之一，推动多元化、动态性的高校分类指标体系的构建，制定符合我国高校实情的分层绩效评价标准。

2.4　分类发展视阈下高校绩效评价的理论依据

2.4.1　高等教育分层分类理论

从20世纪60年代开始，西方主要发达国家和部分发展中国家都相继进行高校分类，以促进高校的多样性发展。欧洲高校分类始于2004年，并分别于2005年和2008年发布了第一阶段的《机构概况：开展欧洲高校分类》（*Institutional Profiles: Towards a Typology of Higher Education Institutions in Europe*）和第二阶段的《描述多样性：欧洲高校分类》（*Mapping Diversity: Developing a European Classification of Higher Education Institutions*）的报告。《描述多样性：欧洲高校分类》认为，分类是“基于相似性对个体进行分组的过程”。分类的目标是提高复杂系统的透明度，在这样一种系统中抓住多样性，从而改善我们对现象和系统的理解，进而促进有效的沟通。② 分类最关键的要素是判断谁是潜在的或者是分类的目标用户，即利益相关者及他们使用分类的目的。各国高校在重视多样性发展的同时，主要从两种不同的侧重点出发对自身进行分层分类：高校教育的社会服务功能和高校自身发展与变化。欧洲

---

① 潘黎，崔慧丽．卡内基高校分类的新动向——2015版卡内基选择性社会服务分类研究［J］．比较教育研究，2016，38（7）：79-84.

② The Center for Higher Education Policy Studies（CHEPS），University of Twente，the Netherlands in Partnership with the University of Strathclyde，Glasgow，Scotland，The University of Aveiro，Portugal；and the German Rectors Conference（HRK）．Mapping Diversity：Developing a European Classification of Higher Education Institutions，2008.

高校分类正属于前者，而卡内基高等教育机构分类则属于后者。1967 年，“卡内基基金会”创立了其所属机构——卡内基高等教育委员会，旨在研究美国高等教育所面临的重大问题并提出建议，先后制定并修改了一共 5 个版本的卡内基高校分类法。2005 年的分类法由 5 个平行独立的分类体系组成，分别是：本科生教学计划、研究生教学计划、（秋季）入学学生概况、大学生概况、规模与背景。

高等教育分层是高校分类的基础，国际上对于高等教育分层理论的研究以马丁·特罗高等教育分层思想为主导，美国著名学者马丁·特罗（Martin A. Trow）教授基于高等学校与政府、市场和社会的关系，在其著作《高等教育新论》中，系统地阐述了高等教育分层现象及其相关问题。他认为，高等教育的分层在高等教育领域是客观存在的现象，这一现象在每个国家和地区都会发生，各个国家的高等教育机构按照地位和数量排列组合而形成的体系各不相同，学院和大学在地位与知名度上有很大差异，以一种比较典型的类型——日本高校的金字塔型为例，位于塔顶的是闻名世界的东京大学，稍低一些的是京都大学、名古屋大学这样的老牌私立大学和其余国立大学，位于塔底的则是大量的地方公立院校和一般的私立院校。① 马丁·特罗将高等教育分层现象分为以下三种形式：一是高等教育部门（机构）的分层，二是高等教育各部门内部的分层，三是各院校内的基层单位和系的分层。影响高等教育分层的因素有地理位置因素、历史传承、优秀的生源和教师、科研人员、国家政策倾斜导致的资源配置差异等方面，这些因素形成的“马太效应”能够使高校的优势地位得以延续和保持。中华人民共和国成立以来政府对高校的改革措施使得我国高校分层也存在这样的情况，如 20 世纪 50 年代 98 所重点大学的建立，80 年代重点院校和重点学科的建设，还有 1994 年国家启动的“面向 21 世纪，重点建设 100 所高校和重点学科”，即所谓的“211 工程”建设，以及自 1998 年起国务院开始对所谓的“985”高校特殊的经费支持政策等，使得我国高校也存在类似的以“985”“211”、部属大学、高职等组成的金字塔结构。马丁·特罗还认为有两种高等院校分层原则：一是市场竞争原则，即各个院校通过市场竞争获得有助于提高学术名望的条件来提高地位，如学术声誉、著名教授、研究经费、捐赠等；二是政府分配原则，即政府通过政策和其他措施在院校之间分配权利、职能、特权与资源。② 科学合理的分层分类方法有利于规

① CLARK B R，TROW M A，KOGAN M，et al. Persioectives on higher education［M］. University of California，1982：130-170.

② 罗立祝．马丁·特罗的高等教育分层理论及其启示［J］. 北京教育（高教版），2006（2）：62-64.

范和促进高校的定位与发展，如美国的一流高校是私立学校，而日本的一流高校是公立院校，这正是由于学校自身的成本分担不同而造成的。高等教育分层分类理论为目前高等学校分层分类相关研究提供了重要理论依据，从该理论出发，宏观管理上要针对不同类型、不同层次的高校实施具体的分层分类管理，有效引导高等教育和高等学校多样化发展，因此本书基于分类发展的角度对高校绩效评价进行研究。

2.4.2　高校社会职能理论

大学是人类社会发展到一定阶段的历史产物，是人类文明进步的体现。大学在当代社会发展中到底扮演什么样的角色，发挥怎样的作用，一直是社会各界关注的焦点。"社会越发展，高等学校与社会的关系就越密切，高等学校所承担的社会职能就越多。这应该是高等学校与社会之间关系的一条规律。"① 高等教育从产生之初到现在经历了很多变化，传统大学不断地向现代大学演进，最明显的一个特征就是其职能的不断变化和丰富。高等教育的起源可以追溯到古希腊时期，这一时期涌现出较多的修辞学校和哲学学校，这些学校对后面"雅典大学"和古罗马文化的诞生也有很大的影响。现代意义上的大学基本都起源于欧洲的中世纪大学，是会集学者名流和志学青年集体探讨学问及系统进行教学活动的场所。在最初的发展阶段，传播知识、培养政治家和社会人才是高等教育的职能。例如纽曼（J. Newman）所言"大学是探索普遍学问的场所，是所有知识和科学、事实和原理、探索和发现、实验和思考的有效保护力量"。纽曼认为，大学的任务是提供博雅教育和从事智力训练，培养有教化的社会成员，提高社会格调。② 到了19世纪，德国教育家洪堡创办柏林大学，倡导的是大学"教学与科研相统一"以及"自治与学术自由"的思想，认为现代大学应该为研究留有一块"为科学而科学"的自由天地，使得科学研究成了大学的第二个职能，也逐渐演变成了政府部门和社会团体投资大学的决策依据。1982年，美国颁布的《莫雷尔法案》开辟了高等教育为社会服务的先河，在此法案的推动下，威斯康星大学的办学思想和实践应运而生，标志着高等学校社会服务职能的正式确立。当今知识经济时代，随着社会的发展，高等教育已从社会的边缘走向了社会经济发展的主战场，高校对社会所起的作用越

---

① 周远清. 高教管理体制改革和布局结构调整取得了历史性的重大进展［N］. 中国教育报，2001-12-15.

② NEWMAN J. The idea of a university（Rethinking the western tradition）［M］. New Haven，Connecticut：Yale University Press，1996：3-13.

来越大，社会对高校的依赖性不断增强。高校服务社会的职能在科学研究、人才培养和传承文化的基础上逐渐凸显出来，人才和科技作为高校服务社会的载体，在经济社会的发展中起到重要作用。可以看出，随着社会的进步和人类发展需要的不断变化，高等学校的职能也由单一化走向多元化。

除了人才培养、科学研究和社会服务这三项基本职能之外，高校的国际交流、就业服务等功能也在逐渐受到关注。从高等教育学原理的角度来看，高等学校的基本社会职能不管是按照出现的先后顺序来排，还是按照重要性的高低顺序来排，都首先是人才培养，其次是发展科学，最后是服务社会。① 2011 年，胡锦涛总书记在清华大学百年校庆上强调指出“全面提高高等教育质量，必须大力推进文化传承创新”，并提出“高等教育是优秀文化传承的重要载体和思想文化创新的重要源泉”，首次将“文化传承创新”作为高校的四大职能之一提出来，这是对大学职能认识的新丰富和新发展。党的十八大以来，国家多次提及文化自信，强调既传承优秀传统文化底蕴来夯实根基，又汲取先进的革命文化与社会主义先进文化经验来增强底气。在实现中华民族伟大复兴的背景下，大学作为文化传承与创新的重要平台，更要立足中国大地，加强文化自塑，建立文化自信。从教育的基本规律来看，每所高校在自身发展中不可能兼顾所有职能，不同高校会依据实际条件和定位，在职能发展上有不同程度的侧重。正是这样的差异，使得高等学校能够多样化发展，这就要求高校必须分类管理和分类发展，以提供不同类型的人才，满足社会对人才的多样化需求。高等教育分类模式的思想基础集中体现于对大学的意义和职能的认识，因此，本书将高校社会职能理论作为高校分类发展的理论依据之一，对不同的高校绩效评价进行研究。

2.4.3 教育经济效率理论

高等学校的绩效评价属于教育经济学的研究范畴，教育经济学是研究教育和经济之间的关系以及教育在经济与社会发展中的作用、教育投资的有效利用及其经济收益的一门介于经济学、教育学、数学之间的边缘学科、交叉学科。教育经济学的代表人物 W. 舒尔茨的基本理论观点称为人力资本理论，该理论把用于各级教育、在职培训 、医疗卫生保健、移民、劳动力流动等方面的支出看成人力资本投入，并认为从宏观上讲，教育与劳动生产率呈正相关关系。所以，教育投入不仅仅是一种消费，也是一种有经济效益的投资，教育的扩张

① 潘懋元．潘懋元论高等教育［M］．福州：福建教育出版社，2000.

可以提高国民收入，增加国民经济总产值。① “社会化理论”代表人物S. 鲍里斯和H. 金蒂斯采用西方“新马克思主义”的观点和方法，认为学校教育的经济价值就是它的“社会化”功能，认为“教育与经济的关系建立在教育服务经济基础之上，经济完全支配教育”。② 教育经济学的研究任务包括：①研究教育的社会经济价值，说明教育的经济意义，论述教育在国民经济增长和发展中的地位，以及在社会主义市场经济体制建立中的作用；②研究教育领域内基本经济规律所起的作用和所表现的特点；③研究教育发展与劳动力再生产的相互关系，探讨人力资源开发，劳动力培养、训练和储备的经济价值，预测社会再生产对各种规格人才和劳动力再生产的社会需求，计算各种专门人才和不同教育程度的劳动力对国民经济增长的贡献及其经济报酬；④研究教育投资、教育成本、教育规模经济、教育经济效率和教育经济效益的原理、原则、计算模式和数量指标，以及具体计量模式和方法，说明它们各自的具体内容与发展规律；⑤研究教育与社会主义市场经济体制的关系，说明市场经济对教育的影响和作用，以及教育产业、教育市场、教育消费、教育经营、经济学的研究重点。③

教育经济效率也是教育经济学领域研究的重要组成部分，旨在借助于经济学的理论和方法研究教育领域中的投入与直接产出问题。教育的直接产出是指受教育者劳动能力的提高，通常以各级各类学校培养的各种熟练程度不同的劳动者和专门人才来表示。“效率”本是经济学上的概念，将“效率”一词引入教育领域，便产生了教育投资利用效率和教育资源利用效率。从宏观上来看，教育经济效率指的是教育资源利用效率，即在一定社会条件下，为取得同样的教育成果，教育资源占用和消耗的程度。教育成果既包括教育数量，又包括教育质量；教育投入既包括占用，又包括消耗。教育资源占用是指教育过程所占用的人力、物力、财力的数量；而教育资源消耗则是指教育过程中实际消耗的劳动量，既包括活劳动消耗量，又包括物化劳动的消耗量。从微观上来看，教育经济效率指的是教育投资利用效率，即教育单位或学校的教育事业经费和基本建设投资所能培养的学生数量。④ 高等教育有经济效率和社会效率两种表现形式，其中经济效率有人力资源、财力资源和物力资源利用效率三个组成部

① 西奥多·W. 舒尔茨. 人力资本投资［M］. 吴珠华，等译. 北京：商务印书馆，1990：40.

② S. 鲍里斯，H. 金蒂斯. 美国：经济生活与教育改革［M］. 王佩雄，等译. 上海：上海教育出版社，1990：21.

③ 靳希斌. 教育经济学［M］. 北京：人民教育出版社，2001，5-6，309-310.

④ 靳希斌. 教育经济学［M］. 北京：人民教育出版社，2001，5-6，309-310.

分；社会效率是由于教育的公益属性所产生的社会效益，即教育间接产出与教育投入的关系，其中教育间接产出是指教育给受教育者个人和社会在经济上带来的收益。教育经济效率理论奠定了高校绩效评价的理论基础，为评价的开展指明了方向，如高校绩效评价模型的构建可从人力、财力和物力三个角度进行分析，同时，该理论所提出的教育经济效率可量化思想，也为高校绩效评价模型的构建指明了新的研究方向。

2.4.4 新公共管理理论

高等教育属于社会公共产品的范畴，对高等学校的绩效评价理应也属于公共管理的范围。20 世纪 70 年代后期，新公共管理理论在西方国家的行政改革下应运而生，主张缩减政府开支、提高政府效率，关注公共服务部门的服务效率和质量，提倡顾客服务和顾客导向的理念，旨在通过一系列的绩效评价制度将政府角色从管理者转变成提供公共服务者。由此，新的政府治理模式盛行，建立绩效评价制度，接受民众问责，这种模式对西方国家在高校开展绩效评价产生了重要的影响。赫克谢尔（C. Heckscher）认为，政府改革打破了单向的等级指挥关系，建立了互动交流和导向管理，并开始向“后官僚组织”变迁。[①] 最早提出新公共管理概念之一的胡德（Christopher Hood，1998）将“新公共管理看作是一种以强调明确的责任制、产出导向和绩效评估，以准独立的行政单位为主的分权结构，采用私人部门管理和技术，引入市场机制以改善竞争为特征的公共部门管理新途径”。[②] 美国行政学者帕特里夏·格里尔认为新公共管理的内涵包括公共服务组织的非集成化，即分散化；重点从政策转向管理，主要重视服务提供的效率和成本，更加重视绩效和评估的量化和效率标准；从程序转向产出的控制和责任机制等六个方面。[③]

新公共管理的基本观点概括为四点：第一，公共部门和私营部门在管理上没有本质差别，公共部门应多借用私营部门的管理理论、原则、方法、模式塑造政府，以提高公共部门的工作效率和管理水平。第二，公共部门必须重视资源优化合理配置。第三，强调顾客导向。以顾客为尊、顾客为导向、追求顾客满意作为企业和管理部门的基本准则。第四，建立绩效评价制度，顾客导向的服务理念要求政府部门接受民众的问责。问责是评价政府部门工作是否完成了

---

① HECKSCHER C. The post-bureaucratic organisation: new perspectives on organizational change [J]. New Delphi: Sage, 24, 1994.

② HOOD C. Comparative public administration. Vol. 1, Dar Emonth Publishing Grop, 1998.

③ 毛寿龙，李梅，陈幽泓．西方政府的治道变革［R］. 天则所学术报告，235.

预期目标的重要途径。实行绩效评价的目的是让政府管理有明确的目标和方向，提升部门的协调能力和凝聚力。高等学校的管理目标之一就是要及时、有效地提供数量充足、质量优良的公共产品，公共产品又涉及其界定、特征、分类、供给等诸多方面。新公共管理理论能为高校绩效评价研究提供新的研究视角和理论分析工具，是其重要的理论基石。2010年，教育部发布的《纲要》明确要求各高校要“改进管理模式，引入竞争机制，实行绩效评估，进行动态管理”。[①] 新公共管理理论对高等学校发展的影响主要体现在以下几个方面：第一，促进高等学校绩效评价的研究和相关政策的制定。为了能够对高等学校绩效进行评价，达到绩效问责的目的，就需要科学合理、适用的评价方法来检验高等学校。第二，促进高等学校财政拨款方式的变革。高等教育在很大程度上受公共财政支持，为了促使高等学校最大化地利用资金、资源，在新公共管理理论的影响下，高等教育经费的拨付逐渐与高等学校的运作绩效挂钩，绩效评价的结果也会成为政府拨款或预算的依据。第三，增强高等学校的竞争意识。新公共管理理论提倡向私营部门学习，引入竞争的思想，在此影响下，西方国家在高等学校中引入绩效评价，其管理指向便是要加大院校间的竞争。第四，增强高等学校的绩效责任意识。高等教育正在迈向大众化，成为国家提升软实力的重要战略资源之一。大学的投资价值也越来越被关注，政府从注重对高等学校的管理到注重管理的效果和绩效，对大学放权的同时也建立相应的问责制度，强调高等学校承担政府和公众要其承担的责任。同时，新公共管理理论能够明晰公共产品与私人产品的差别，揭示评价高校生产公共产品的绩效和评价企业生产私人产品的差别，有利于把握高校绩效评价的本质特征。我国高等学校绩效评价还处于起始阶段，新公共管理理论将是我国高校绩效评价研究的重要理论基石。

2.4.5 组织绩效评价理论

现在，组织绩效的概念一贯被引入对评价客体进行评测的过程中。组织运行的各个关键部门所取得的成绩和效果实际上就是组织绩效的体现。效率是作为投入和产出之比而存在的一个数据指标，与效率不同，绩效评价强调的则是提取有意义的效率。从组织的具体运行情况来看，一个连贯的、系统的评价系统对组织的可持续运行和未来的发展好坏起着极为重要的指挥作用。绩效评价

① 国家中长期教育改革和发展规划纲要领导小组办公室．国家中长期教育改革和发展规划纲要（2010—2020年）［M］．北京：人民教育出版社，2010.

是运用一定的评价方法、量化指标及评价标准来衡量、评价、影响组织和个人工作表现，以此来揭示被评价个体和组织工作的成果和有效性，从而使其自身、组织乃至社会都从评价结果中实现绩效的客观判定。作为人力资源管理中技术最强的环节之一，通过绩效评价可以追踪并且反馈组织达成目标的具体情况。绩效评价原属管理学中的重要概念，是绩效管理的重要环节，包括财务绩效定量评价和管理绩效定性评价，绩效评价实施的好坏，直接关系到绩效管理活动的效果和质量，也会影响人力资源管理的成败。依据评估层次和实施层面的差异，可以把绩效评价分为微观层面的个人绩效评价和宏观层面的组织绩效评价。其中，组织绩效评价是运用一定的指标体系对组织的整体运营效果做出概括性评估。组织进行绩效评价指标体系设计过程中，为了能够照顾到组织运行的方方面面，并最大限度较好地评价组织的目标完成达标情况，必须从组织所有的部门中挖掘各种具有代表性的指标来测评组织，而且还要根据组织的首要任务和终极目的对某些指标有所侧重来赋予权重值，因此在评价组织之前要明确组织绩效评价的目的，目的的不同会影响指标和权重的侧重点。

教育绩效最早起源于欧美国家，20 世纪中后期，美国、英国、荷兰等国家的高等教育面临严峻的挑战，急需出现一种客观测量办学效率和效益的方法或工具，于是，教育绩效在这样的背景下诞生了。世界高等教育进入了以提高质量为中心目标的时代，为提升高校绩效，全面质量管理的戴明环理论被渐渐引入。戴明环理论的核心是 PDCA 循环模式，该模式的特点是质量管理和质量改进按照计划（plan）、执行（do）、检查（check）、处理（action）的顺序循环往复，不断进行。它强调质量的不断提高，把质量管理和质量提升纳入一个科学的逻辑过程。[①] 美国约翰－霍普金斯大学莱斯特·萨拉蒙（Lester Salamon）教授将具有组织性、非政府性、非营利性、自治性和志愿性五个特征的组织界定为非营利组织。[②] 高校正属于这一类型组织，提供的大多数是无形服务，其效果难以度量，因此传统的绩效评价系统并不适用。N. Venkatraman 和 R. Vasudevan 认为组织业绩的计量应包括财务业绩、业务业绩和组织有效性三个维度。[③] Emmanue 认为评价组织业绩应从多个维度展开，

① 翁跃明，薛瑞峰．PDCA 循环模式在现代高等教育管理中的应用［J］．中国管理信化，2011，14（24）：146-149.

② SALAMON L M. The rise of the nonprofit sector［J］. Foreign Affairs. 1994（4）.

③ VENKATRAMAN N，VASUDEVAN R. Measurement of business performance on strategy research：acomparison of approaches［J］. Academy of management review，1986，11（4）：801-814.

且各维度的内容可能随时间和利益相关者的变化而变化。① 高校绩效指标是高校办学成果和高校工作各方面数量化的反映，也包括非财务业绩指标，它提供了关于高校运行状况的准确信息，为高校了解自身的办学效率及其效益提供了一种有效的手段，也是国家制定教育政策、分配学校经费和加强学校管理的重要手段。对高等教育绩效的评价其实就是对非营利组织绩效的评价，也就是运用一定的指标体系来评价组织整体运营效果。② 组织绩效评价的实现是需要制度设计来支持，政府对高校的绩效评价实际上是一种服务对策和制度设计上的保障。作为公共部门，高校的运营效果主要体现为教学、科研以及社会服务活动的开展状况，高等教育绩效评价即表现为所提供的教学、科研、社会服务同所消耗的人力、物力、财力等资源的比例关系。③ 因此，组织绩效评价理论将作为本书的重要理论依据之一。

---

① FITZGERALD L R, JOHNSTON T J, BRI GNALL R, et al. Performance measurement in service business [M]. London: CIMA, 1991.

② 潘旭明. 组织绩效的评价标准及影响因素分析 [J]. 电子科技大学学报（社会科学版），2004 (2): 20-23.

③ 朱惠倩. 高等教育绩效评价 [D]. 南昌：华东交通大学，2009.

第3章 分类发展视阈下我国高校绩效评价的发展变化

高校绩效评价的发展经历了四个阶段：试点阶段、推广阶段、周期运行阶段和分类评价阶段。试点阶段规定的是高校绩效评价的目的、原则等；推广阶段从高校的合格评估、审核评估视角出发进行评价；周期运行阶段是从评估目的、主体、指标着手进行评价；分类评估阶段是合格评估、审核评估、专业认证和专业评估四方面的展开。总体来说，高校现阶段使用较广的是分类评价。历史的演进总是伴随着一定的时代背景，在政府相关政策扶持和经济社会繁荣的大背景下，高校绩效评价在稳步中前进发展。

在我国，高等院校涵盖的主体非常广泛，但归纳起来，可以分为两大类，即普通高等院校和成人高等学校。根据本书在研究对象上的范围和界定，其讨论范围更多地聚焦在普通高等院校之上，因此，本书中的高等院校概念可基本定位于普通高等院校。从某种意义上来讲，分类发展的实质是根据发展主体的类别差异，采取更符合每一个发展主体特性的发展方式，从而实现个性化的发展。在教育学语境下，我们研究高等院校的分类发展，实际上就是在承认高等院校之间客观差异的基础上，探寻符合不同院校发展特性的多元化路径。一方面，需要高等院校实现共同发展，使每一所高校都能在自身的层面上充分发展；另一方面，需要更具包容性的发展路径，以多元化的标准和要求激励高校的自我提升，它们在“果”上相一致，但在“道”上却截然不同。分类发展的实质就是在明确定位、正视差异的基础上实现各自特点、提高实力和质量。今天，随着高等教育逐渐由大众化迈向普及化阶段，高等教育体系的规模空前庞大，各级各类高校数量也有了空前的增长。从逻辑上说，面对规模如此庞大的高等教育系统，要有效地引导其有序发展，就必须实行分类化、精细化的管理机制，并针对高等教育体系中的不同部分实施差异化、个性化的评价和治理方式，这个过程无疑是复杂而艰巨的，但也为高等教育研究提出了重要的研究命题和时代使命。

3.1 试点阶段（1985—1990年）

1985年，《关于开展高等工程教育评估研究和试点工作的通知》的颁布拉开了高校绩效评价的序幕。作为这一时期的核心文件，该通知规定了高校绩效评价的目的、原则等，给评价试点的展开给予了一定的理论支撑。

1978年，中国经济得到恢复与发展。国家财政实力有所增强，政府对经济和社会的调控手段主要以强制性政策为主，从宏观视角出发，一方面恢复自“文化大革命”以后经济社会的复苏，另一方面通过强有力的手段措施稳定社会，发展经济。在经济上，据国家统计局数据显示，1978年国家财政收入仅1132亿元，1985年翻了近一番，达到2025亿元，1990年持续进一步增长。在教育上，1977年高考制度得以恢复。1985年，国家进行经济体制改革的同时，将重心逐渐落在教育上。《中共中央关于教育体制改革的决定》于1985年被颁布，里面提到作为教育部门，必须定期通过组织教育领域、知识领域等劳动用人部门对高校进行综合评价，严重的甚至要令其停止办学。这一要求的提出，将高校绩效评价工作的展开提上议程。[①] 国家教育委员会于1985年颁布《关于开展高等工程教育评估研究和试点工作的通知》提到高校的评审工作是要立足于我国的国情，即要从高等工程教育办学特点、学校制度等方面进行评估试点。这一文件是高等教育绩效评价政策制度的起点，推动绩效评价制度的建立。

从1985年开始的高等工程教育评估工作是提高高等教育办学水平，也是建设教育制度的必然，因此，需要通过评估手段来加强对高等教育的管理与指导。对于该文件的颁布，可以指出如下目的：首要目的是科学地评估高等工程学校的整体办学水平，通过奖励办得好的学校，停办或者整顿办得不好的学校来提高高等工程教育的整体发展，从而促进整个高等教育的优良发展，提高高等教育为社会服务的能力。其次，建立适合我国高等教育体制发展的评估制度。就高等教育而言，我国与其他发达国家相比，水平和层次都有很大的差距。因此，想要追上发达国家，必须通过相关评估制度的建设完善我国高等教育制度。这一时期，不仅要普及高等教育，而且也要建设与之相关的制度，评估制度就是其中的重要一环。

---

① 姚爱国．我国高等职业教育办学水平评估制度的沿革与反思［J］．职业教育研究，2008（10）：6-8.

从实践方面展开高等工程教育评估工作，必然迫切需要理论上的指导。高等工程教育测评问题谈论会于 1985 年在黑龙江举行。在会上，如何制定科学合理的评级指标体系成为评估的核心，也成为开展客观评价工作的前提。根据我国的国情和高等教育办学水平，建立指标体系应当依照以下五个原则。

（1）指向性原则。指向性原则即指标体系必须具有方向性。高等评价指标应当满足高等教育体系发展方向，建设符合我国国情的指标体系。体现办学的社会主义方向，就是要在中国共产党的领导下，坚持马克思主义指导地位，立足于本国国情，培养学生德智体美劳全面发展，为社会主义建设和我国经济社会发展培养建设者与接班人，建设社会主义强国，让中国走出世界，立足于世界民族之林。

（2）客观性原则。客观性原则即要建立符合高等教育发展规律的评价体系，要具有科学性，能够反映事物之间的内在关联性。何为高等工程教育的客观规律？即培养的人才应该具有发展性、市场性。

（3）公正性原则。公正性原则即高等教育评价指标应当具有客观性，不能随意加上主观判断，根据实际情况予以判断后再进行评价，同时要让社会公认的评估规则去进行判断。作为教育效果的反映，评价指标体系应保持真实客观，为高等教育发展提供真实的反馈平台。

（4）可观性原则。可观性原则即指标体系应当数值化，具有量化性质，运用定量的研究方法，通过对各个项目进行赋值和权衡比的匹配，从而达到对事物进行检验和分析的一种实验方法。定量研究因为实验法、教育统计等方法的引入而获得发展。

（5）简化性原则。简化性原则不是简单地将指标缩短，而是就指标体系进行简化，使其去除烦琐，简易可行。由于我国地域发展和经济发展水平的差异，各个地区高等教育的办学水平和发展难免存在差异与不平衡，因此，在评估的过程中应当按照不同学校、不同层级，或者按照学校的不同办学时间和条件来进行分级评估。

为了构建科学合理的高等工程教育评价体系，此次会议认为，要从对全国良好教育四个方面进行探讨。

（1）基本理论是一个事物进行研究、认识的基础，这包括有关高等教育评估的基本概念、理论基础、基本原则和方法等。① 高等教育评估的基本规律是指在对高校教育进行评估的过程中应遵循的基本规律。首先，应遵循适

---

① 曹爱华．关于高等教育评估问题之思考［J］．宁波大学学报（教育科学版），2003（5）：10-13.

应教育发展的规律，要与国民经济发展相适应，与受教育者身心发展相适应。其次，应当遵循合理性原则，即要全面考虑评估工作的程序与成本，尽量做到程序简明，减少高校教育评估成本。高等教育评估应尽量使用可量化的研究方法，用可检验的标准化工具和程序采集数据来进行数据分析，得出统计结论。

（2）关于高等教育评估的指标体系、评估标准和评估方法。这是高等教育评估的核心问题，也是高等教育评估的热门话题。总体来说，我国高等教育评估体系不够完善，许多内容存在缺陷，评价指标不够系统化和合理化，评估的方法大部分依靠质性研究方法，缺乏对此类问题的以事实为基础的实证研究。我国高等教育评估体系和标准的依据有两方面内容：一是经济和社会发展的需要，即依据我国现在的发展水平制定符合国情的评价体系。二是人才培养和办学的规律。人才培养是教育的核心目标，办学层次直接影响着人的培育和学校整体发展，因此，高等教育评估要充分考虑人才培养和办学的规律。

（3）关于评估的机构、程序和政策。高等教育评估的机构是单一的政府机关还是多元的利益相关者？是否应该建立独立的第三方评估机构？如何让高等教育评估的程序更加简单明了？政府应当颁布什么样的政策措施才能更好地促进高等教育评估体系的建立与执行？

（4）外国高等教育评估的比较研究。我国高等教育发展缓慢，与国外一些国家相比仍存在很大差距。在与别国进行比较研究的过程中，能够更好地认清自身的差距，发展具有中国特色的高等教育评估机制。

中国教育界认识到在开展研究的同时，要有计划有步骤地进行评估的试点工作，这两方面的工作是互相联系、相互促进的。高等工程教育评估的对象是一个复杂的系统，它是分层次的，可以从总体上去评估某一高等学校的办学水平、办学效果，也可以单独地评估学校内某一专业、学科的办学水平，还可以进行某一方面的单项评估（例如研究生学位授予质量，本科生培养质量、政治思想工作、科学研究工作，以及某门课程、某一教学环节的评估质量等）。《关于开展高等工程教育评估研究和试点工作的通知》文件中对试点工作的具体部署做出规定：一是对“机械制造工艺与设备”专业（本科生和研究生）办学水平进行评估，并制定供评估单位实行评审的指标体系和单位表，一定程度上为高等教育和地方高校评价体系奠定基础；对“供热通风与空调工程”和“计算机及应用”两专业本科生进行质量评估。二是对上海市高等工业学校进行总体的办学水平评估。对学校来说，通过评估可以促进学校改进工作，提高本科教育质量。同时，密切学校与社会的联系，反映社会对办学的需求，推动学校不断进行自我调节，加强科学管理，提高办学水平，使高等工业学校本科教育更好地适应四化建设的需要。三是对黑龙江省、陕西省、北京市进行课程教学质量评估。既为教育行政部门提供宏观控制的依据，又促进了教学研究会活动的开展。这些经验对之后的高校评估工作来说是难能可贵的。

这一阶段是我国高等教育评价工作的萌芽阶段，从1985年国家教育委员会颁布《关于开展高等工程教育评估研究和试点工作的通知》起，相关政策陆续开始出台，试点工作逐步展开。① 1985年11月，教育部部署高等工程教育评估试点工作，从1987年6月开始至1989年年底，全国80多所高等工业学校在综合办学水平、专业、课程三个层面上进行了评估试点，为我国的高等工程教育评估取得了宝贵的实践经验。在开展高等教育评估理论研究和高等教育评估试点实践的基础上，1990年10月，国家教委发布了《普通高等学校教育评估暂行规定》（以下简称《暂行规定》），《暂行规定》的发布标志着我国的高等教育评估完成试点，开始走上制度化、规范化的轨道。② 1990年11月，国家教委下发《关于加强普通高等专科教育工作的意见》，文件明确指出："有关教育主管部门和学校要逐步开展普通高等专科教育的评估工作。"③ 这一意见标志着我国高等教育评估工作出台这一事项。

至此以往，高等教育的评估工作被正式提上议程。这一时期，我国高校绩效评价属于起步阶段，高校绩效评价的试点工作伴随着高等教育的发展逐步展开。20世纪80年代，国家处于经济社会大发展大变革时期，国家的宏观管理职能进一步增强，高等教育质量也在国家重视下得到保障。第一，国家通过颁布一些试行政策，鼓励对高等学校的外在行为规范进行评估，着重对评估体系内的评价主体、评价工具、评价标准等方面的思考，但由于处于摸索阶段，未能形成明确的评价标准、合理的评价方案。第二，高等教育的外部管理处于松散管理状态。计划经济时代，政府包办一切，集管理者、办学者、评价者于一身。第三，试点工作以规范办学、确保办学质量为目的，规范办学行为的评价指标为重点。第四，以办学实力和质量为主的规范性综合评估，改置评估硕博授予权，学生学位授予权。总体来说，试点阶段是我国高等教育绩效评价工作的开端，为以后的发展奠定了良好的基础，同时也促进了高等教育的良性发展。

---

① 关于开展高等工程教育评估研究和试点工作的通知（教发〔1985〕20号）[Z]. 1985-11.

② 姚爱国. 我国高等职业教育办学水平评估制度的沿革与反思 [J]. 职业教育研究，2008（10）：6-8.

③ 关于加强普通高等专科教育的意见（教发〔1990〕3号）[Z2]. 1990-01-01.

3.2　推广阶段（1991—2001 年）

《普通高等学校教育评估暂行规定》的发布，预示着我国高等教育测评进入一个新阶段。这一时期，国家政策从高校的合格评估、办学水平评估、优选评估等方面出发，着手构建高校绩效评价系统。

1992 年，国家提出建立社会主义市场经济。从计划经济实现市场经济的转变，带动了我国产业结构的调整，对就业人数及规模、结构也提出新的要求。经济的变化直接影响教育的发展，特别是与市场紧密挂钩的高等教育。这一时期，我国高等教育的规模不断扩张，同时高等教育的学生数量也在不断提高，1985 年大约有 170 万名在校生，到 1998 年，我国在校生人数高达 340 多万，增加了 13 000 多人，数量提升较快。同时，在这一时代背景下，我国对高等教育进行改革，即对高等教育的体制进行变革，1993 年 2 月中共中央、国务院颁布《中国教育改革和发展纲要》，在对高等教育进行变革的基础上提出了高等教育应该注重内涵式发展，在对高等教育学校进行整体格局和结构调整的基础上，对其运行体制进行了深入的变革，形成中央集中领导下的区域分工负责制，既要保证规模与结构的扩大，同时又要保障质量与效益的统一。① 高校要建立与市场经济体制相适应的，以政府为主、社会各界多方参与的办学体制。而伴随高等教育发展的高校绩效评价也发生了变化，国家教委于 1990 年10 月发布了《普通高等学校教育评估暂行规定》，为了便于全国教育评估工作的全面展开，以评估促改建，将评估与学校建设紧密结合起来为宗旨，对评估的政策、方针、内容、方法、评价机构、评价手段等做出相应规定，推动多层次评价实践活动的展开。在建立评估机构自我评估、专家评估的基础上，将学校的办学目标与学校具体工作、实践进行比较和评价，对学校预期目标和实际工作效果进行比对，然后进行学校自我整改和自我提高。这一文件的提出，推动了高校绩效评价的扩大发展。一方面，政府继续颁布相关政策文件。例如国务院于 1998 年颁布的《中华人民共和国高等教育法》，将高等教育人才培育标准上升至国家层面，立足于我国高等教育体系，从一般质量标准、学业标准、学位标准、质量保证标准、教师标准五个方面对高校绩效评价做出规定。另一方面，由国务院、教育部等部门组成的高等教育评估小组进行

---

① 杨晓. 改革开放以来高等教育发展历程及效益分析［J］. 青海社会科学，2008（2）：195-198.

评价实践，有利于有关部门工作的展开和我国高等教育体系的发展。

通过对高等学校的教育评价来加强国家政府、社会各界对学校教育的监督作用，实现提高高等学校的办学水平和教育质量的目的，并根据开展的评估形式制订评估方案，在此基础上，开展三方面的评估，即合格评估、办学水平评估、优选评估。合格评估主要是指国家对于高等学校整体的办学水平和教育教学质量的评审与认可制度，依据相关国家条例做参考，主要分为合格、暂缓和不合格三种，针对不同的等级，采取不同措施。办学水平评估是指相对于合格评估而言，已经合格的学校需要进行具体教学工作，包括思想教育、专业课学科课程及其他教育工作的单项评估。办学水平评估主要是通过上级部门和学校来根据不同学校的层级与办学水平，提出改进意见。对于学校内部具体教育教学工作的评价，是由其他的教育行政部门或者有关的教育执行部门展开评价工作。优选评估又是相对于办学水平评估而言，即在学校办学水平评估合格的基础上，对于特别优秀的学校予以表彰和奖励。从外部评估视角来看，除国家部门对学校进行评估外，还有学校的内部评估，包括专业课程、教育教学、其他行政工作的展开等方面的自我评估，评估的计划、对象、方案等主要由学校根据实际情况自行确定。评估机构的人员整合主要是指由国务院教育部门和相关检查部门，包括自治区、直辖市等学校、教育行政部门等人员组成的高等教育评估小组。根据需要，在评估领导小组的领导下，可设立相关委员会、专家小组。一般的程序为学校向上级部门提出申请，然后交由评估小组专家审核，学校自行写报告后评估小组到场进行审核、评判并提出相关的意见建议，再由小组成员进行记录形成有关材料上报给教育部，通过教育部审核后再下放给下一级部门执行，向学校提供整改意见后学校开始自主实行，并在评审结束后的第一时间向大众公布检测过程和结果。

《暂行规定》是我国有关于高等教育评估质量体系保障的国家层面第一个法律文件，文件中对我国高等教育评价的内容进行规定，如评估程序、办学水平评估、优选评估等，并提出合格评估、办学水平评估、优选评估这三种评估形式，开启了20世纪90年代我国高等教育绩效评价的快速发展进程，并推动办学质量的单一规范评估模式发展为合格评估、水平评估、选优评估等多元化形式。1993年颁布的《中国教育改革和发展纲要》进一步提到要加强质量监督和评估制度。随着高等教育质量保障体系建设的深入，我国也把绩效评价看作高等教育体系至关重要的一步。《中国教育改革和发展纲要》于1994年问世，文件提出将高等教育划分为由省级政府进行管理的教育体制。同年，我国经历了三个阶段的高等教育本科教学评估，即合格评估、优秀评估与随机性评估，这确定了我国高等教育评估的主要内容。随后，1995年国务院颁布《中华人民共和国教育法》，这是我国首部以法律形式承认教育评估的政策条文，明确承认国家实行教育督导制度，包括对学校和其他类型的教育机构展开教育评估工作。1998 年，《中华人民共和国高等教育法》的颁布，标志着从国家层面开始确定政府在高等教育评估工作中的重要地位，推动了评估手段的制度化，也提出了有关部门可邀请第三方专家或机构对高校的软硬件条件进行测评的规定。1999 年教育部颁布《面向 21 世纪教育振兴行动计划》，该文件指出，在符合国际宏观政策的前提下，要形成中央与地方共同协作的体制，以省级政府主导统筹，形成上下级分配合理、共同协作的新机制，形成大部分高等学校由省级政府或者以地方为主与国家共建的格局。20 世纪 90 年代，随着我国经济社会的快速发展，为了推动我国高等教育评估工作的有序进行和良性发展，国家建立中央教育评估机构，同时大力鼓励地方政府积极参与，建立地方性权威专家评价团，如中国教育会于 1990 年 10 月成立了全国首个教育评估团体，即全国普通教育评价专业委员会，1994 年成立了中国高教评估研究会。从 1994 年起，我国开始建立独立的研究机构，如高等学校和科研院所学位与研究生教育评估所于 1994 年成立，1995 年成立了高等学校教学评价协作组，1996 年成立了“上海市高等教育评估事务所”（上海市教育评估院的前身），1997 年成立了“江苏省教育评估院”。1996 年创建有关高等学校基本数据库，主要用于记载我国高等院校办学情况的基本指标，并成立了相应的专家委员会，设立专家秘书处，在信息库数据应用上，建立中国高等教育评估网以及评估专家库。

20 世纪 90 年代，大部分世界主要发达国家的高等教育已进入大众化甚至普及化阶段，我国高等教育也正在迈向大众化阶段。高等教育质量保证政策侧重于“专一型”，即针对的是人才培养。如 1998 年的《面向 21 世纪教育振兴行动计划》提出“要提高全民族的素质和创造能力，培养具有创新能力的高素质人才，为我国创新体系的建立提供相应的人才”；《中共中央国务院关于深化教育改革全面推进素质教育的决定》于 1999 年问世，其中明确指出，坚持素质教育，坚持培养学生的动手能力与创新能力，坚持实现自身价值与服务祖国人民的统一。在我国高等教育绩效评估过程中，政府处于中心地位，发挥主导作用。政府通过制定强制性政策来推动高等教育的办学、管理和人才培养等方面的评估，形成了高等教育评价行为中政府的集权模式。如在《暂行规定》里提到：“高等教育评估工作由各级政府及其教育行政部门组织实施，各级评估机构不是民间组织。”教育界、知识界、用人部门需要在国家教育行政部门的领导下，开展高等教育的评估工作。总体来说，这一阶段，我国高等教育绩效评估建设主要侧重于三个方面：法规建设、组织建设和理论建设。首先，法规建设。这一时期，国家及教育行政部门先后颁布一系列法律法规，其中以 1990 年《暂行规定》为主要内容，对普通高等学校教育评估的主要目的、基本任务、基本准则、评估形式、评估主体等做出规定。至 1999 年《中共中央国务院关于深化教育改革全面推进素质教育的决定》问世，高等学校绩效评价开始逐渐向对学校办学行为和教育质量的社会监督评价机制发展。其次，组织建设。高等学校绩效评估以政府为主，事业性评估机构为辅。以 1990 年颁布的《暂行条例》为基准，国家成立了全国高等教育评估领导小组，并规定了高等教育评估中心主要负责的日常工作。从中央到地方，不少地方级政府也成立了相应的评估小组，如 1996 年和 1997 年成立的“上海市高等教育评估事务所”（上海市教育评估院的前身）和“江苏省教育评估院”，1999 年成立了“辽宁省教育评估事务所”。20 世纪末，地方政府又相继成立“云南教育评估事务所”“广东省教育发展研究与评估中心”和“上海市教育评估院”。教育部除了对一些单项的学位进行评估外，还开展了对专业、教学团队、课程等方面的评估。耗时 5 年时间，对全国 171 所高校展开本科教学的合格评估工作，对部分高校开展优秀评估并予以奖励，对指定院校开展随机性水平评估。虽然中央和地方都成立了评估领导小组，但大部分省、直辖市并没有设立常设评估机构，没有如全国教育督导形成的“四级网络”，同时，评估机构除了对高校的学位与研究生教育进行评估外，很难参与到教育部组织的合格评估、办学水平评估、优选评估这三种评估工作中。最后，理论建设。国家除了重视实践领域教育评估外，对理论研究的思考也逐渐深入。1991 年到 2001 年期间，一方面，高等教育评估理论研究不断增加；另一方面，这一时期两次理论研究分别在 1991 年和 1996 年。《暂行规定》颁布后，国家教委组织两次全国高等教育评估学术研讨会，即“高等学校教学评价”和“社会主义市场经济条件下的高等教育评估”。1994 年后，我国开展了三次全国的学术会议，分别是：1994 年开展的关于我国高等教育评估制度和政策的研究会议；1995 年讨论关于教学评价的理论和实践的探讨性研究会议；1998 年进行的如何开展具有中国特色的现代高等教育评价体系会议，对其制度建设、技术方法进行主题研究；1996 年在北京开展国际高等教育评估与质量保障会议。这些学术会议的开展，一方面让学者进行有关高等教育理论方面的论证和探讨，旨在为教育评估提供更好的理论基础；另一方面通过引用人们讨论的“热点话题”和实际例子来推动高等教育评估工作更好地展开。

3.3　周期运行阶段（2002—2008年）

2002年，教育部颁布的《普通高等学校本科教学工作水平评估方案（试行）》，开启高校绩效评价由推广阶段向周期运行阶段发展的历程。这一时期，国家政策从评估目的、评估主体、评估指标着手，推动我国高校绩效评价工作的高速运行。

21世纪初，面对日益激烈的国际竞争环境和新时代知识经济的到来，为在激烈的全球化竞争面前保持领先地位，我国提出科教兴国的发展战略，大力发展教育。这就决定了21世纪初，我国教育改革的方向是全面推进素质教育。对于高等教育而言，则将重点放在调整现有的教育体系结构上，扩大教育规模，提高高等教育教学质量。总体来说，周期运行阶段的大背景是高校大扩招、跨越式大发展、办学基本条件下降以及办学基本质量得不到有效保障。

我国高等教育从1999年开始真正进入跨越式发展，即人数和学校规模急剧扩张，主要表现在：第一，高等教育的招生数量和规模在扩大，我国高等教育自2002年开始进入大众化阶段，高等教育毛入学率达到15%。据国家数据统计局显示，2006年我国高等教育招生人数达到540万人，在校生总数为2500万人，2008年我国高等教育总人数达到2907万人，高等教育毛入学率达到23.3%，成为规模世界第一的教育大国。高等教育规模的扩张，很大程度上拉动经济的增长。高校通过扩招让更多人接受高等教育，培养人才为经济发展提供人力资源，并在一定程度上提高国民的文化素质。第二，我国高等教育体制改革深入进行。一方面改变“条块分割”的管理体制，建立与市场经济相适应、各部门权责明确的高等教育管理体制；另一方面通过高校合并，重组教育资源。第三，我国高等院校数量不断增加，质量不断提高。2006年我国高等学校数量增加至1867所。同时，高等学校的质量不断优化，层次结构逐渐分明，落实“985工程”和“211工程”，向世界一流大学和高水平大学发展。多年来，尽管“211工程”和“985工程”建设存在身份固化、缺乏竞争、同质化倾向明显等问题，但通过“985工程”和“211工程”以及“优势学科创新平台”和“特色重点学科项目”等重点工程的建设，百余所大学在国家财政的大力支持下，通过积极开展学科建设、汇聚培养国内外优秀人才、加强科学研究、扩大对外学术交流、探索新型管理模式等途径获得了快速的发展。同时在为我国经济社会做贡献的同时也推动了我国高等教育整体水平的提高，有利于制度建设，也为世界一流大学的建设和高等教育强国的崛起打下了基础。①

2002年，《普通高等学校本科教学工作水平评估方案（试行）》（以下简称《评估方案》）颁布，将过去试行的合格评估、优秀评估和随机评估三个方案统一起来，针对不同层次、不同类型设置不同的评估方案，最后总体上分为优秀、良好、合格与不合格四种评估结果。评估等级分为A、B、C、D四级，评估标准给出A、C两级，其评价标准：划分为优秀和良好、合格，优秀评价标准为具有特色项目，A≥15，C≤3，D=0；良好评价标准为具有特色项目，A+B≥15，D≤1；合格为D≤3。这些标准主要是指《评估方案》中7个一级指标体系，可以将这些一级指标划分为学校内部系统的学校办学思想、教学和课程体系建设、教学管理、专业建设、师资力量、学校的管理以及校风校纪7个方面。19个二级指标，除了宏观的学校办学水平、办学思想、教育教学管理、专业建设、课程体系、教学设备与场地、教师队伍建设、培训与管理等方面，还包括教学的基本理论与实践课程，毕业学生的论文设计和指导、实践课程的展开以及毕业实习工作展开、就业情况，学生个人的思想品德建设和良好行为习惯，以及正确的世界观、人生观和价值观的养成。根据不同的重要性，赋予不同的权重，给予等级标准。本着“通过评估促进高等院校的管理、建设、办学质量提高等方面”的原则出发，为了更好地依据每个高等院校的特色进行办学，明确办学思想，高校通过对教学、管理、师资、设备等资源的管理，全面提高学校办学效益和教育质量，树立正确的办学思想，在国家对高等教育评估工作的指导下，即以政府为评估主体，促进各级教育主管部门重视与支持高等学校评估工作。这一时期，政府是高等教育评估的唯一主体，并通过政策法律等形式确定高校仅接受政府评估，不接受除政府以外的社会评估的义务。《暂行规定》规定了政府主体地位，学校为评估对象，学术机构和社会团体为参与对象，这在一定程度上有利于加强对我国高等教育评估的管理，给评估工作指出正确的发展方向，但同时也会造成评估体制的僵化，容易将社会、学校等其他主体排斥在外，滥用教育评估，具有浓厚的行政色彩。2003年，教育部实施试点。2004年，正式启动重点高校人才培养工作水平评估方案（教育厅〔2004〕10号）。

2003年，教育部颁布《2003—2007年教育振兴行动计划》，该行动计划明确提出对普通高等院校要进行为期5年一轮的评估工作。2004年8月，《关于设立教育部高等教学评估中心的通知》以及《教育部高等教育教学评估中心职责

---

① 薛文涛. 大众化进程中的我国高等教育发展之路［D］. 金华：浙江师范大学，2017：38.

任务、管理体制、机构设置和人员编制方案》问世，教育部根据国家关于教育工作开展的方针、政策和评估要求，通过对高等院校的办学、学校内部教育教学工作和专业评估的实施，实行校内校外实践的合作与交流，使校内评价逐步走向规范化。① 这一机构的成立以及条例的颁布，使得高等教育绩效评估从政府为评估主体过渡到由教育部制定政策与实施，政府的职能由学校内部的办学事务逐渐过渡到监督和管理岗位，为高等教育绩效评估工作的展开和体制的改革提供了支持保障。2007 年《普通高等学校本科教学工作水平评估学校工作规范（试行）》和《普通高等学校本科教学工作水平评估专家组工作规范（试行）》颁布，通过指定专家组，对相关高校的教学工作展开评估，在规定时间内，形成评估工作报告。根据教育部发布的《评估方案》，专家评估组通过对学校的教学工作进行评估，找出学校在办学制度建设、教育教学和教育管理等日常工作中存在的问题，然后以报告形式上交上级教育部门进行审核检查，报告主要指出该校存在的问题和不足，并提出评估意见。一般而言，专家组的成员由教育部门直接聘任，专家组的成员包括组长、副组长、秘书和各个专家成员，具体评估工作的展开在该校的校长进行引导和介绍后由专家组制订周密的计划。这一轮本科教学水平评估工作于 2009 年圆满收官，优秀率达到了 72%，良好率则为 96%，而合格率更为圆满，达到了 100%。至 2009 年上半年，大约 600 所高等院校接受以教育部为评估主体的进校考察工作，长达 5 年的高等教育评估工作正式结束。与此同时，我国教育评估机构也在发生变化，1994 年成立的“高等学校与科研院所学位与研究生教育评估所”，2003 年更名为“教育部学位与研究生教育发展中心”，主要进行我国学位和研究生教育评估工作。教育部为开展我国高等院校的本科和专科评估工作，于 2004 年成立了高等教育教学评估中心。区域地方级评估机构也陆续成立，如从最初的上海市高等教育评估事务所和江苏省教育评估院，发展为辽宁、云南、广东等省份相继成立高等教育评估机构。地方教育评估机构分为四种类型，即包含地方性的法人行政部门事业性单位、“民办非企业”归于教育或民政部门管理的自我收支单位、隶属于具有相关工商部门的民营型企业、归属于高校或科研单位机构的下级组织。一般而言，教育评估活动会受地区发展的差异而有所不同。

这一阶段为高等教育绩效评价的周期运行阶段，这一时期主要重点抓学校的办学质量与水平，并对其进行测评，提出了三个评估指标，即一级指标（8 项）、二级指标（19 项）、观测点（43 项）三个层次，分别从学校的办学指导思想、师资队伍、教学条件与利用、专业建设与教学改革、教学管理、学风、

---

① 刘益东. 我国高等教育评估 30 年的发展与变迁［J］. 大学（研究版），2016（2）：36-45.

教学效果和特色项目八个方面来考查学校的办学水平。其中一级指标“教学管理”的评估指标和等级标准中，“A”级标准明确要求“管理制度健全，执行严格，效果显著”，这实质上是对教学档案管理提出了标准化的要求，要有各类齐全的教学文档可查证。三级指标之间是上下位包含关系，共生共存，通过定性、定量等指标体系的收集方式，建立科学的指标体系，对学校内总体上的办学水平、思想、质量，具体的教育教学工作、师资、设备、教材等方面进行单项或综合考察。评估的等级分为四类，为优秀、良好、合格、不合格。这一时期，我国的高等教育展开工作有三个特点：第一，强制性。这里的强制性是指政府在评估过程中起着统筹和领帅作用。高等教育评估活动的展开首先是由国家政府进行政策指令的下达，然后教育部门和其他行政部门接收指令，对具体工作进行展开，最后形成评估报告上交审核。我国已经形成固定年度的高等教育评估制度，这是在政府要求和领导下形成的评估方案，因此，高校必须接受政府和上级部门的评估要求与评估检查。第二，政府的主导性。这主要体现在政府直接参与评估工作，政府通过制订评估计划，下放评估去哪里和职能，组织相关的评估工作计划，对评估结果进行审核和评价，公示评估结果。每一项工作都有政府的参与和主导，体现政府意志。第三，评估过程中的复杂性。首先，教育活动本身具有复杂性；其次，评估过程中涉及的高校具有不同层级、不同办学特色、不同区域特点等因素的影响，涉及政府、学校、社会评估人员、企业行业等多个主体。这些决定了评估过程的复杂。经过几年的发展，高等教育评价制度逐渐建立起来，为保障我国高等教育质量奠定了坚实的基础。但由于评估主体的单一性、评估形式的局部性、评估层次的模糊性等方面的问题，高等教育评价体系仍不够完善。虽然有第三方排行榜应运而生，其评价主体多元且形式多样，但结果的权威性仍受到质疑。

3.4 分类评价阶段（2009 年至今）

自 2009 年至今，我国从合格评估、审核评估、专业认证和专业评估等方面开展高校绩效评价工作，以审核高等学校质量保障体系为主，这一阶段称为“第二轮评估”。2009 年，教育部颁布《普通高等学校本科教学工作审核评估》，开启新一轮的审核评估，高校绩效评价进入分类评价阶段。

新时期，经济社会处于快速转型发展时期。一方面，中国经济处于转变发展方式、优化经济结构、转变增长动力的新时期；另一方面，产业结构从劳动密集型向资本密集型和技术密集型转变，推动着人才培养方案的调整和就业结构的变化。高等教育在新的时代背景下面临着新的发展方向。这一时期，高等教育的规模与质量仍有所增加。到 2008 年为止，我国普通高校数量为 2263 所，比 1949 年增长 11 倍，2008 年我国普通高校招生人数为 607.66 万，比 1949 年增长了 198.8 倍。2012 年，我国高等教育入学率达到 30%，普通高等学校和成人高等学校分别为 2442 所和 2790 所，这些数据表明我国高等教育扩大的速度在提高。此外，2009 年，我国普通高校的师生比为 16.81%，是 1998 年的两倍，2013 年，我国高等院校学生宿舍面积是 1998 年的 8 倍多，2013 年我国高校图书馆面积是 1998 年的 5 倍多。

随着我国经济社会的发展，一方面，急需更多高水平高素质的人才；另一方面，高等教育规模的扩张，让我们意识到需要成为高等教育强国，立足世界民族之林。我国开始以提高高等教育教学质量为重点制定政策文件。《关于全面提高高等教育质量的若干意见》于 2013 年 2 月颁布，该文件旨在解决我国高等教育规模发展和质量提高之间的问题，并由此提出了“2011 计划”和“双一流”计划，以便解决我国高等教育院校治理问题。2008 年，中国共产党十七大二中全会《关于深化行政管理体制改革的意见》中推出了事业单位分类改革，政事分开、事企分开和官办分离的原则。第十八届三中全会提出“官办评分离”，扩大省级统筹权和政府职能改变。《纲要》于 2010 年 10 月问世，这意味着我国教育发展改革进入中坚时期。由于该阶段处于我国经济社会全方面改革时期，也是我国进入全面建成小康社会和发展科教兴国、人才强国国家战略的关键时期，因此，新时期对我国高等教育提出了新的期望和要求，提升质量成为这一阶段的关键，各个院校开始实施创新创业教育、地方院校转型以及“双一流”建设等工作。经过几十年的发展，伴随我国经济体制改革的深入，高等教育体制改革取得了一些显著成果：一是办学体制改革，主要由过去的计划经济下政府主导为主的办学格局转变为市场经济背景下政府为主、多方参与的办学体制；二是管理体制改革，主要由完全由中央管理统筹转变为给予地方和学校发展的自主权，增加高校办学活力；三是招生与就业体制改革，主要由过去单一依靠国家计划招生转变为既有国家计划招生又有各种计划同时存在以及高校自身制定的新的招生体制。此外还有就业方式的转变。随着高等教育进入大众化阶段，人数急剧增加，由过去的毕业国家统一包分配转变为自主就业。

2009 年，教育部颁布《普通高等学校本科教学工作审核评估》。“审核”一词最初是被国外一些殖民地国家所运用。1992 年，英国高等教育质量委员会成立自我规范及审核机制与架构。该委员会旨在确保各个大学建立符合自己本校的评估管理机制，提升教育教学质量，该审核机构主要由国家各个大学或高等学校机构出资赞助，确保每5年进行一次审核评估。审核评估与条件评估有所不同，审核评估只有相关的评估准则，没有相关的指标体系。我国的审核评估开始于2009年的《普通高等学校本科教学工作审核评估》。这次评估工作的展开需要遵循以下原则：①自主性原则，学校在进行自我审核评估和检验的过程中，要以人为本，突出人才培养和教育的重要性；②目标性原则，评估要始终以学校的办学标准和人才培养理念为核心；③注重多样性原则，即学校要体现办学特色和自主发展权；④注重发展性原则，即要关注学校内部发展和质量保障体系的建立，立足于学校的长远发展；⑤实际性原则，评审工作的展开要根据学校的实际发展情况为依据进行判断，通过具体的数值和评价指标作为学校评估的依据。在审核过程中，对于获得合格及以上的高等院校要进行审核评估，获得通过的院校，必须等到5年后方可参加评审工作。同时，学校的办学条件需要达到教育部相关的办学指标体系后方可参与。以提高高等院校办学质量和人才培养标准为宗旨，评审专家主要由教育部评估中心建立的审核评估专家团数据库以及全国的数据库系统组成，主要为全国高等院校评估审核提供相关的信息数据平台，同时吸收行业、企业和社会用人部门的有关专家。审核评估包含6个方面的内容，即评估目标与宗旨、人才培养、教育教学、学生发展、教师队伍和质量水准。6个审核项目中包含24个要素，即学校学生数量与结构、教育教学、课程体系、教学管理、教学改革、实践活动、教育实习、专业设置与培养、教师队伍、学生发展、学生思想、社会资源、学情、就业与自我发展、思想品德、学校管理与发展、质量监控、信息建设平台等。每个学校可以根据自身办学特色和自我发展补充相关内容与项目，同时遵循以学校自评、专家评审、上报部门审核、审核结果公布等程序。

《纲要》于2010年7月问世。首次将管理办学和评估进行分离，形成在提高高等教育质量发展的前提下，坚持权责分离，以政府为主导的教育制度。这一政策的颁布，意味着高等教育评估体系的进一步发展，同时也意味着我国高等教育评估机构职能的转变。2011年，我国开启了新一轮相关性的检测，本科教学工程项目催生，精品课程、实验室中心等单项改革项目实施。

根据《教育部关于普通高等学校本科教学评估工作的意见》(教高〔2011〕9号)，新一轮评估从三方面开展：一是开展合格评估，二是实行审核评估，三是进行专业认证和专业评估。具体方案是：开展针对新建本科院校（2000年后未参评）合格评估；对已通过第一轮教学工作水平评估的普通本科院校实行审核评估；在坚持管理和评价相分离的基础上，鼓励高校进行自我评估，实行以学校自我评估、专家团评审、教育教学数据监控、国际评估认证为主要内容，以政府、学校、行业、企业、社会专家评审团为主体的教育评估制度。

《关于全面提高高等教育质量的若干意见》于 2012 年问世，强调以分类评估为指导，开展学校自评、他评、数字监控、国际监控，实行以行业、企业、社会专家评审团为主体的教育评估制度，旨在健全我国的高等教育评估制度。针对普通高等学校本科教学评估工作提出审核评估的意见，历时两年多论证与沉淀，教育部又于 2013 年出台了《普通高等学校本科教学工作审核评估方案》，将评估的内容定为办学目标、人才培养、教育教学理念、教学资源、教学过程、质量发展、学生自我发展等关键领域，对审核的目标、内容、体系、组织、管理、监控、反馈、调整做出具体规定。2014 年教育部高等学校教育技术专业教学指导分委员会（ET）提出制定理工专业类教学质量国家标准体系的主张，对评价的专业范围、内容、人才培养的目标和规格、学校的办学条件、质量保障体系建设、教师队伍建设等方面给出参考价值。《关于深入推进教育管办评分离　促进政府职能转变的若干意见》于 2015 年颁布，该文件提出要真正落实管办评分离。自此，我国有 12 所高校开始实行该政策指令，这也意味着我国高等教育评估工作制度化的基本完成，建立了以学校自我评估、专家团评审、教育教学数据监控、国际评估认证为主要内容，以政府、学校、行业、企业、社会专家评审团为主体的教育评估制度，形成五位一体的教学评价制度，并通过实行管办评分离政策，开始逐渐形成以第三方评估机构为主导的评估主体。2015 年，我国高等教育评估首次走出国门，教育部高等教育教学评估中心选派专家对波罗的海的海联邦大学 4 个专业进行中国模式的评估认证。自 2016 年开始，在全国范围内，高职院校开展适应社会需求能力评估，需求评估为了全面了解高职院校办学情况，通过鼓励高等院校自我主导，提高办学活力和办学质量，更好地为经济发展和社会发展提供高水平人才，对评估目的、评估原则、评估范围、评估内容、工具、评估结果进行规定。其中评估的主要内容包括学校办学能力、人才培养目标等 5 个维度 20 项关键指标。评价方式主要由调查问卷、数据收集和监控、信息处理与调整等组成。数据表包括学校基本数据、师生数据、专业数据；调查问卷包括校长问卷、学生问卷、教师问卷；数据信息管理分析平台对数据以网络在线方式进行收集、校验、汇总、分析。评估采取“学校填报数据、省级实施、国家总体评估”的方式进行。各高职院校要在学院官网上公布本学校适应社会需求能力的评估报告。国务院教育督导委员会委托第三方机构形成国家评估报告，予以发布。①

这一时期是我国高等教育评估制度发展的分类发展阶段，它既是高等教育评估工作继续展开的重要一步，也是深入发展我国高等教育的基础。高等教育

① 马良军. 我国高等职业教育评估政策的演变与展望［J］. 职教论坛，2018（2）：28-33.

具有多样性和复杂性，涉及多个专业，多个领域，多种形式、多个层次的教育，因此，高等教育是一个错综复杂的系统，不能简单用单一的指标体系和评价标准来判断，针对不同类型的高校，应该有不同的评估指标和评估体系。这一阶段着重对高等教育评估体系进行分类，可以分为合格评估、审核评估、专业认证和专业评估。国家教育评估部门依据不同院校情况进行分类评估，即对于新建立院校实行合格评估，对其他普通的院校实行优秀评估或随机评估。合格评估主要是帮助新建院校理清办学目标，找准办学定位，制定基本的管理条例和规章制度，提高学校为经济社会与区域发展服务的能力，增加高素质、高水平人才。目前已完成200余所高校的合格评估。审核评估是一种新型的评估模式，主要以学校的人才培养质量保障与培养效果作为判断标准，以适应国家和地区经济社会发展为评价指标，通过考察学校相关资源和教育教学体系运行、教师队伍建设等方面进行评估判断。2014—2018年，我国完成了将近700所高校的审核评估。其影响从高等院校角度来看，推动了高校办学水平和人才培养质量的提高；从社会视角来看，为经济发展提供人力资源，支撑区域经济社会发展。总体而言，审核评估的最大收获包括：第一，以学校自己尺量自己，也就是分类性评估；第二，基于状态数据易观改正，持续改进；第三，确保质量基础，体现办学特色，各层面一流。

3.5 高校绩效评价发展趋势

从1985年到现在，我国高等院校绩效评价在不同时期有着不同的发展特点。从最初的政府政策推动到进行实践性高校评价，到经过理论和实践的反思，最终形成制度化评估体系，完成了高等教育评估从“试点阶段、推广阶段、周期运行阶段、分类评价阶段”的发展形成了较为系统的高校评价理论、制度体系，有力规范了高校办学，促进了高校以质量为中心的绩效管理，但始终没有专门的高校绩效评价制度。与此同时，一些新变化也慢慢出现。首先，高职变专、诊断评估。评估以分析诊断、促进改革与发展为主要目的，以促进高职院校加强内涵建设和提高教育质量为目标，更加重视高职院校的内涵建设，“硬件变软，软件变硬”。其次，研究和出台评估，即专业学位评估。基于投入—产出、学校培养过程、学生个体质量、外适性质量观、教育服务质量及其他多个维度对专业学位教育质量评估指标的选取进行分析，建立科学合理的学位研究生教育质量评估体系。最后，第三方评估更加丰富多元。专业评估作为高等教育评估体系的重要构成部分，对于提高和保障专业建设与发展质量有着重要的作用。高等教育第三方专业评估具有中介性、公平性、专业性和独立性的一般特点，对完善高等教育绩效评价体系有着不可磨灭的作用。纵观高等院校绩效评价发展史，总体而言，具有以下发展趋势。

3.5.1　评价理念：从学校到学生

纵观我国高等教育绩效评价制度发展前三个阶段，即试点阶段、推广阶段、周期运行阶段始终以学校办学条件和办学质量为中心。一方面，受到高等教育发展的大环境影响，即高等教育相比于基础教育而言，发展较迟，在高等院校拔地而起的同时，更多地将高等教育绩效评价的重心放在学校办学水平和教学质量上；另一方面，国家政策上大都从宏观视角出发，着重高校整体发展。而分类评估阶段，尤其是审核评估、专业认证，强调的是以学生为中心持续改进学校教育。因此，评价理念开始转向以学生为中心，注重人的全面发展。

3.5.2　评价目标：从奖惩到发展

奖惩性评价，即根据学校的工作表现，对相关工作予以评价后给予相应的惩罚或奖励。这是一种终结性评价方式，以加强绩效为目的。因此，也被称为绩效管理评价，通过奖励或惩罚来促进发展，并进一步促进教育水平的提高。与奖惩性评价不同，发展性评价是面向未来，通过评价来促进学生和教师个体发展，或者面向学校长期发展，通过在正常情况下建立健全体制机制，形成评价文化，通过评价来发现优点或缺点，从而促进整体性的发展。发展性评价制度主要是通过激发内部动机来发挥个体极大的工作热情，调动其积极性。

从 1985 年试点阶段起，我国高校绩效评价主要为了加强对高等教育的宏观指导和管理，在《关于开展高等工程教育评估研究和试点工作的通知》里提到应通过科学地评价高等工业学校的办学水平，整顿办得不合格的学校，建立适合我国国情的高等工程教育评估制度，即通过奖励和惩罚来建立合格的高等院校，提高办学水平。伴随着经济水平的提高，高等教育大众化的发展以及教育质量的提高，教育终身化的话题逐渐受到重视。让每一个人学会学习，并做到终身学习，让高校更加注重人才培养的多元化与个性化，这成为当前热门话题。奖惩性绩效评价关注短期、具有成效性的目标，属于终结性评价。奖惩性绩效评价忽视评价过程，且以政府为主体的评价方式进行评价，容易造成评价主体的单一化，使得评价过程与评价结果变得专制，缺乏民主性和信息有效性等问题。因此高校针对奖惩性评价制度的弊端，寻找新的评价制度。1998 年，华东师范大学教授王斌华教授发表《发展性教师评价制度》，将发展性评价制度引入我国。自此，我国开始探索发展性评价制度。《学校质量：评价与评估》报告首次明确提出实施发展性评价制度。《关于加强高等学校本科教学工作提高教学质量的若干意见》明确提出："建立用人单位、教师、学生等共同参与的教师评价制度"，用政策形式鼓励进行发展性评价。发展性评价制度是一种面向未来的形成性评价制度，它通过帮助学校诊断问题来找出改进方法，着眼于未来发展，促进人的终身性发展。与奖惩性评价制度相比，发展性评价制度的评价主体具有多元化的特点，包括政府、学校、教师、学生、企业、行业以及社会专家小组等多个主体，这有利于评价过程和评价结果的公平性，能够全面系统地收集有关信息，注重公正与客观性，进而达到促进大学办学水平的目的。

3.5.3 评价主体：从单一到多元

评价重点从形式转移到内涵，规范办学，以适应规模扩大化，内涵强调质量以适应建设。我国高等教育绩效评价的主体由单一变为多元，即由政府转向社会多元评价主体。这一变化伴随我国经济体制变革和高等教育体制改革的变化而发展。首先，市场经济的变革，需要激发活力，这就要求参与者的多元性，因而对高等教育评价主体有了新的启示。社会性、多元性的主体开始参与到高等教育评价中，这有利于高等教育面向社会，有利于高等教育的大众化和高等教育制度体系的完善。其次，伴随高等教育逐渐面向大众的趋势，社会开始普遍存在分层级和分类别的教育，大学不再仅仅具有教育功能。研究型、教学型、职业技术教育等多种类型的大学开始涌现，不同学校的评价主体、内容、评价指标等方面因其办学宗旨、人才培养对象、目标等内容的不同而有所区别。为了对不同类型的学校进行评价，调动高校的积极性，社会多元主体评价成为必然趋势。

在 1992 年我国进入社会主义市场经济以前，我国高等教育实行的一直是在计划经济体制引导下的政府统一办学模式，因此，政府是评价的主体。1985 年，《中共中央关于教育体制改革的决定》提出教育行政部门除了对相关高等院校进行物质上的支持和帮助外，还应定期组织教育部、劳动部等社会各领域专家和审核小组对高等院校的办学水平进行评估，对于办得不好的学校进行整顿甚至停办。该决定首次用政策形式指出了政府和高等教育行政部门在审核评估中处于主体地位。1990 年，《暂行规定》对评价主体进行了界定，即普通高等院校的评估主体是各级人民政府和教育行政部门，这是我国高等院校进行绩效评价的重要形式。

社会主义市场经济发展越来越好，经济、政治、社会进行大变革大发展，我国高校绩效评估主体也开始逐渐向多元化趋势发展。其主要表现在三个方面：第一，民间评价机构大量出现。1995 年，《中华人民共和国教育法》提到："国家实行教育督导制度和学校及其他教育机构教育评价制度。" 1999 年，中共中央、国务院颁布《中共中央国务院关于深化教育改革全面推进素质教育的决定》，文件中提到教育部门在高等教育阶段教育的办学水平、人力资源规划和运用、毕业生的就业指导等方面起着非政府行业协会组织和社会中介的作用。这一政策明确提出鼓励除政府外的社会评价。2004 年，上海市成立了上海教育评估协会，这是全国第一家具有行业性的社会评估机构。第二，教育协会、组织、集团的出现。1985 年《中共中央关于教育体制改革的决定》中指出，教育行政部门除了对相关高等院校进行物质上的支持和帮助外，还应定期组织教育部、劳动部、社会各界等领域专家、审核小组对高等院校的办学水平进行评估，对于办得不好的学校进行整顿甚至停办。之后，我国一些媒体对国外的大学排行榜进行了介绍和分析，并在此基础上开始对国内大学的排名。① 第三，社会成员对高等院校的评价，即用人部门和单位通过人才招聘相关情况，了解高校人才培养质量并做出评价。

3.5.4　评价指标：从统一到分类

教育改革进入深水区，学校评价更加多元。政府管教育，学校办教育，社会评教育。分类指标主要从三个方面展开：学校方面，包括合格评估和审核评估；单项方面，包括学习评估、专业评估、课程评估、实验室及其他；第三方评估，实现专业诊断评估。评价的指标有时又被人们称为评价的项目，按指标进行评价时又称分项评价。从教育评价产生起，便具有相关的指标作为参考。我国高等院校绩效评价指标经历着从统一到分类的发展过程。

我国高等教育评价以评价主体来划分，主要分为政府评价和社会评价，伴随我国高等教育大众化趋势的盛行，评价主体趋向多元化，社会评价在我国高等教育绩效评价中占有越来越重要的比重，成为主要形式。其在社会上的影响也越来越广，这主要表现在大学排行榜的盛行。②

随着大学变得大众化、大学种类不断丰富，评价指标也逐渐丰富起来，开始由单一向多元化发展，由原来的侧重学校科研能力，即主要以论文数量和引文量为标准，逐渐发展为多种类、多指标，并分级赋予不同的权重。事实上，单一的评价指标常常会导致评价结果的笼统和不具体，难以保证其准确性、客

① 张洋. 我国高等教育社会评价主体多元化研究［D］. 长春：东北师范大学，2008：8.

② 邓锋琼. 中国高等教育评价指标体系科学性影响因素的研究［D］. 兰州：兰州大学，2007：24.

观性和科学性，这样会造成因为评价主体的不同，而形成不同的评价结果。分类视阈下的我国高等教育评价主要有两种：一种是将不同学科、不同类型大学进行比较。广东管理科学院研究员武书连编制的《中国大学评价》通过一定的评价公式，对中国大学进行评估。另一种是社会机构评价，即中国网大。中国网大是国内开展大学评价工作最早的机构之一。中国网大 1999 年的大学排行评价指标体系有 4 个一级指标（学术、新生质量、师资、科研经费）和 6 个二级指标，包括综合排行榜、学术声誉排行榜、论文排行榜、新生质量排行榜、师资质量和科研经费排行榜、大学校长打分和院士打分排行榜。①

3.5.5 评价对象：从整体到单元

教育评价在广义上包括教育活动的计划制订、贯彻执行、成果鉴定等所有方面的实态把握和价值判断。因此，教育评价的对象不仅包括教育个体，还包括和教育有关的一切关系，甚至包括教育过程与结果。② 教育评价对象可以是教师、学生，也可以是教学活动、学校物质条件、教育体制、办学水平等。总体来说，我国高等教育评价对象经历了从学校到专业逐渐细化的过程，对学校整体办学自主权的落实，办学质量水平到具体基本单元专业。

我国高等教育评价对象是由高等教育的发展状况以及评价体系所决定的。20 世纪 80 年代，我国高等院校的数量和规模急剧扩张，在校生的数量也在不断增加，国家关注点集中在高等院校的办学体制上。1985 年，《关于开展高等工程教育评估研究和试点工作的通知》是我国正式开展高等教育评估活动的开端，这一政策的颁布主要是为了解决高等学校办学水平问题，所以评价对象为高等院校。1987 年 6 月至 1989 年年底，我国在高等院校的办学水平、专业建设、课程体系三个方面对全国 80 多所工业大学进行审核评估。自此，评估工作开始从学校本身扩展为学校内部的专业和人才培养上。1998 年，我国颁布了《中华人民共和国高等教育法》，将我国高等教育人才培养质量的评价标准上升为国家政策层面，主要从一般质量标准、学业标准、学位标准、质量保证标准和教师标准五个方面对高校绩效评价做出规定。21 世纪，我国高等教育评估逐渐开始向教学、专业层面转移。2002 年，《普通高等学校本科教学工作水平评估方案（试行）》划分 7 个一级指标和 19 个二级指标，内容涉及办学指导思想、专业建设和教学改革。

---

① 邓锋琼. 中国高等教育评价指标体系科学性影响因素的研究［D］. 兰州：兰州大学，2007：27.

② 尾田壑一. 教育评价［M］. 李守福，译. 长春：吉林教育出版社，1988.

3.5.6　评价问题：从简单到复杂

高校评估在目标设定上过于简单，不能实现多元化设置；绩效评价在指标设定上存在偏差，绩效评价指标设定应从高校教学实际出发，按照科学、合理、公正的标准设定方案；未能制定具有中国特色的高校绩效评价体系。总体而言，我们应通过高校办学水平和质量的综合评价，以学生、专业、团队、课程、基地、实验单项评估实现分类高校绩效评价体系。

第4章 分类发展视阈下国外高校绩效评价的经验及借鉴

4.1 美国高校绩效评价的经验及借鉴

4.1.1 美国高校绩效评价发展概述

美国的高校绩效体系大致分为NRC（National Research Council，国家科学研究委员会）主导的非官方大学评价体系、OTA（Office of Technology Assessment，国会技术评价办公室）主导的官方大学评价体系和加州大学伯克利分校主导的大学评价体系三类。这三类评估体系不仅支撑着美国高等教育的发展，也为其他各个国家的高校绩效评估模式提供了范本。

1914年成立的美国国会研究服务部（Congressional Research Service，CRS）是美国高校评价机构的最初形态。随后高等教育的蓬勃发展，公众对高校质量评估的期望越来越大，使得美国政府不得不应民众的要求大力发展美国高校绩效评估活动。1916年，民间非营利组织NRC在美国国家科学院（National Academy of Sciences，NAS）的支持下成立，成为美国评估研究型大学的主要机构。之后，NRC分别在1983年、1995年和2008年对美国研究型博士项目进行了三次系统的排名，并根据三次排名的成效不断地改进评估手段、评估方法和评估指标，这些变化逐步地体现出美国政府在高校评估中注重人的发展的重要态度。

OTA是美国国会技术评价办公室，在美国的高校评估体系中发挥着较大的作用。美国政府部门并没有专门的高校评估机构，但是在1921年到1989年间陆续成立了美国审计总署（General Accounting Office，GAO）、美国国会技术评价办公室OTA、国会预算局（Congressional Budget Office，CBO）、美国管理科学开发咨询公司（MSD）和世界技术评估中心（World Technology

Evaluation Center，WTEC）等科研评价办公室来指导并实践美国的高校评估工作。OTA主要对美国当前的各项科研技术项目进行全面评估，既评估科研项目的组成成分是否合理，又评估科研项目的整个实施过程是否具有可行性。OTA的评估流程较为简单，因此耗时一般不长。从组织权威的评价小组到对科研技术进行分析评估，再到数据收集、讨论、论证以及最后形成科研技术评估报告一般在两年内即可完成。

以加州大学伯克利分校主导的大学评价体系是美国的第三种评价体系。美国政府给予各个高校自主权来实施评估活动，各高校可根据自身办学特色进行自我院校评估活动，这对美国的高等教育的发展有着巨大的贡献。加州大学伯克利分校对其教师教学发展评价的实施始于1971年，教师自评和同行评价是这一评价活动中的主要方法与手段。教师在加州大学伯克利分校有着极大的治理权：决定学术政策，规定入学条件和授予学位；授权和监督课程；并就教员任命、晋升和预算等事宜向管理层提供建议等。① 这使得加州大学伯克利分校的教学评价极具特色，对该校的发展以及教学水平质量的提高也有着巨大的作用。

4.1.2　美国高校绩效评价的特征分析

1. 评价主体多元

美国的高校绩效评价机构较为复杂，由非官方大学评价机构、官方大学评价机构和以大学为主的自身评价机构等多方评价机构共同组成。但多样化的评价机构并没有使美国高校绩效评价工作杂乱难以实施，反而使美国的高校绩效工作更加科学、客观和实用。

一方面，NRC作为美国最具权威的评价机构且是一家民间非营利性组织，能够通过各种科学途径对美国博士项目进行评价。1982年至今，NRC一直在不断修正评价方法，通过不懈努力来提高美国高校绩效评价结果的效度和信度。从最初的同行评价到后来能够运用数据和同行评价结合的方法，NRC一直在尽力完善自身评价水平，为美国的绩效评价的高质量打下了强硬的基础。另一方面，以OTA为代表的官方大学评价体系在性质上虽然隶属于美国国会，但并不是美国政府专门成立的科研机构，因此具有一定的独立性和客观性。该组织与政府之间的联系仅在于向政府递交评估报告，使政

① BERKELEY DIVISION OF THE ACADEMIC SENATE. GUIDE TO CONDUCTING COMMITTEE BUSINESS. [EB/OL]. [2019-07-11]. https://academic-senate.berkeley.edu/sites/default/files/guide_to_conducting_committee_business.pdf.

府能够基于现实情况的判断来对当前事务进行决策。且组织内部拥有自身完整严格的评价流程，并规定评价主体一般只能由领域内权威专家及风险评估专家来担任，因此该机构的评估结果在美国也具有较高的权威性。而以各高校自评为主的绩效评价模式则能够从各院校的自身发展情况出发，综合高校办学特点，为提高高校办学质量、科研发展能力等各个方面而开展评估工作。由此可见，美国高校绩效评价机构虽然复杂，但是却能各司其职，能够针对各自的领域提供高质量的评价。

2. 评价监督机制完整

美国高校绩效评价具有评价过程透明、评价监督机制完整、民主性特征鲜明等特点。而我国的各项评价活动虽秉持公平、公正、公开的原则，但更多时候只是停留在评价结果的层面。例如教师绩效评价中，教师作为被评价的对象，能够参与评价活动，但是教师所秉持的异议只能保留在结果公示时才能发表；高校绩效评价活动也多为管理层所主持，较为程序化，无法满足被评价对象的参与感。

相反，在美国加州大学伯克利分校，教师不仅可以根据自身的需求和疑惑来进行自评，提交自评表，而且在专家测评中能够随着评估程序的推进及时查阅评估副本和评估后的反馈。① 美国高校课程评估服务也会向各学系及学校的指定人员提供为期 8 年的评核资料查阅服务，保证了对评估对象的追踪性。② 这对于被评价对象来说真正实现了评估程序的透明性。在美国伊利伊诺州立大学 ASPT 绩效评价系统中，为保证评估体系的公平公正性，伊利伊诺州立大学明确提出 ASPT 架构下的各评价委员会之间不能兼任，并且设有教师评价委员会来对大学评价委员会的评估过程进行监督。伊利伊诺州立大学的 ASPT 绩效评估体系不仅有大学评价委员会这样的评价主体机构，更有教师评价委员会和系教师代表委员会这样的组织来保证教师对评价过程的知情权与评价结果的申诉权。另外，NRC 作为美国权威评价机构，和政府之间的联系也只是在于接受政府投资和委托方面，因而能够相对独立地对美国的高等教育事业进行评估。从此我们可以看出美国政府和各个高校都十分注重绩效评价系统的客观性与公正性，不仅在程序上加大了对被评价对象的公开性，更在机制上保证了评价过程的公正和客观，值得我国深入学习。

---

① 张佳榕，潘黎. 美国高校教师教学评价研究及启示——以加州大学伯克利分校为例 [J]. 高等教育研究学报，2018，41 (1)：87-93.

② UC Berkeley. Addendum_to_1987_Recommendations_Final [EB/OL]. [2019-07-11]. https：//teaching. berkeley. edu/sites/default/files/addendum_to_1987_recommendations_final_1. pdf.

3. 评价方式和权威系统

美国绩效评价活动起初只采用同行评价的办法。同行评价是美国在绩效评价中最常用的方法，不管是OTA，还是以加州大学伯克利分校为代表的各大高校评价系统中，都少不了权威、专业的同行评价法。同行是各个领域的权威，对学术研究比较有发言权，并且出于维护自己的学术声誉和威望，他们会做出尽可能客观、公正的评价，而不易被其他因素干扰，因此在绩效评价中能够发挥较大的作用。①

然而，通过1983年和1995年的两次仅采用同行评估方法进行绩效评估的活动，美国政府开始认识到同行评价中存在的片面和不够科学的问题。于是在2008年的评估活动中，NRC在综合以往同行评估工作优势的基础上又引入了计量调查和回归分析的调查研究方法，期望用以科学量化的手段完善美国高校绩效评价方法体系。另外，为了获得最真实有效的信息反馈，美国还采用民意测评、社会实验等方法来广泛调动社会群众参与评价活动的积极性。②并且美国在高校教师绩效评价中，能够针对不同的学校和院系、学科对教师进行分类评估，避免了统一而论的传统评价模式。正是这种全面、系统客观的评价方法体系保证了美国绩效评价结果的有效性和科学性，更为各个国家的绩效评价方法提供了借鉴。

4. 注重社会效应的评价目标

美国注重绩效评价活动的发展功能，旨在促进社会经济发展和优化高校教学管理的各个方面。在高校评价中，大多数国家会以科研产出，即著作、论文、引用数量作为高校评估的指标，用以衡量被评价对象质量的高低。而美国的高校评估体系更追求科研产出的质量，注重科研成果的创新性和实用性。例如美国高校社会科学教师科研绩效评价中包括对教师科研成果，科研能力以及学术贡献的评价，其中学术贡献大的教师即使是在科研成果和科研能力的造诣不高的情况下也能够得到较高的评价。③2006年美国政府颁布的《高等教育行动计划》（*Action Plan for Higher Education*）也对美国高校绩效管理提出了一些指导意见，为了使公众能够根据个人需求来对各所大学进行充分的了解和公

---

① 杨秀芹，石修. 美国高校绩效评价的模式架构及运行特点分析［J］. 中国高等教育，2017（15）：75-77.

②③ 曹方方. 英美高校社会科学教师科研绩效评价体系比较［J］. 现代教育管理，2018（5）：54-59.

平的评价，意见指出重新设计美国教育部内公开的各大学查询网站。① 这一举措的主要目的在于改变美国绩效评价结果大多数只应用政府决策和对高校进行反馈的现状，使高校绩效评价结果的社会效应提高，更大化地满足公众的日常生活需要。因此，可以看出美国在确定绩效评价指标时，不管是针对教师还是其他主体的评估，都更希望能更多地引入社会效应的部分。

4.1.3 对我国高校绩效评价的启示

1. 保证政府、社会机构和学校三方权威，实现我国高校分类评估

美国高校的自评估体系较为发达，也独具各自的特色。高校作为社会科研输出的重要力量，对提升高校内的绩效评价水平和促进社会发展都能起到推进的作用。而我国现行的评估体系是以政府为主导，民间机构和个人为辅的评估体系，这样的评估体系难免会染上行政色彩，因而导致评估流程形式化。

借鉴美国高校绩效评估的经验，我国应确立政府、社会机构和学校这三方评价机构的地位并且确保各方的权威性和独立性。政府部门着重高校产学研成果的质量，对高校科研成果进行评估可以提高国家实力和国际竞争力；社会机构着重评估管理绩效等，能够推动社会发展和提高经济；而各高校注重办学质量、教学评估等，可以促进各高校的自身发展，提高高校的社会服务力。基于我国高校分类发展的背景，政府、学校、社会机构三方的评估目的正好能分别与部属高校和省属高校、独立学院和高职高专高校的发展目标相适应。政府、学校和社会三方机构能够各司其职，有针对性、有目的地对各类高校进行绩效评估，有利于构建清晰的评估主体架构，发挥各评估机构在不同类型高校的绩效评估中的主体作用。并且设立政府、社会和学校三方独立的评价机构，能够实现绩效评估工作的划责分权，从而使我国的高校绩效评估工作更加高效。

2. 根据各类高校发展特色，完善绩效评估监管机构

美国进行教师评价的最终目标在于明确有效的教学期望，并通过高质量的反馈和支持帮助教师实现这些期望，从而提高教学质量。② 而我国高校大多不分类别直接以量化表来评估教师绩效，这就导致所有学校使用的是同一套标

---

① U. S. Department of Education. Secretary Spellings Discusses the State of Higher Education in the U. S. at North Carolina University [EB/OL]. [2019-07-11]. http://www. edu. gov/news/speeches/2007/02/02012007. html.

② U. S. Department of Education. Using Observations to Improve Teacher Practice [EB/OL]. [2019-07-06]. https://www2. ed. gov/about/inits/ed/implementation-support-unit/tech-assist/using observations to Improve teacher practice. pdf.

准，没有代表性。另外，教师在评估活动中常常需要递交大量的书面材料，且只有在评估结束后才会得到相应的评估反馈，很容易导致教师处于被动的境地，使评估活动形式化。

因此，为提高我国高校绩效评估的质量，满足我国高校分类发展的要求，需要根据各类高校的发展目标和办学定位来设立高校的绩效评估监管机构和必要的教师咨询部门。不同类别的高校对教师的要求也不尽相同，因此各类高校要基于自身特色来收集和征求教师意见，促进教师间形成自评的风气。另外，为保证教师绩效评估的民主性，各高校应要求相应的教师咨询部门在每一阶段的评估过后及时向教师进行反馈，使教师本人能够参与到评估过程之中，提升教师绩效考核中教师的参与感。只有增加评估流程的民主性，提高教师在评估过程中的参与度，才能使我国高校在分类发展的目标下满足各类教师的发展要求，实现和促进各类高校教师发展与人员绩效管理的双重目标。

3. 区分各类高校合作主体，提升高校绩效评价精度

美国高校的绩效方法多样且具有科学性。就高校教师绩效评价来说，美国高校的绩效评价采用的是多主体共同评价的模式：教师、学生、专家以及领导都是教师绩效评价的主体。这和我国以学生评价为主、各行政部门为辅的评价标准有很大的不同。我国高校绩效评价应该充分调动全校人员资源，形成多主体共同评价的模式，调动全员力量为高校发展贡献力量。

根据我国高校分类发展的现状，部属高校、省属高校应利用政府部门、社会科研机构、校内外专家学者的力量来搭建学术型大学的绩效评价主体框架；独立学院应充分利用教育管理部门、民间评价机构、校内教师、学生的力量来构建有助于大学自身发展的绩效评价架构；而高职高专院校应建立起以政府技术研发部门、社会行业及企业专家、校内外专家为主体的高校绩效评估小组。

另外，美国的绩效评估标准会根据各高校或各高校内院系或教师个人的不同而有所区别。在美国南卡罗来纳州，高校绩效指标的评价会根据高校类别的不同采用差别化策略，有些指标适用于所有高校，而有些指标仅适用于部分高校，甚至同一测量点也会出现不同的标准。① 并且南卡罗来纳州的高校绩效资助标准会根据每年的情况而重新制定，这样就能够依据院校的发展而更新评价标准，有助于提升评估活动的调节功能。因此，我国高校绩效评估相关部门应积极改进评价标准，开发出能够根据各类高校发展定位而进行差异化评价的评价标准。

---

① 高耀明. 绩效评价制度与大学教学发展——美国南卡罗来纳州公立高校绩效资助制度及其启示［J］. 江苏高教，2017（10）：52-55.

4. 关注评估对象的发展特性，实现各类高校区别发展

美国大学绩效评估的指标鲜明地体现了“以学生为中心”和“以人（受教育者）为中心的资源利用”的技术特征。① 这和我国使用量化指标来判断学校的人力、财力、物力投入以及科研成果，人才输出的数量是否达标的指标有很大的不同。不论是部属高校、省属高校、独立学院还是高职高专高校，都离不开育人的本职工作。

因此，我国各类高校有必要改进绩效评估的指标，将关注学生发展、注重学情分析、关注教师成长等内容融入绩效评估指标中，使高校绩效评估报告中有能够明显反映学生发展和教师成长的阶段性数据。将定性方法与定量方法相结合，深度捕捉教师及学生发展轨迹，使绩效评估的量表实现动态性。特别是对于发展还不够成熟的独立学院和在人们心中地位还不高的高职高专院校来说，加大评估指标中对人的评估比重能使社会公众看到学生在校的成长路径和院校师资的发展过程，有利于提升我国独立学院和高职高专院校的社会地位。另外，通过这些措施不仅可以改变我国高校绩效评价结果主要作用于为教育系统内部的决策提供数据和情况分析的现状，也可以提高各类高校之间的相互学习和竞争意识，增强高校绩效评估结果在人们心中的价值感。

4.2 英国高校绩效评价的经验及借鉴

4.2.1 英国高校绩效评价发展概述

英国高校绩效评估的源头要从1919年的大学拨款委员会开始，大学拨款委员会是在政府和大学之间起到咨询和拨款作用的机构，最初隶属于财政部，之后在1966年隶属于英国刚成立的教育和科学部。正是大学拨款委员会在1986年发布的《英国大学科研评估》拉开了英国大学评价工作的序幕。紧接着在1989年，“大学基金委员会”和“多科技术学院与其他学院基金会”取代了大学拨款委员会，迎来了英国的第二次高校评价活动。与大学拨款委员会不同的是，这两个委员会的成员均来自不同行业，并拥有高校评价的研究比较能力，他们对当时英国大学的152个学科类别进行了评价。相对来说，第二次评价活动比第一次评价活动更加具体和规模化，但是在实施效果上由于没能充分利用专家资源和学科分类不够严谨而没能达成预期的评价目标。同年，英国

① 陈相明. 中美大学绩效评价指标比较及启示［J］. 现代教育管理，2010（11）：65-69.

政府出台《教育改革法案》巩固和完善了 1986 年的大学评价体系，使高校绩效的评价结果与政府资金拨款产生了直接挂钩的联系。

英国的第三次高校评估活动发生在 1992 年，当时英国政府通过颁布《继续教育和高等教育法（1992）》主张建立由英格兰高等教育拨款委员会（HEFCE）、苏格兰高等教育拨款委员会（SHEFC）、威尔士高等教育拨款委员会（HEFCW）和北爱尔兰教育部（DENI）组成的高等教育基金委员会（HEFC），撤销了 1989 年才设立的“大学基金委员会”和“多科技术学院与其他学院基金会”，并让其承担大学资金拨款的职责。[①]此次高校绩效评价活动的绩效评价指标开始指向高校办学的内部，对教学科研、人才培养、教育公平、促进社会经济发展能力等方面进行评估，并且开始设立相应的监督机制。自此，高等教育基金委员作为英国高校评价的主要机构分别在 1996 年、2001 年和 2008 年进行了三次高校评估活动，逐渐将科研质量转为评价高校的重要指标。

1986 年到 2008 年之间的英国高校评价体系称为 RAE（Research Assessment Exercise）。2014 年之后英国政府采用的是新的高校评价体系——大学卓越科研评估框架 REF（Research Excellence Framework）。该评审工作于 2014 年首次进行，取代了之前的研究评估工作[②]。REF 主要是从“成果”（output）、“影响力”（impact）以及“环境”（environment）这三个维度来多方位评估英国全部学科的学术质量，并且注重各个高校的科研成果对国家社会、经济和文化等方面的影响和贡献。[③]相对于 RAE 评估体系，大学卓越科研评估框架引入了文献计量学数据指标来评判各校科研成果质量。运用案例研究（case studies）和影响力陈述（impact statement）等描述法，以及定性和定量相结合等方法来评判科研成果的影响力和评估高校环境。

纵观英国的前六次高校评价活动，我们可以看出英国的高校评价指标发展是一个逐渐细化的过程。1992 年英国的高校评价指标主要分为六类，即大学全体人员信息、参与评审的研究员信息、出版物和各类成果、出版物和成果引用率、参与研究的学生及研究奖学金的各类信息和科研收入的外部来源。[④]在

---

①④ 陈洋子. 大学科研评价体系的国际比较研究［D］. 南昌：江西师范大学，2017.

② Research Excellence Framework. What is REF?［EB/OL］.［2019-07-06］. https：//www. ref. ac. uk/about/what-is-the-ref/.

③ Teaching Excellence and Student Outcomes Framework［EB/OL］.（2017-10）［2019-07-11］. https：//webarchive. nationalarchives. gov. uk/20180313172433/https：//www. gov. uk/government/publications/teaching-excellence-and-student-outcomes-framework-specification.

此之后，1996 年、2001 年、2008 年的三次评价指标以这六项为标准不断地进行丰富和完善，但始终注重数量的评估。直到 2014 年的 REF 大学卓越评估体系，我们才渐渐可以看出英国高校的评估指标慢慢地在向质量上偏移。英国一直以来以等级划分评价结果，1986 年、1989 年和 1992 年的评价结果都是以数字代替等级来对大学进行划分，并且逐渐发展为数字越小则等级越低，当规定的数字为 1～5 时，1 即为最低等级。这样的等级划分制度一直持续到 1996 年，时年英国政府则将评估标准划分为 7 个等级（1、2、3b、3a、4、5、5*）。而 2008 年时数字代表等级的标准被取消，英国政府直接对 1*、2*、3* 和 4* 四个数值赋予不同的含义，规定 4＊级别代表该校的研究活动质量达到了世界领先水平，而 1* 的科研成果则表明研究活动质量处于国内领先水平。①这样的评估标准在 REF 评估体系中一直沿用至今。

4.2.2 英国高校绩效评价的特征分析

1. 与拨款紧密相关的评价目的

英国的高校评估体系向来是以明确的拨款目的为中心而制定的。英国政府开展高校评估活动的初衷就是为了能够通过科学手段向高质量大学分配社会资源，从 1986 年到 2008 年，英国 RAE 大学评估体系的评估结果一直是与政府拨款和项目资金的分配紧密挂钩的，并且随着时间的推移，拨款的标准也在一直发生着变化。在 1986 年和 1993 年，英国政府通过等级来划分不同层次的大学，并列出相应等级的基金补助标准。1996 年 RAE 评估体系的评估指标明确规定评估等级在 3a 以下的学校不能获得政府拨款。直至现在，在英国高等教育拨款委员会组织的 REF 评估体系中依然明确指出英国高校评估的目的是向划分科研基金提供重要依据。

不难发现，与政府拨款紧密挂钩的评估目的是英国高校评估活动区别于其他国家的特点之一，它不仅使英国高校评估标准的制定更具有目的性，也使得英国评估机构的运行更加秩序化。各国实施高校绩效评估的目的指向虽然有所不同，但明确的目标是各项活动开展的必要保证，因此英国高校绩效评估体系中的这一特点值得各国深思。

2. 强调质量和成效的评价客体

大学卓越科研评估框架 REF 取代了英国大学评估框架 RAE 之后，将成果、影响力和环境设定为高校评估的三大客体，开启了走向注重质量的评估之路。原 RAE 中的“研究声誉”指标被现在 REF 中“研究的科研影响力”指

---

① 陈洋子. 大学科研评价体系的国际比较研究［D］. 南昌：江西师范大学，2017.

标所取代，目的在于鼓励学校注重科研成果的转化以及与社会各界的交流和互动，更好地服务于社会经济的发展需要。① 科研影响力是英国大学卓越评估框架的特色指标之一，它注重考察科研成果在学术领域之外对社会各个方面的发展的贡献。为了考察科研影响力，英国政府还引入应用案例研究和模板报告等方法来辅助科研影响力的评估。通过测评科研影响力，不仅可以极大地调动社会各个领域人士参与科研活动的热情和积极性，更有利于科学研究者获得跨领域的需求和反馈，对科学事业的发展具有极大的推动力，且强调科研质量和科研成效将在很大程度上提升高校和各科研机构在研究活动中的满足感，有利于提升科研人员的社会参与意识。

3. 多方合作进行高校绩效评估

英国卓越研究评估框架中的多方合作机制表现在两个方面：一是在评估过程中能够进行跨学科考评；二是能够综合运用各种已有的数据搭建高校评估数据库。该评估框架是一个专家评审的过程，由36个评估单位的专家小组在四个主要小组的领导和指导下进行评估。② 另外，英国高校众多且各个高校的办学特色和办学定位各不相同，因此英国政府规定各个学校除了可以根据自身优势选取学科单元参评外，也允许部分学科在多个小组中进行参评。这样一来，不仅保证了部分未设置在36个学科单元之中的学科也能被涵盖在卓越研究评估框架中，扩大了高校评估体系的评估范围，也使得不同学科之间获得了跨领域交流的机会，有利于不同领域知识的碰撞和交流。另外，英国“卓越教学框架”在数据采集方面能够充分利用已有的数据库资源：英格兰高等教育拨款委员会和高等教育统计局（HESA）等机构的全国学生调查（NSS）、学生参与调查（UK Engagement Survey，UKES）、个性化学习者记录（LHR）、大学毕业生就业去向调查（DLHE）等既有数据来组成高校绩效评估的整体数据。③ 这一举措不仅简化了数据收集的流程，更加大了各个机构之间的合作力度，使得英国的各个机构都能参与到评估体系之中，加强了评估活动的深度和广度。

4. 根据不同标准进行划学科分类绩效评估

根据不同标准对不同的学科进行评估是英国卓越研究评估框架的特点之

---

① 褚怡春，杨永华，高翔，等. 英国卓越研究评估框架对我国高校科研绩效评估的启示［J］. 中国管理信息化，2018，21（23）：213-215.

② REF. Assessment framework and guidance on submissions［EB/OL］.（2015-02-20）［2019-07-11］. https：//www. ref. ac. uk/2014/pubs/2011-02/.

③ 王中奎，胡啸天. 大学本科教学质量绩效评价实现路径：英国的经验与启示［J］. 教育发展研究，2018，8（17）：71-77，84.

一。划分学科进行评估不仅能使各高校有针对性地根据校内专业的特色进行高校分类绩效管理，更有利于解决各高校资源配置不均的问题。英国卓越研究评估框架依照学科分类设置了36个评估单元，而这36个评估单元又被划分在生命和医学类、理工工程类、社科管理类和人文艺术类四个大的学科条目下。简单来说，英国卓越研究评估框架就是在四大类学科下对36个细分学科进行评估的评估体系。卓越研究评估框架能够针对不同的学科配备不同的专业评估小组进行考评，不同的专业评估小组皆是由相应领域的专家和学者组成，因此能够针对该学科的研究成果进行专业分析和评价。

这样一来，划学科分类绩效评估既为各院系选择自身优势学科进行参评提供了条件，有利于加强高校学科竞争力，也使得高校绩效评估体系下的各个机制职责明确，保证了评估过程的流畅性，更使得绩效评估的结果可以成为高校未来发展的指导书。

4.2.3 对我国高校绩效评价的启示

1. 明确各类高校绩效评价目的，保证高校绩效评价的针对性

英国高校绩效评估体系有着为政府拨款提供依据的明确目的，因而在评估流程、评估标准和评估指标的各个方面都能够根据这一目的来进行行动设计，确保英国高校绩效评估活动的质量。而我国的高校普遍将绩效结果与工资、人员聘用、职务和职称晋升等相联系，没有明确的目的指向。① 这就使得我国的高校绩效评价活动不能聚焦，普遍流于形式，只能成为高校人员管理的手段。

基于分类视角下的部属高校（研究型大学）、省属高校（地方普通本科高校）、独立学院（由普通本科高校按新机制、新模式举办的本科层次的独立学院）和高职高专高校也应该根据各自办学的特点制定评估目的。例如部属高校以评估学科发展质量为高校绩效评估的主要目的，省属高校以推动高校服务地方经济为目的，独立学院以促进院校发展为高校绩效评价的主要目的，而高职高专则以评估专业领域内技术的开发能力为高校绩效考核目标。各类高校根据高校绩效评估目标的不同，可以开发出适合各自发展的不同的绩效评估模式。另外，分类视阈下各高校通过各自定位来制定高校绩效评估的目标，不仅能使高校绩效评估的结果为人事管理提供依据，也能够为学校甚至整个社会的整体发展提供动力。

---

① 黄丹凤，杨琼. 英国高校内部绩效管理模式探析［J］. 复旦教育论坛，2015，13（2）：87-93.

2. 强调高校绩效评价结果的社会效应，提升不同类型高校的社会影响力

社会影响力是2014年英国卓越绩效评估框架中新增设的评估指标，当时占英国绩效评估整体指标比重的20%。该评估框架注重评估英国经济、社会、文化、公共政策或服务、卫生、环境质量等各个方面的社会影响力。① 在具体实践中，被评估单位需要递交社会影响力报告以及社会影响力案例来参与评估。社会影响力报告要求表述科研成果产生的经济、文化或社会影响，案例模板报告则详细阐述产生上述影响的具体方法和途径。② 虽然评估结果可能会因为各单位影响力报告或案例模板的撰写风格不同和水平不足而产生影响，但英国的这一举措确实加深了各高校的社会服务意识，提高了科研成果对科研以外的领域的影响力。

为改善我国高校绩效评价结果多应用于政府决策和高校管理的现状，增加高校绩效评估结果中社会影响力的比重不失为一个好的方法。特别是对服务地方经济发展的省属高校和高职高专院校来说，测评该类学校科研成果的社会影响力将有利于实现院校发展目标，使高校办学目标能够与社会发展同步。而对于部属型，即学术型大学来说，这类高校的科研人员在撰写科研影响力报告以及科研影响力案例的同时也是对自己科研成果的反思。强调高校绩效评估结果的社会效应的这一措施不仅能够打破部属类大学内重学术轻实践的氛围，更能够将省属型高校和高职高专院校的科研环境与社会环境链接，形成分类发展视阈下各类大学协同发展的生态圈。

3. 分类高校合作主体，打造多方协同高校绩效评价体系

高校绩效评价包括教师绩效评价、科研绩效评价、教学质量绩效评价等多个方面。在我国高校绩效评价体系内，这些方面都是各成一派并且缺乏联系的。这样一来，不但使得我国高校绩效评价的人员成本过高，也导致许多工作重复和赘余。

在高校分类发展的背景下，我国各类高校所接触的社会资源会有所差异。各类高校应该在绩效评价中把握各自的社会资源，如部属类大学积极联合政府各相关部门，高职高专类大学积极联合行业企业机构等打造多方协同的高校绩效评价体系，实现高校绩效评估活动的多方统筹。另外，教师绩效与科研成果和教学质量都有着密不可分的关系，因此各高校需要协同校内各个管理评估部

① Research Excellence Framework. Guidance on submissions [EB/OL].（2019-01-01）[2019-07-11]. https：//www. ref. ac. uk/media/1092/ref-2019_ 01-guidance-on-submissions. pdf.

② 李巍，马阅. 英国卓越框架（REF）对我国高校科研绩效评价的借鉴作用 [J]. 中国军转民，2019 (2)：76-78.

门，共享评估数据，实现校内的全方位评估。各类高校应该团结社会各方力量，通过民间独立机构和政府的双方协助，实现对高校外部影响力的评估。高校自主对院校产出进行的评估难免会有主观因素的影响，因此，综合社会力量共探绩效评估模式有利于保证高校绩效评估结果的客观性和科学性，也使得高校绩效评估过程更加高效。

4. 制定高校学科分类绩效评估标准，促进各类高校特色发展

基于高校分类发展的背景，我国高校可以分为研究型、应用型等不同类型。但我国高校绩效评估标准向来是一概而论的，并没有根据学科加以区分，这就导致了我国高校绩效评估大多只能侧重于人事管理而不能注重学科发展的问题。各高校开设的专业在文、理 、工、经、管、法等学科方面均有涉及，要想在高校分类发展的视角下管理和促进高校发展，就需要我国借鉴英国经验开发出能根据不同学科进行评估的绩效评估标准。组织专业人员完善我国的高校绩效评估标准，制定一个高校划学科的绩效评估标准，有助于各类高校根据自身定位进行绩效评估。学术型大学以论文、著作等学术性文章的发表和引用为评估标准，应用型本科以服务社会的能力为评估标准，社区学院以院校发展、办学能力等为标准进行评估，而高职高专院校也可以以技术研发、学生就业率等指标作为主要的评估标准。另外，高校内部的绩效评估也可以依据专业类型来进行评估，从而达到学校办学水平全方位提高的目的。例如在理工科强调评估学生实践和科研能力，语言科强调评估学生沟通、谈判能力，文科强调评估学生写作、论文发表的能力等。

4.3 德国高校绩效评价的经验及借鉴

4.3.1 德国高校绩效评价发展概述

德国高等院校主要分为综合性大学、应用科学大学、艺术与音乐大学，形式多样但却有着明显的均质性特征。① 也就是说，不同类型的高等院校在办学层次和主要办学导向上虽然有所不同，但办学质量、师资、生源以及拨款等各方面均表现出了平等、等值的价值理念。因此，均质性和等值性也一度是德国

① Research-in-Germany. Universities [EB/OL]. http://www.research-in-germany.org/en/research-landscape/research-organizations/universities.html.

高等教育创办及运行的主要标签。① 但在20世纪90年代，为了推动德国高等教育的蓬勃发展，使德国高等院校的评价指标更加科学、经费拨款途径更加公平、绩效评估结果更加客观，并且使各高等院校能够基于自身特色全力发展德国的教育事业，德国政府推出了高校绩效拨款制度。

德国的高校绩效拨款制度是一种由政府部门的拨款机构依据高等教育机构先前确定的行动目标及实际工作中的目标达成度对高等教育机构进行绩效评价，并依据评价结果进行拨款的制度。② 在这样的制度下，政府部门需要严格制定各高校的绩效评价细则及评定流程才能确保评价过程的公正性与透明性，而各高校也需要努力开发自身办学特色、提高办学质量以达到既定目标才能获得政府拨款。高校绩效拨款制度一改之前政府仅依靠社会经济因素和高校自身预算进行拨款的形式，不仅确立了德国高校绩效评价实施过程的整体架构，令评价步骤有流程可依，使得高等教育的评价流程更加透明公正，也提升了德国高等教育机构之间的竞争意识，使得德国高等教育能够向着发挥自身特色的方向发展。

另外，对科研机构以及科技创新能力的评价也是德国高校绩效评价任务的重点。德国有着较为系统的科研评价体系。作为德国最权威的高校绩效评价机构，科学教育委员会在德国的各类高校绩效评价过程中一直发挥着极为重要的作用，能够全面统筹、布局德国高校绩效评价工作的整体架构。而在德国科学委员会之下，德国的高校评价体系中又有着马普学会、亥姆霍兹联合会、莱布尼茨学会和弗朗霍夫协会四大研究机构，能够基于不同方面，根据自身专业构成及领域特长对各学会下所属的科研所做出更加细致、全面以及专业的科研评价工作。德国科学委员会虽然是由联邦政府发起组建的，但它却是独立于政府之外的科研评价机构，因此能够站在相对客观的角度对各高校进行绩效评估。而且为了保证评估工作的专业性及权威性，科学委员会的组成成员均来自不同的领域，且任职期限一般有所限制。同时，德国科研委员会的评价过程一般由专业评价和科学政策意见两个阶段组成，两个评价阶段之间不得相互干扰，以保持绩效评估结果在专业评价和科学政策意见提供上的独立性，且科学委员会会对最终的评价结果进行跟踪，以保证评价结果的效用性。若评价结果存在较大的争议，科学委员会也会对被评价机构提出重新评价的意见。另外，德国科学委员会是按照一定条件对所有提交申请的机构或科研单位进行初步评价，只

① TEICHLER U. Hochschulstrukturen im Umbruch：eine Bilanz der Reform dynamik seit vier Johrzehnten [M]. Frankfurt：Campus Verlag，2005：132-133.

② 赵凌. 德国高等教育绩效拨款制透视 [J]. 高教探索，2012 (1)：41-45.

有通过筛选核查之后才会进行评价，保证了评价活动的有效性。

而四大评价机构采用的评价方法则以同行评价为主，并且由来自不同专业领域，甚至不同国别的专家组成。但四个学会所采取的评价流程中都必须包含专家小组的实地考察、收听报告及进行访谈访问等环节。各个机构所研究的领域也大不相同，如马普学会以基础研究领域为主，注重研究论文的数量与质量，而弗朗霍夫协会则注重应用开发部分，亥姆霍兹联合会以科研项目的创新与转化评价为主，而莱布尼茨学会的研究内容则相对较为广泛，集结跨学科知识解决与社会相关的应用问题。① 值得一提的是，在莱布尼茨学会的评价工作中有着较为严格的一条，即若被评价单位未能实现当年的研究任务，那么该科研所会将面临被关闭的风险。这一规定听起来似乎没有什么人情味可言，但正是因为这种评估结果的权威性才为德国高校科研能力的输出提供了强大保障。

4.3.2 德国高校绩效评价的特征分析

1. 多机构相互协同的绩效评价架构

德国高校绩效评价主要由科学委员会和马普学会、亥姆霍兹联合会、莱布尼茨学会和弗朗霍夫协会四大机构负责。德国科学委员会对科研机构绩效评价制定总体框架，而四大研究机构则在各自职责范围内对其下研究所进行有针对性的同行评价。② 德国科学委员会作为一个有独立形态的高校评价机构，能够对全国的高校进行系统而全面的评价。而四大机构则有着各自的特色评价机制，能够针对各高等教育主体的特性及质量进行有针对性的评价。

四大机构也和其他国家一样采用同行评价的方法，但更具德国特色的是德国的评价机构在成员组成上更注重邀请国外专家学者的加入，一定程度上保证了绩效评价的国际视野和教育公平。且四大机构注重打造动态化的评价指标，以防止定量指标在评价活动中带来的片面性影响。另外，这样一个各机构协同的高校绩效评价组织结构也保证了高校评价工作的连续性和经济性。各科研机构不仅致力于评价当前的科研工作任务，还会将参与评价的相关内容及结果进行汇编，以形成评价结果可供多方应用的评估报告，使得评价工作成为一个连续的系统。在 2011 年德国科学委员会通过的《关于科研绩效评价与监管办法的建议》中也曾提出，高等院校和科研机构的内部评价程序必须满足复杂性、

① 王晋萍，甘霖，杨立英．国内外科研绩效评价方法比较［J］．科学学研究，2006（S2）：505-507.

② 章熙春，柳一超．德国科技创新能力评价的做法与借鉴［J］．科技管理研究，2017，37（2）：77-83.

多样性、适切性和自我反思性等要求。不难看出，正是这样一个一主体四机构的整体架构为这一要求的实现提供了机制保障。①

2. 落实责任制的绩效拨款评价制

落实责任制度是德国高校绩效评价的一大特点。在绩效评估中落实责任制度，不仅意味着各高校必须承担并切实履行相应的法律责任和社会责任，更意味着对各高校社会责任的厘定以及测评工作也必须是相应完善的。在之前的绩效评价中，德国高校由于同质化的特征，各大高校在师资、生源、设施配备、研究成果、教学质量等各方面并没有明确差异。而且资助方式多采用酌情增量式，即通过综合高校上一年的资金使用情况和近一年的社会因素来评定新学年的资助额度。因此，各校之间并没有形成相互竞争的意识，对社会的经济效益更是无从谈起。

绩效拨款制度的落实，不仅改善了酌情增量式资金分配方式中分配流程不透明的问题，更使得各高校开始基于任务导向努力践行教学能力建设。在责任制度的实行中，德国政府需要科学厘定德国高校应该完成的目标和任务，使各高校能够趋于竞争资金的心理来积极完成相应指标。由于未能完成相应目标的高校会被削减部分财政资助金额，制定评价指标时必须在一定程度上采取多方协作的方式来保证评价过程的公正性。而在测评工作开展中，德国主要基于四种基本分析模型来进行测评，即投入生产和产出分析模型、资源效率和使用效益分析模型、各州的需要和投资回报率分析模型以及消费者的需要和投资回报率分析模型，分别从受教育个体的习得程度、校园设施利用程度、经济发展贡献程度、个体自我发展程度等方面做出了不同的测评方法。② 因此，不难看出，责任制度实际上是使德国绩效评价实现指标设定、激励机制及成果测定一体化的重要保障。

3. 公式拨款法的拨款机制

公式拨款法其实在国际上是较为常用的，其主要内容在于确定一些与高等学校教学活动紧密相关的因子，通过对这些因子赋予不同的权重来决定高等学校获得的财政拨款数额。③ 由于这种拨款的形式较为固定，所以在一定程度上省去了不少繁杂的步骤。

---

① 章熙春，柳一超. 德国科技创新能力评价的做法与借鉴［J］. 科技管理研究，2017，37（2）：77-83.

② 赵凌. 德国高等教育绩效拨款制透视［J］. 高教探索，2012（1）：41-45.

③ 孙志军，金平. 国际比较及启示：绩效拨款在高等教育中的实践［J］. 高等教育研究，2003（6）：88-92.

德国的高等教育绩效拨款通常由两部分组成，即变动率不高的基数部分和变动率较高的增量部分。一般而言，增量部分通常是由公式来确定的。事实上，公式拨款法在一定程度上保证了拨款过程的透明性。公式的基本形式是已经拟定的，那么各评估机构甚至政府部门在后续的评估过程中则难以进行干预，保证了评估过程的公平以及公正性。既然相应指数及影响因子是既定的条件，那么高校在进行绩效评估时实际上是可以大致预算到评估结果的。这样一来，对于那些正在着手第二年的科研或教学建设的高校来说，就可以提前预估出本年度的部分受款情况。而且，当指数的相关因子是由国家或者相应政府来指定使用时，就能在很大程度上引导各高校向着宏观政策所指导的方向前进，有利于宏观层面对教育工作进行调控，即国家将根据它希望激励的活动或者它认为最能够代表资助单位工作量的活动来定义这一指数。① 各高校若想要获得更高额度的资金，也可以根据增量部分的指标积极进行自身建设，这对各高校的产出产生了巨大的推动作用并促进形成自主产出机制，对我国的高校资助模式也有一定的借鉴意义。

4.3.3 对我国高校绩效评价的启示

1. 构建多元评估架构，实现高校绩效评价相互监督机制

德国多机构多方构成的高校评价体系为德国的高校绩效评价工作提供了强大的保障。根据我国高等教育的现实情况，为完善我国的高校绩效评估工作，德国的评价模式同样能为我国提供很大的借鉴意义。目前，我国高校纷纷致力于打造应用型本科，办学特色也逐渐趋向应用型和实践化，如果单一以行政部门或行政部门主导的机构来对各大高校进行绩效评价，难免会对学术性有所倾斜，从而忽视了社会效益和社会服务产出的方面。但德国在研究项目的支持和资助方面，非大学研究机构和工业界扮演着重要的角色，且四大学会还能够基于自身所长对学会下的各所属科研机构进行绩效评价，实现了分类别的评估工作。②

基于高效分类视角下，我国也可以依据现行高校分类来成立不同类型的绩效评价机构。在对学术型大学的绩效评价中，邀请国内外知名学者参与评估工作，保证评估过程的专业性。而在对应用型本科及高职院校的绩效评估工作

① 米歇尔·列申斯基. 德国高等教育中的财政和绩效导向预算：竞争激发效率［J］. 刘晗，译. 北京大学教育评论，2008（1）：132-138，191.

② Funding organizations［EB/OL］. http：//www. research－in－germany. org/en/research－funding/funding-organisations. html.

中，可以邀请科研专家甚至企业行业精英参与评估工作，保证相应类型高校在社会服务方面的技能领先力。且各评价机构之间可以形成合力，形成相互监督的机制。各类评级机构之间并不是独立存在的，对于有交叉的评价内容，各机构仍然可以相互合作。但值得注意的是，基于我国高等教育的行情，不同机构之间的权责厘定以及运行细则仍然需要进一步探讨。

2. 绩效拨款借鉴公式法，简化高校绩效评估流程

德国高校绩效评估拨款中引用的公式法在极大程度上保障了德国绩效评估过程的透明性、绩效评估流程的简化性以及绩效评估结果的公平性，对我国有着极大的借鉴意义。

在高校绩效评价方法中引入公式法将有利于发挥国家政策的主导作用。一直以来，我国关于各类教学的相关文件数不胜数，对于教学方式、教学环境建设、教学流程规范、教学思路改革等各方面的部署也都十分科学和全面，但政策文件落实到各类高校后往往达不到预期的效果。而若在高校绩效评估的过程中引入公式法，由政府部门根据当前政策热点来制定拨款公式的指数因子，则必然能促使各高校积极响应国家政策的号召，使得各所高校基于政府部门的期望开展活动，实现绩效考核的目标，从而获得相应拨款。并且，德国政府在保证各院校基本经费需要的基础上，将各职业院校的教学成果按照一定公式进行计算后，会根据结果对表现优秀的职业院校提供更多的拨款。① 借鉴这一举措也有利于我国各高校之间为了赢得拨款而产生一定的竞争机制，有利于各高校办学水平的提升。而德国在认识到竞争在科学研究中的重要性后，先后实行推出了卓越计划、CHE 排名、联邦统计局公布第三方融资统计数据等多种排名。②

另外，公式法能够促进绩效评价过程中的科层平行化和行政去中心化的实现。一般来说，进行一项绩效评估活动难免需要从校内到行政部门多个主体的参与，因此也难以拟定各方职责，所需文件及评估流程也较为复杂。但公式法则倾向于确定公式中的影响因子，并加以一定的权重来进行计算。因此，大量的任务将被放在前期影响因素的确定上，而相对复杂的后续流程将得到精简，大大提高了绩效评估的效率。

3. 专业评价与科学政策意见双驱进行，保证高校绩效评价的效度

德国科学委员会机构式评价的一大特色在于他们采取了将专家组的专业评

① 年艳，潘建林. 美、德、日三国职业教育经费筹措机制比较及启示［J］. 职业技术教育，2019，40（12）：67-73.

② Research rankings［EB/OL］. http：//www. research-in-germany. org/en/research-landscape/research-ranking. html.

价意见和评价委员会的科学政策性意见相结合的评价机制。① 在专家组成中，德国的四大机构积极吸收引进国外学术人才参与评估工作，保证了绩效评估任务的学术性和专业性。专家组只可就专业意见对评估项目做出报告，而关于被评估对象的前瞻性研究及社会科学效应和政策实施意见则交给科学政策性意见评审阶段来决定。值得注意的是，德国科学委员会的组成成员不仅包括众多领域的专家学者，也包括一定数量的州政府人员。因此，在人员组成上就已经保证了这两方评价的成功运行。

因此，我国可以借鉴相应做法来提升我国高校绩效评估工作的质量。在高校绩效评价工作中将专业评价和科学政策意见两部分分开，并且规定双方之间的评价工作不能相互干扰，以保证专业性和政策意见之间的相互独立。根据部署类、省属类、高职高专类高校的办学特色，在专业评价和科学政策意见的评价上分别制定不同的评级标准，并且根据不同高校的不同定位给予科学政策意见。这样就能使高校绩效评估的结果既能贴合不同类型高校的办学特色，促使各高校朝着更具自身特色的方向发展，又能为各类高校量身打造科学指导意见，为政策文本的细化提供了条件。

4.4 澳大利亚高校绩效评价的经验及借鉴

4.4.1 澳大利亚高校绩效评价发展概述

澳大利亚高校绩效评价是对整体、教学、科研三个方面进行不同的区分，并分别制定不同的评价指标。这三个方面的评价指标引领了澳大利亚高校绩效评价的发展，为其他国家高校绩效评价的积极发展提供了新的思路。

1850 年，澳大利亚第一所大学悉尼大学建成，标志着澳大利亚高等教育的起步。第二次世界大战之后，澳大利亚的教育开始得到了长足发展。自 20 世纪 80 年代以来，澳大利亚就已经开始实施高校绩效评价，并对澳大利亚各所高校进行基准测试以设定基准。1988 年，澳大利亚联邦政府第三级教育管理委员会开始测试教育系统的绩效指标，以评估 28 所工程类院校的绩效。1989 年，澳大利亚大学校长管理委员会和高等教育学院院长委员会（ACDP）共同确定了 30 多项普遍适用于整个大学系统的绩效评价，并在评价部门级别

① 黄群，张义芳，孙浩林. 德国科学委员会科研机构绩效评价研究［J］. 全球科技经济瞭望，2018，33（3）：35-41.

时考虑院校体制背景因素。随后，澳大利亚政府成立了一个研究小组，用来研究并开发高等教育评估工具，通过对教师授课质量情况、学生在校期间的学习成效以及毕业生的就业情况等多个因素进行分类来设定评估指标，负责制定相关评价实施细则，并根据评价指标体系进行试点。

1991 年，研究小组发布了 28 项具体指标和实施细则，并开始对最高学府进行全面评价。1993 年，澳大利亚政府成立了高等教育评估委员会（Committee for Quality Assurance in Higher Education），规范了高等教育阶段的评价工作。澳大利亚政府于 1995 年成立澳大利亚研究委员会（Australian Research Council，ARC），使用综合指数来评价大学的研究水平。1998 年，澳大利亚教育、培训与青年事务部发布的《高等学校的特征与绩效》列出了 200 多项指标，为高校的绩效评价体系提供了更多的标准和工具，以确保学校的教学质量。随后，澳大利亚政府发布《知识与创新白皮书》，进一步明确了澳大利亚研究委员会的主要职责，即通过国际比较的方式分析澳大利亚的科研表现，并且评价政府在分配科研资金上的主要作用。① 于是，在 2000 年 5 月澳大利亚教育部决定建立高校质量审核组织，即澳大利亚质量保障总署（AUQU），并独立于政府。它的主要职能是对州认证的部门和高校进行自我评估，以及向社会公布审核报告。该机构在 2011 年正式被联邦政府成立的高等教育质量标准局（TEQSA）所取代。TEQSA 就是要确保高等教育提供者满足评估的最低标准，是一个真正的完全独立职能部门。② 此外，TEQSA 推行两种类型的评估活动，分别为主题质量评估和合格性评估。主题质量评估是对个别教育机构存在的问题进行质量评估以便于反思总结，而合格性评估则是为了保障学校和第三方教育机构高等教育的基本学位标准。③ 综上所述，澳大利亚的高校绩效评价经历了从单一指标评价到多元机构共同参与评估的过程，奠定了高等教育质量领先发展的国际地位。

4.4.2　澳大利亚高校绩效评价的特征分析

1. 评价标准多样

澳大利亚的大专、本科、硕士等学历资格的认定是根据国家的学历框架来进行确定的。通过审批后，可以依据自己学校的性质来改进。像许多国家一

① 陈洋子. 大学科研评价体系的国际比较研究［D］. 南昌：江西师范大学，2017.

② The role and functions of TEQSA［EB/OL］.［2019-07-11］. http：//www. teqsa. gov. au/about-teqsa.

③ TEQSA's Establishment［EB/OL］.［2019-07-11］. http：//www. teqsa. gov. au.

样，澳大利亚大学学位标准是基于该国的基本要求规定的，但每所学校制定的标准不尽相同。在构建大学教学质量的外部评价系统时，澳大利亚政府就已将此因素考虑在内。外部评价标准的原则主要是验证每所大学是否符合学校根据国家学术标准制定的具体标准；评价重点是根据每所大学自己制订的教学目标计划和具体规定章程规定的。例如，澳大利亚国立大学、悉尼大学和其他研究型大学被称为“八大联盟”的学校，它们具有交叉参考标准；而麦格理大学、格里菲斯大学等被称为“新六所创新大学”，这些大学有相互借鉴的标准。虽然澳大利亚大学教学质量的外部评价是通过全国统一的外部评价体系进行的，但是评价的具体标准和内容会因学校而变动，因此可以更好地保证各学校自身的办学特色，促进高校的健康持续发展。

2. 评价主体定位明确

通过政府的宏观指导，高校可以围绕政府的教学质量需求积极开展教学活动，但政府过度使用权力的话会影响高校内部教学的发展。因此，澳大利亚政府是高等学校教学质量外部评价系统的领导者，但很少直接参与对大学教学质量的具体评价，主要通过法律政策和绩效拨款等途径进行监管。澳大利亚政府为高校留出自由发展的空间，使高校能够更好地改进自己的学科和硬软件设施，并形成自己的独有特色和强大的竞争力。同时澳大利亚大学质量保障总署所依据的外部评价原则是基于对不同大学和学院的审查，对各大学提供的报告的研究以及对内部审计结果的深入评价而形成的，从而为政府制定相关决策提供了有效证据。在制定高等教育课程时，澳大利亚政府一直非常重视高校的教学质量。政府还设立了委员会来评估高校教学质量，这有效地保证了高校的教学质量，反映出澳大利亚政府在保障教学质量方面的核心作用。

3. 采用滚动式评价机制

澳大利亚政府充分整合了联邦体制的特点、国家历史特色和高校特征，建立了高校教学质量外部评价体系。虽然澳大利亚的高等教育体制极大程度上是模仿英国，但澳大利亚政府能够认识到这种模式耗资大且对高校内部管理干涉过多的缺点。因此，澳大利亚的评价模式是：由政府组织并提供评价的基本框架与要求，加强和巩固各个州和地区之间的联系，所有高校都在政府部门的相关要求下完全独立自主，并由大学质量保障总署来对其进行相应的评价和审核。高校采用连续评价方式进行滚动式评价，并对高校的相关评价问题进行连续评价。目前，澳大利亚采用的滚动式评价机制可以有效地避免评价的形式化，能够对高校的发展进行持续性的跟进评估，使高校能够得到有关自身发展的即时反馈。

4.4.3　对我国高校绩效评价的启示

1. 正确规范评价主体，弱化行政部门对评价活动的干预

澳大利亚的高校绩效评价主体与半官方性质相似，它有意识地“去行政化”，并在政府机构与大学之间形成缓冲。澳大利亚的高校绩效评价制度不仅接受政府对高校评价的宏观调控，而且充分保障高校的话语权和工商企业及社会各界人士的参与权，有效地保证了评估结果的客观性。①

我国也有各种研究评价、学科排名、大学排名等活动，但评价主体不均衡，主要是社会组织和其他非政府组织，因此往往导致我国的各种排名不具有权威性。在我国，学科评价主要是由教育部所属的学位中心组织实施，虽然学位中心与政府和大学不同，但它属于教育部，遵循行政组织的管理模式，学科评价活动有明显的行政管理痕迹，因而在某种程度上会影响评价结果的可信度。国家和政府层面的高校评价机构的建立具有官方倾向，缺乏一定的可信度和透明度，同时也削弱了行政部门对评价活动的干预。高校评价机构重视中介机构和公众参与评估活动，以确保评价结果的可信度和公正性，正确规范评价主体，加强评价工作的总体设计。同时，要培育第三方评价主体，规范评价主体的性质和行为，倡导政府、高校和社会企业等参与评价，从而有效保证学科评估的科学性、权威性和可信性。

2. 规范中介评估机构，建立外部分类评估指标

在我国，高校教学质量外部评价体系一直以教育行政部门为单位，对评估责任机构进行评估，其开展的评估工作也是作为国家的一项行政工作来进行的。由于评价过程中涉及一些政治因素，使得行政管理部门难以对高校教学质量进行无差别评价，难以很好地平衡社会多样性的需求。同时，为了满足行政部门的评价，高校也将自身的价值取向与政府保持一致，因此难以保持独立性。此外，高校参与评估的权利相对较小，相对被动，这在无形之中会削弱高校提高教学质量的积极性。按照澳大利亚的做法，我们应该打破政府的行政评价，建立一个不涉及太多政府因素的评价机构，这才是我们提高大学教学质量的有效途径。

目前，我国普通高校的评估基本上采用了教育部 2004 年发布的 7 项一级指标、19 项二级指标、44 个观测点，评估指标体系分为优、良、合格和不合格四个等级。利用教学质量外部评估指标体系对我国各高校进行评价并不能满

① 刘兴凯，张靓媛. 卓越科研（ERA）：澳大利亚高校科研评估制度及价值启示［J］. 甘肃社会学，2017（1）：136-141.

足我国高校分类发展的需要。在 2006 年 9 月，尽管教育部调整了一些高度专业化机构和重点大学的指标体系，以建立研究生院。然而，调整的幅度还是比较小，不能满足多种类型高校需求。因此，将我国国情和澳大利亚高校教学质量外部评价体系的宝贵经验结合起来，将有助于提高我国高校教学外部分类评价指标体系的质量水平，从而帮助高校找准自身的定位，引导高校健康发展，促进高校有特色、高水平地发展。

3. 重视对大学生学习效果的评估，提升毕业生的社会认可度

澳大利亚的教学质量外部评估活动始终注重以学生为中心、以教学为中心和以学习为中心的教学理念，并对教学质量进行评估。以教学为中心的评估重点是评估拥有教师的质量和数量、学生拥有的书籍数量以及教学辅助设施的改进与否等方面。而以学习为中心的评估侧重于评估学生发展的质量和一些外部教学的利用水平。例如，学生对教师所讲授课程的接受情况、学生对书籍的实际使用情况、学生技能获取以及学生学习的成效等方面都会纳入高校绩效评估内容之中。虽然两者都是对高校教学质量的价值判断，但是以教为重点的评价是把价值判断多半放在如何教学和怎么教学的评估上，而以学为重点的评价是关注学生如何学习和学了多少的评估。因此，关注学生学习是澳大利亚教学质量评估的一个突出特点。澳大利亚的教学质量评估还将对毕业生表现进行后续调查，重点是评估学生在学校获得的学习成果在社会上获得的认可程度。而评估的一个重要功能就是服务，进一步说，它为社会和个人提供了高校人才培养水平的参考。从这个角度来看，适度关注学生参与评估，并注意学生的学习效果，会使教学质量的外部评估更容易得到社会认可。这对于我国高等教育绩效评价的发展是值得深入学习和借鉴的。

4.5 荷兰高校绩效评价的经验及借鉴

4.5.1 荷兰高校绩效评价发展概述

早在 1575 年，荷兰的高等教育绩效评价就在莱顿大学开始了。当时，莱顿大学成立了大学学术委员会并任命该委员会负责大学各个方面的事务，包括招聘人员、课程设置和质量评估等。莱顿大学为了追求高校质量目标，花了大量时间和金钱从比利时鲁汶大学和德国海德堡大学聘请了在各领域有较高造诣的教授与学者，正是这批教授与学者的加入，令莱顿大学的学术地位在短时间内得到了很大提升，使其成为欧洲最著名的高等学府。

直到1801年，荷兰建立了国家教育督导机构承担全国教育的督导、评估、咨询工作，这些工作被一直坚持下来。① 1960年，议会通过了《大学教育法》，这项法律旨在赋予每个高等教育机构合法的地位，但它没有达到预期的效果反而引起了一些混乱。为了克服这种混乱，议会在1970年通过了《大学管理改革法》，以取代《大学教育法》中的某些条款。② 1985年，荷兰政府发布《高等教育：自治和质量》政策白皮书，明确表示质量和质量评价是高校自身的责任。③ 在白皮书中把荷兰高等绩效评估机构的评估分为两种类型：一种是校内评估，另一种是校外评估。其中校外评估是由政府指定的高等教育专家小组负责进行的，而校内评估是高等教育机构的责任，通过该学院的内部教育质量分析模型进行所有内部链接的质量控制。荷兰大学协会自1988年以来实施了大学教育的校外评估，并于1993年对大学研究进行了外部评估。2001年6月5日，荷兰政府推出了“监督法”，该法于2002年年初实施，为学校质量体系的独立性、开放性和专业性评估提供了立法依据。经过一年的发展，议会通过了一项法案，将认证机制引入荷兰高等教育中。自2003年以来，荷兰就已经开始准备国家认证机构——荷兰和法兰德斯认证机构（NVAO），以试图监督现有和新建立的高等教育学位课程，以便所有课程都符合要求。荷兰高等教育评估经历了由摸索阶段到现阶段健全的质量监控体系和评估机制的发展历程，并且与研究评估相分离、独立的专家评估也赢得了国际赞赏，其他国家纷纷学习荷兰高校评估的成功经验。

4.5.2　荷兰高校绩效评价的特征分析

1. 建立不同的评价指标体系

针对高等院校和高等职业教育的不同特点，荷兰的评价体系采用了不同的评价者和不同的评价指标。例如荷兰的大学一般分为理工科、文科和艺术类。因此，在建立评价指标和系统时，应极大程度上考虑整个系统的建设以及基于不同类型大学的特色制定各项指标。荷兰在这方面建立了大学协会和高等职业教育协会，这两个协会使用不同的指标来衡量不同类型和不同层次的大学，并

---

① 陈超. 荷兰高等教育评估：历史、现状与发展趋势［J］. 高校教育管理，2008，2（5）：20-25.

② COHEN A，DERSTEEGE M V. An historical overview of the state and higher education in the Netherlands［J］. European journal of education，1982，17（3）：271-281.

③ 史万兵，赵士谦. 荷兰高等教育投资绩效评价制度的经验与启示［J］. 大连理工大学学报（社会科学版），2011，32（3）：67-70.

在开展具体评价活动时着重关注学校的特点和个性，因此荷兰政府对大学和高等职业领域进行高校绩效评价时，评估标准是统一且灵活的，这样既能有效改进高校质量又能保证评估的合法性和科学性。这也符合荷兰高校评估的目的，使得评估有目的地针对被评对象。

2. 元评估与后续评估相结合

在《高等教育督导团及其在高等教育质量保证体系中的元评估任务》报告中，荷兰高等教育督导委员会确立了“元评估”的概念，建立高等教育督导团监督质量评价体系，并向教育部长报告该评价体系在程序和结果上的正确性。为了确保质量评价工作不成为“纸老虎”，政府通过高等教育督导团建议采取一系列方法和行动，密切监测访问委员会的报告，并对大学进行后续跟踪处理，即“后续评估”。荷兰的高等教育督导团仔细评价了学院建立的整个质量保证体系，并且提交一份计划，以审议督导团的报告。它将整个评估纳入大学本身，使评价真正成为提高大学质量的有效措施。

3. 第三方中介评估机构参与评价

无论是大学协会、高等职业教育协会，还是后来成立的 QANU、NVAO，它们都属于中介组织，它们是政府、社会和高等学校之间联系的桥梁，承担着高等教育质量评价的具体工作。这些第三方中介机构具有中介性、独立性、公正性和权威性四个特点。在 2004 年前荷兰高校的评价工作是由荷兰大学协会进行的，该协会是由大学管理和组织的中介机构。2004 年之后被荷兰大学质量保障总署接管。荷兰政府大力发展第三方中介评估机构，不仅可以有助于评价机构之间形成良性竞争的关系，还可以建立和高校、社会之间的紧密联系，从而提高高校绩效评价水平和质量。

4.5.3 对我国高校绩效评价的启示

1. 注重高校的分类分层评估，实现评估主体多元化

为不同层次、不同类型和不同发展历史的大学建立各自独特的评估指标是我国在建立高等教育质量保障新型模式时考虑的首要条件。例如，部属高校和高职高专高校之间存在很大的差异，因此评估专家的构成和评估指标体系应该有所不同。部属高校、省属高校、独立学院、高等职业学校等不同类型的高校，都应根据各自职能的特点以及各自的发展目标，采用不同的评估指标体系。政府应高度重视高校的分类分层评估，并将绩效评估过程、评估方法公开透明，从而使评估结果更加客观和科学。政府、大学和社会参与高等教育质量保证体系，是在发展多元评价主体的基础上，建立多元复合型高等教育质量保证机制。我国高等教育体制改革的目标是在政府宏观管理下高等学校面向社会

自主办学，建立由学校、政府、社会共同组成的多元评价主体。① 我国应弱化政府在评估中所起的作用，提高社会用人单位在高校绩效评估中的参与程度。例如征集用人单位在内的社会各界的反馈意见，并配合上级部门做好自评。除政府直接出面组织对学校的整体教育评价和监督活动以外，还应要求社会中介组织在评价活动结束后提出报告和建议，作为政府做出决策的依据。② 这不仅可以使评估方法和评估指标等透明化，还能摆脱各级政府制定的约束和限制。

2. 正确定位政府及高校在评估中的地位和角色

荷兰政府的过度集权，导致“市场失灵”；过度放权，导致“政府失灵”，效率降低。③ 因此，荷兰政府必须建立一个政府认证机构，以加强政府在引导和监督作用时对高等教育质量方面的作用。如果政府直接干预学校，并由临时任命的专家组进行评估，这种强制性的评估，既缺少专业中介评估机构，又缺乏科学性和公正性。因此，政府应逐步从评价的实施者转变为指导者和监督者，对评价机构的评价过程和结果进行认证，以便监督和管理评价的质量。在我国高校绩效评价中，高校对绩效评价的态度往往是消极、被动的，因此非常容易出现作假的问题。由此看来，政府需要制定一系列完整的法律法规来监督评价的公正性和科学性，以摆正其在高校绩效评价中的地位。

3. 重视和加强高校自评，给予高校更多自主评估权

根据我国高等教育的基本情况，引导高校自觉开展“自下而上”“从内到外”的评估活动，将有利于发现问题，在自评过程中解决问题，进行“自我调解和内部消化”，并增强高校的竞争意识和忧患意识。④ 荷兰高校对绩效评估持积极参与的态度，愿意重视和加强自我评价，并结合外部评估和内部评价来促进学校发展，从而完善高校内部消化机能和管理机制。而我国高校绩效评估非常被动，因此，我国高校对绩效评价应从“要我评”的消极态度转变到“我要评”的积极态度。如果要将高校对绩效评估的态度从厌倦转变为有意识地参与，那么政府应为了提升高校对自我评估的重要认识，给予高校更多的评估自主权。在社会主义市场经济条件下，国家应该对高等院校给予更多的支持

---

① 张开洪. 美、英、荷高等教育质量保证机制的比较及启示［J］. 现代教育管理，2009（2）：98-100.

② 熊志翔，康宏佛. 高等教育质量保障机制的构建［J］. 高等工程教育研究，2002（2）：43-45.

③ 盛正发. 荷兰高等教育质量评估保障模式的改革与启示［J］. 高校教育管理，2013，7（4）：84-88.

④ 杨维东. 荷兰高等教育质量保障机制研究与借鉴［J］. 西安邮电学院学报，2011，16（5）：150-153.

与政策，使其能够积极主动地建立内部质量保证机制，既能保护学校的学术性和自治性，也可以向外界证明其质量与效率。①

4.6 日本高校绩效评价的经验及借鉴

4.6.1 日本高校绩效评价发展概述

日本高等教育的绩效评价制度建立和发展的时间较早，20 世纪 60 年代日本高等教育的内部评估制度就已经诞生了。那一时期日本的高等教育由精英阶段进入大众化阶段，为了化解因高等教育规模扩张而导致的质量危机，日本政府加强了对高等教育质量的监控和评价，力求保证和提升高等教育的质量。目前，高等教育评估已成为日本高等教育改革和质量保证体系最重要的方面之一。1991 年日本高等教育改革包括两个主要内容：一是建立大学自我评估体系，以便大学系统有效地工作；二是以“大学基准纲要”的名义开设教育课程，并对其进行严加管束。日本议会在 2000 年 3 月正式批准了建立“第三方评估机构”的提案。新成立的“第三方评估机构”在这项议会中重组了教育和政治部原有的学位授予机构，并于同年 4 月正式更名为“大学评估学位授予组织”。这次调整主要强调了组织对国立大学评估和质量改进的职责。2001 年在开展第二期《科学技术基本计划》报告中提出“对于有政策目的的项目或课题，要通过由第三者实施的外部评价”。②

2002 年 8 月，日本中央教育评估委员会在《构建大学质量保障新体系》的报告中提出“ 导入第三方评价制度并积极进行条件准备”。可以说，这个提案是为日本大学建立多元评价体系构想的具体实践。2004 年 4 月，第三方评估正式开始实施，并向所有大学开放。2005 年 1 月，根据《学校教育法》的规定，实施第三方评估的认证评估机构必须经过文化部批准才能获得实施评估资格。其中有两个已获得认证并已实施评估的认证评估机构：一个是 2000 年 4 月成立的大学评估学位授予组织，是一个由政府资助的独立运作的国家评估机构；另一个是大学基准协会，它成立于 1947 年，是由大学自主运营的民间

---

① 李洪英. 法国、日本、荷兰高等教育投资绩效评价制度的启示 [D]. 沈阳：东北大学，2010.

② IEA. International Civic and Citizenship Education Study：Assessment Framework [EB/OL]. (2008-12-26) [2019-07-11]. http：//iccs. acer. edu. au/index. php? page=framework.

评价机构。① 截至 2010 年年底，大学基准协会是评估大学最多的认证评估机构，已对 324 所四年制大学进行了认证评估。② 从经验上看，高等教育评估体系的发展与其质量保证体系的演变密切相关。日本建立了一个复杂而全面的质量保障体系，形式多样，主体多元，利用政府评估、大学自我评估和第三方评估来保证教学质量和水平，从而有利于促进高校更好地发展。

4.6.2　日本高校绩效评价的特征分析

1. 具有法律保障，社会监督

日本高等教育评估的法律法规相对比较健全，为多元化评估体系的顺利运行提供了法律保障。③ 例如日本高校绩效评价发展概述中提及的《大学设置基准》《构建大学质量保障新体系》《科学技术基本计划》以及《学校教育法》等均指出了现行评估体系的建立运行方向。高校可以向社会公开高校绩效评估结果与评估后的整改情况，这样一来，不仅能够借助社会力量对高校绩效评估过程进行监督，也能够通过社会舆论压力促使高校积极开展内部治理活动，提高评价活动的效果，也保障了评估过程的公平性和公开性。

2. 综合评价，使其评价更加客观

日本高等教育绩效评估体系具有内部评估和外部评估两部分，这两种评估并存，并以学校内部评估为主，以外部评估为辅。从评估主体的角度看，单一的自我评估可能导致评估结果缺乏科学性和公正性，观念陈旧或缺乏专业指导会导致评价结果的参考价值丧失。因此，有必要在高校自我评估的基础上引入第三方评估机构，通过第三方独立的评估机构来协助高校从外部进行绩效评估。第三方评估机构要能够独立于高校之外对日本各高校的办学质量、科研水平、教师发展等各方面进行全面的评估。日本高等教育绩效评估体系的另一特点是能够综合被评估者的需求来进行评估，从而使其更加客观和科学。

3. 具有政府、社会共同构建的高等教育质量评估体系

日本高等教育评估活动是由政府和社会共同建立的第三方评估机构进行的。第三方评估机构能够更客观地、更科学地对高等院校进行绩效评价，消除现有的复杂因素，并具有明确的评估目的。当然，第三方组织也需要各方的共

---

① 张爱. 日本大学第三者评价的运行机制 [J]. 比较教育研究，2006 (4)：70-74.

② 日本大学基准协会. 2004—2010 年认证评估结果报 [EB/OL]. (2011-08-25) [2019-07-11]. http：//www. juaa. or. jp/list/university/items/index. html.

③ 顾晟. 日本高等教育多元化评估体系的现状、特点与启示 [J]. 高教学刊，2018 (19)：1-3.

同支持、建设和改进。将第三方评估体系引入日本国立大学的法人化改革中，允许校外人员参与这项运作，对学校起到了良好的监督作用，从而加强了外部监督的作用，以确保高校绩效评价的公正性。进行外部评估使高校的评估结果更加公平、公正、公开和透明，并且第三方评估机构的评估结果也将由独立行政法人评估委员会评价，这种双重评估机制保障了高等教育质量评估体系的科学性和客观性。这对我国高校的绩效评价机构的建设将会起到很大的借鉴作用。

4.6.3 对我国高校绩效评价的启示

1. 建立外部监督机构，保证分类评价的客观性

日本主要是通过第三方评估机构来评估高等教育的绩效，而我国高校的评价监督主要是在教育行政管理部门下进行，没有有效的外部监督和制约机制来确保评价结果的公正性。相比之下，日本第三方评估机构是一个完整的组织机构，而我国第三方评估机构的建设还没有形成一个完整的体系，这不可避免地会导致评估结果的不准确性和不客观性，影响高等教育机构的工作效率和对评估结果的专业判断。因此，我国有必要建立外部绩效评估机构使更多的高等院校可以提高教育资源的使用率，从而提高教学效率和教学水平。为了避免“自我解决”的现象，避免教育资源短缺与浪费，高等教育绩效评价机构的建立必须独立于教育部与大学。随着我国高等教育的普及，高校的数量不断上升。从逻辑上讲，为了有效地引导数量众多高校有序发展，就必须进行分类管理，而分类管理的前提是首先对高校进行分类，然后进行分类评价，以确保评价结果的客观性和公平性。

2. 加强高校内部评价制度建设，实现高等教育评价多元化

日本《大学设置基准》规定：通过修改大学设置标准要求国立大学进行自我评估，学校必须建立适当的检查评估体系。因此，日本高校的自我评估是一种旨在提高其自身质量和水平的评估模式，高校在评价中发挥着主导和积极的作用。然而，我国高校在评估中仍处于消极和被动接受的状态，对绩效评价结果体现的问题不能很好地解决。但如果国家给予高等院校更大的自主权，使其能够参与到第三方机构评估中，将会提高教育资源的使用效率，极大地提升高校的行动意识。我国政府应扩大高校办学自主权，强调自我评估的重要性，建立自我评估的长效机制。① 此外，在充分考虑国情差异的基本条件下，也可以借鉴国际中引入高校内部评价的经验，构建一个由官方评价、自我评价以及

①梁睿思齐，郝云忱．比较视野下中日高等教育评估制度研究［J］．煤炭高等教育，2016，34（3）：23-26.

第三方评价相结合的多元化评价体系，使我国的高校绩效评价体系更公正化，增强高校的教学效果和学生学习效果。

3. 建立完善且具体的评价标准，通过立法加强监督机制

第三方评价中最主要的问题是以什么标准进行评价。尽管我国的评估指标相对具体明确，但这些指标是政府与教育主管部门根据专家意见编制的。[①] 我国高校可以借鉴日本第三方评价机构制定的评价基准，设定选择性评价基准，即根据学校的不同类型与特点来建立一级评估基准和特定基准项目。目前，我国教育评价类型仍然是由政府为主导，即教育主管部门在评估过程中既是评价主导者又是实施者。所以更需要第三方评价机构评价人员、参评学校人员及评估专家来参与，还可以通过增强他们的责任感与使命感，充分发挥第三方评价的作用，严格遵守评估规则和监管程序以及正确规范高校评估行为。相比之下，日本高等教育评估的法律法规比较健全，因而保障了多元化评估体系的顺利运行。目前，我国只有少数零星的评估法规条款。例如《教育法》《高等教育法》，但其中对高校绩效评估缺乏具体规定。除了《高等教育法》中有原则性规定外，我国只有《暂行规定》制定了关于高校中的专门性部门进行评估的规章，其法律效力水平较低，并且由于制定时间较早，无法适应近些年我国高等教育的快速发展，《暂行规定》中许多规范已经过时。[②] 因此，加强高等教育评估法制建设已成为当务之急，我国必须要加强高等教育评价法律法规建设。

---

① 王宁，郄海霞. 日本短期大学第三方评价的经验与启示——以日本高等教育评价机构为例［J］. 中国职业技术教育，2016（24）：75-82.

② 王红，李志宏. 日本大学评估制度及对我们的启示［J］. 中国高等教育，2006（10）：61-63.

第5章

分类发展视阈下高校绩效评价的优化策略

《纲要》明确提出，要将竞争机制引入高校，在高校范围内开展绩效评价，实行动态管理。① 高校绩效评价的内在目的是促进高校资源配置的优化，引导高校关注绩效，重视一定投入条件下的产出成果。在分类视阈下，用哪些维度去衡量不同类型高校的绩效？从哪些方面强化分类管理？这些问题值得高等教育理论界和实践人士去深入探寻。另外，从学校的类别、学科的发展态势以及高校的投入与产出等角度出发，政府应对高校进行区别性客观判断，形成能够监督目标达成情况和指导拨款方向的新机制。这些要求都对分类视阈下高校绩效理解和绩效分类管理政策策略提出了新的命题。从某种意义上讲，分类发展视阈下的高校绩效评价有助于实现有限教育资源的合理配置。对高校进行分类评价，可以为教育主管部门和财政部门提供较为真实的高校办学信息，为决策教育资源的合理配置提供参谋；实现分类发展视阈下的高校绩效，促进高校内涵式发展。将强化效益融入高校分类绩效评价，促使高校在对现有资源充分利用的基础之上，避免低水平重复投入。"引导高校把控现有资源，深度剖析自身特点，准确定位，办有特色、高水平的高校。"② 分类发展、科学评价高校绩效有利于高校内部各组织科学、合理、系统地进行目标管理，更为真实地获取高校内部各组织单位的绩效，通过核查各组织部门绩效的情况，能够明确校内岗位目标并实现责任管理，保证学校组织目标及远景的有效实现；还能够释放不同类别、不同层级高校之间的办学活力、形成良性竞争。一方面，政府及有关部门对高校绩效评价进行审查并通过公布最终的评价结果，能够帮助高校不断地完善绩效体系并激发绩效热情；另一方面，政府牵头打造高校绩效

① 王国平，项怡. 价值管理在高校绩效评价中的应用研究——以江苏省属本科理工类院校为例[J]. 黑龙江高教研究，2018，36（7）：88-92.

② 袁振国，张男星，孙继红. 2012年高校绩效评价研究报告［J］. 教育研究，2013，34（10）：55-64.

评价体系信息共享平台，实现高校之间信息对接，形成高校开放办学的局面，进而促进区域内高校同步快速成长。

5.1　绩效评价目标的优化

5.1.1　价值导向：诠释分类发展视阈下高校绩效评价的理念

“绩效评价取向”实际上是绩效评价的价值取向是价值取向在绩效评价方面的表现。价值取向是指人们在一定场合以一定方式采取一定行动的一种价值倾向。① 价值取向因主体的不同而有所区别。价值取向是一定主体基于自己的价值观在面对或处理各种矛盾、冲突、关系时所持的基本价值立场、价值态度以及所表现出来的基本价值倾向。② “价值取向是绩效评价的灵魂，通过绩效评价传递组织的期望和内隐价值观，稳定和变革绩效评价体系，引导和调整绩效评价行为对于组织具有重要作用，明确、合理的评价价值取向至关重要。”③ 高等教育具有高度的价值属性，其活动都是基于一定的价值选择而展开的。高等教育作为一种社会公共产品，基于利益相关者和对社会负责等视角，高校很有必要以自身的绩效状况来回应利益相关者的诉求与问询。基于分类发展视阈下的高校绩效评价，应体现出不同类型和不同层次高校的使命、责任和价值意义。高校绩效内涵的本质在于满足政府、社会企事业单位、家长及学生等利益相关价值主体的需要和诉求。此外，高校也是一个具有自身独特性的价值主体，需要坚守学术研究、人才培养、社会服务的使命：既坚守学术自由，又要在与社会保持一定距离的基础上引领和批判社会。因此，分类发展视阈下的高校绩效评价应基于自身学术研究，以人才培养和履行社会责任为己任来实现自身价值，产出的质量、数量和投入必须与各利益相关者的期望和满意度呈正相关。

分类发展视阈下的高校绩效评价，以寻找提升价值有效路径作为工作开展的基本导向。“高校办学过程的实质就是输入与输出的关系，具体指资源成本的输入和功能效益的输出，只有投入一定的人力、物力和财力等资源，才可能

① 袁贵仁. 价值学引论［M］. 北京：北京师范大学出版社，1992.

② 徐贵权. 论价值取向［J］. 南京师大学报（社会科学版），1998（4）：40-45.

③ 姜农娟，刘娜. 高校绩效评价取向对科研人才创新行为的影响［J］. 科技管理研究，2018，38（6）：118-123.

实现高效的办学目标，才可能实现人才培养、科学研究、社会服务和文化传承与创新的基本职能。"① 对高校的基本运作体系与投入之间关系进行探讨，分析高校运行的价值维度和状态，保证在高校运行过程中能够保持一种投入与产出相匹配并稳定的可持续发展状态。任何不符合价值标准的运行状态，比如偶然性的高效率或者低效率，都是不可持续并需要改进的。高校保持健康持续发展建立在以价值为导向的办学目标的基础之上。因此，高校绩效评价应坚持具体问题具体分析的原则，着重考虑高校实际发展态势，高度尊重高校自主选择的自身发展的价值追求。②

需要强调的是，高等教育活动纷繁复杂，隐性投入在高校中较为突出。依据环境因素可分为高校内部环境因素和高校外部环境因素；依据涉及的主体不同可分为高校分内之事和高校职外之事。分类发展视阈下的高校绩效评价应该做到既注重显性劳动投入的同时又注重隐性投入。假如在评价过程中仅仅注重显性劳动即职责、任务相关的显性投入，隐性的或者无关的投入被忽略不计，将会导致绩效评价的成果被简单量化。久而久之，强烈的目的性和功利性将使得高校各部门一味追求绩效、追求成绩，而忽视了高校培养人才、传递知识、立德树人的本质。因此，分类发展视阈下的高校绩效评价在注重显性劳动带来的任务绩效的同时，也要关注隐性劳动带来的关系绩效，二者缺一不可，共同纳入评价范畴才能保证高校绩效评价的科学性，保证高校正确的发展态势。

5.1.2 问题导向：厘清分类发展视阈下高校绩效评价的问题

高校绩效评价工作的开展和实施不能混为一谈，将问题意识牢固树立在高校运行的各个环节，既要注重问题的整体性，又不能忽视其特殊性，尤其是重点部门的重点推进。

高校绩效所折射出来的表象是纷繁复杂的。分类发展视阈下的高校绩效评价目的在于拨开"云深不知处"的"云"，要透过绩效评价的表象看见其本质，厘清现象与本质之间的联系与矛盾，从而获得真正能反映高校绩效评价本质的指标，而不是简单地通过可观测的表象推断事物的本质。在教育领域中，现象和本质之间不是一一对应的关系。例如高校毕业生的初职社会经济地位和初职起薪可能与就业地缘因素关联性更高，这些并不能作为反映高校教育质量

① 王国平，项怡. 价值管理在高校绩效评价中的应用研究——以江苏省属本科理工类院校为例［J］. 黑龙江高教研究，2018，36（7）：88-92.

② 白宗颖. 以高校绩效管理推进高等教育治理现代化［J］. 现代教育管理，2019（7）：42-48.

的衡量指标；比如一次考试的成绩也不能如实、全面地反映出一个学生的综合能力，更不能说明教师教学水平的强弱。所以，分类发展视阈下高校绩效评价是基于“问题导向”的过程性评价，高校绩效评价指标的确立既要考虑到高校绩效考核的层次性和复杂性，又要充分考虑到绩效的内在特质。透过现象看本质，保证绩效评价具有代表性和科学性。

1. 突破以点带面的评价标准

分类发展视阈下的高校绩效评价与传统的以点带面的评价标准不同，该评价是以过程为导向。很多高校都是在每一学年结束时，集中针对全年的各项工作进行绩效考核。考核的过程一部分来源于管理者的单向判断，一部分是同行评价，这种以点带面的评价很容易成为走过场的形式，这既不能很好地激起教职员工的工作情绪，又无法提升学校教育教学等各项工作的质量。

2. 明晰绩效考核与绩效管理的初心

很多高校在进行绩效评价的时候认为绩效考核等同于绩效管理，但事实上绩效考核是隶属于绩效管理的，绩效考核是指高校对过去一段时间各项工作情况的一个反映，而绩效管理则是一种基于动态变化的视角，将高校发展的过去、现在及未来统一起来，既有考核，更有描述、解释、分析和预测；既要发现问题，更侧重解决问题，是一种全方位的科学管理系统。在分类发展视阈下需要明晰绩效考核和绩效管理的关系、职责和功能，这将有利于促进高校办学质量的提升。

3. 厘清高校绩效考核的定位

各高校对于绩效考核的理解有所不同，部分高校凭绩效考核的反馈结果作为各类绩效奖励发放的依据；另有高校从自身未来发展考虑，自主建立联动有效的评价体系，以维护整个高校的运作；但仍然存在部分高校对绩效考核缺乏深刻的理解，负于制度的压力而被动接受，为考核而考核，为评价而评价，有失偏颇的高校绩效考核结果无法为绩效评价提供客观的、有价值的参考，这也会降低考核结果的最终可信程度。高校重视考核的意义在于提升高校工作效率，推动高校各项工作朝着良好方向发展。

4. 强调绩效评价的反馈与沟通

分类发展视阈下的高校绩效评价强调在绩效考核的过程中要时常做到反馈与沟通。在绩效考核的过程中明晰判断、明确不足，进行有针对性的沟通与交流，摈弃以往流于形式的考核，更好地促进和改善来年的高校各项工作绩效。

5.1.3　诊断导向：完善分类发展视阈下高校绩效评价的结果

在分类发展视阈下，评价结果往往代表了高校过去或者当前的水平，其特征为这种结果是在分析其功能和成本的基础上对高校当前的运行状态进行评判；在分类发展视阈下，这种具有诊断性质的评价结果能够对高校未来的发展态势做出合理的预判，同时诊断过程中发现的新问题也能够对不同类别、不同发展现状、不同绩效水平和运行状态的高校起到参考作用，帮助高校不断完善改进，从而达到一种可持续发展的“好”状态，或者改变原来的“差”状态。

分类发展视阈下的高校绩效评价，首先可按照表现形式的不同将高校绩效划分为两类：一类是确定性绩效，另一类是不确定性绩效。确定性绩效是指确定的、外显的、能够直接观测的绩效，能够通过表象性指标进行直接测量，并能够通过高校成果的多少以及质量的高低来反映高校的产出，从而诊断出高校目前所处的实际运行情况；而不确定性绩效是高校中不能被外在直接观察到的绩效，也可以是高校基于一定目的开展的各类教育教学活动，得到预期结果的同时也有可能出现超出预期的结果。不确定性绩效难以量化，如声誉就是一种不确定性的绩效，具有附加性的特征。分类发展视阈下的高校绩效评价是对确定性绩效和不确定性绩效的综合考量。

另外，按照绩效持续时间的不同，高校绩效评价呈现出三种类型：短期绩效、中期绩效和长期绩效。短期绩效是指在很短的时间内就体现出的绩效；中期绩效是在某一特定时间内确定发挥作用而表现出的绩效；长期绩效是指高校在较长一段时间中，能够产生深远影响的绩效。因为教育活动具有显著的滞后性特征，“十年树木，百年树人”，所以更多的高校绩效需要经历一段时间之后才会表现出来。如果仅仅以目前能够测量出的表现性结果作为评价对象，那么在很大程度上不能保证高校绩效的全面性和长久性，导致评价结果不具有说服力。因此，分类发展视阈下的高校绩效评价应更加侧重长期绩效，充分考虑绩效表现的长期性和滞后性问题。

分类发展视阈下的高校绩效评价，依据不同的维度对高校绩效评价的结果进行区分，并且在诊断导向下，能够尽可能地还原绩效评价结果。分类发展视阈下的高校绩效评价可以从绩效产生的逻辑起点出发，将高校绩效划分为投入绩效、过程绩效和产出绩效。就投入绩效而言，其侧重的是资源的实际投入与目标所规定的输入之间的比较；就过程绩效而言，其注重考量高校对资源的使用效率；而产出绩效的本质就是衡量利益相关者的需求是否能够通过高校的产出得以满足。通过前文分析美国、英国、德国、澳大利亚等国家对于高校绩效的利用可知，高校绩效评价的过程应遵循分类评价的原则、明确主体定位、更新评价成分、完善绩效监管机制；政府应主动“放权”让高校拥有更多自主权。同时高校绩效评价标准应提高社会贡献程度考核的占比，突出高校应承担的社会责任，促进评价结果的有效运用。

5.1.4　成果导向：提升分类发展视阈下高校绩效评价的成果

高校绩效评价的成果实际上是反映了高校通过绩效评价产生了什么样的影响。首先，由于高校第一职能是人才的培养，第二职能是科学研究，绩效成果应该考虑高校人才培养质量以及科学研究的开展情况。绩效评价作为引导高校人才合理流动的重要工具，其理性态度的恰当运用，在高校人才战略发展过程中呈现出紧迫性和必要性。① 对于人才培养质量，可从应届毕业生就业情况、往届毕业生发展情况来分析，同时应注意考量时间段充足地涵盖高校整个人才培养过程。科研成果可按照内容分为两大类，分别为基础理论型和应用研究型。此外，科研成果还可按影响因子高低以及登载刊物权威性进行评级，以便纵向统计和比较高校的科学研究质量。

其次，高校本身具有很强的社会性和公益性，因此成果导向涵盖社会服务以及促进国家和地方经济社会高质量发展等层面。高等学校作为社会子系统的重要成员同其他诸如政府、企业、第三方组织等系统相互联系、相互影响。高等学校利用自身的资源与优势，面向社会需求而开展的技术咨询、产品研发、管理咨询等活动，通常被称为高校社会服务。②高校绩效的目标优化以社会服务为其中一个落脚点，能够提升高校办学格局，积极融入社会发展潮流，利于人才培养发展更具针对性和目的性。高校是人类智慧结晶的主要产出地，保持与社会的紧密联系是高校更好地发挥对社会的引导和调节作用的前提。

5.2　绩效评价主体的优化

“评价是指在充分收集事实资料的基础上，评价主体对客体做出的价值判断，是对客体满足主体需要程度的判断。”③ 很明显，“评价”是由评价的主体和评价的客体两个部分组成的，但是在评价主体和评价客体的背后还包含另外两个部分，即价值主体和价值客体。价值客体和评价客体具有统一性，但是价值主体和评价主体则不一定具有统一性，在某些情况下两者可能完全一致，也有可能部分一致，甚至可能完全不一致。“绩效评价是指三级主体即学校、

---

① 李颜如. 完整理性下高校人才流动绩效评价［J］. 现代经济探讨，2019（9）：108-113.

② 麦均洪，王伊梦. 高校社会服务中道德失范与规制探析［J］. 高教探索，2019（9）：26-31.

③ 邢广陆. 组织协同战略在高职教师绩效评价中的应用研究［J］. 青岛职业技术学院学报，2018，31（6）：16-22.

学校主管部门和上级财政部门根据设定的绩效目标，运用科学、合理的绩效评价指标、评价标准和评价方法，对客体即预算资金的经济性、效率性和效益性进行客观、公正的评价。”① 因此，分类发展视阈下高校绩效评价主体的优化需要从责任主体、参与主体和管理主体三个方面展开。

5.2.1 责任主体：分类发展视阈下高校增强资源利用效率意识

高校自身应该加强资源利用效率和责任主体的意识，尽可能地将教育资源合理地进行分配和使用，做到利益最优化，开源节流，从源头抓起，减少资源的浪费，并多渠道获取资源。② 同时，在人才培养质量和科研水平方面下功夫，并注重社会服务能力的提升，提高高校总产出。高校的责任意识也应体现在高校的自我管理与内部控制上，比如在财务方面，高校要加强对专项资金的管理，建立一套完善的财务制度。经费管理的绩效也应计入整个高校的绩效考核之中，以此来保障高校资金的利用效率。另外，高校要坚持从自身实际出发，敢于自我革新，敢于自我检查，不断完善自身的管理体制，将高校管理与绩效评价相结合，为高校的长期发展提供管理上的保障。也只有这样，分类发展视阈下的高校绩效评价才会凸显成效。

1. 完善绩效预算的治理与监督

完善的预算治理结构是保证绩效管理预算实施有效的关键之处。当前，因缺乏健全的高校经费使用监督机制，导致部分高校中存在明显的办学经费浪费、教学绩效不高、基础工程建设过度等一系列问题，甚至滋生腐败问题。在分类发展视阈之下，高校作为绩效评价的责任主体需要建构相关的预算治理与监督机制保证绩效预算落实到位，提高资产的利用率，妥善解决相应问题，最终实现高校绩效管理整体提升。

2. 健全高校的经济责任制度

分类发展视阈下的高校绩效评价需要责任主体——高校健全自身的经济责任制度和奖惩制度，使得高校及高校内各组织部门真正落实绩效的考核与评价。事实上，监督的得力程度与高校预算管理呈正相关。要推行在分类发展视阈下的高校绩效评价体系，需要责任主体端正工作态度，加强工作作风建设，加强对绩效预算各个阶段的监管工作，同时完善责任主体制度和绩效考核制度，坚持奖罚分明的原则并对相关主体进行监督。

---

① 财政部预算司. 中央部门预算编制指南［M］. 北京：中国财政经济出版社，2016.

② 马璇璇. 我国高校办学绩效评价：基于教育部直属高校分析［D］. 合肥：合肥工业大学，2017.

3. 建设绩效预算管理机构

分类发展视阈下的高校绩效管理需要高校建设并优化预算管理机构，在完善预算机制的同时，应对高校的财务内部环境进行优化，建立相应的规章制度，加强对财务环节的监督。因此，高校可以配备专业的技术人员队伍，重置绩效管理机构。

5.2.2　参与主体：分类发展视阈下规约第三方机构评价行为

2017年出台的“双一流”建设办法明确提出：要建立以绩效为高校激励杠杆的制度，将第三方评价引入高校管理中，将评价结果作为政府对高校的动态支持和管控的重要参考因素，依据高校发展的进程和实际效益适当增加或者减少支持，从而不断调整支持力度。① 事实上，在第三方机构评价的行为中，其自身的价值标准也会受到多种因素的影响，因而综合建立的一套价值标准必须是预先设定好的价值标准。预先设定好的客观价值标准与高校自己的价值标准之间可以是一致的关系，也可以是相分离的关系，这也是第三方评价存在的基础。评价客体（高校）的价值标准往往是贴合于评价标准自身发展的，但是也有可能存在对外部的环境关注度不足的缺点；预先设定的标准可能没有评价客体对自身发展规律的深刻了解，所以在分类发展视阈下规约参与主体——第三方机构的评价行为就显得尤为重要。

第三方评价机构运用分类的绩效指标对高校绩效进行衡量分类管理时，要依据政府的政策来执行，同时给予高校高度的自主选择权，并且接受社会的监督和参与。在管理过程中，政府可充当“领头羊”的作用，形成政府主导、各个社会组织积极参与的局面，实现高校分类评价的主体多元化。其中专业机构可采用系统、科学的方法先对高校的投入、过程、产出和办学特色等方面进行估算与衡量，遴选出有代表性的绩效评价指标，同时允许其他高校对部分绩效指标提出修改意见。高校要基于自身的类型及特色、人才培养的方向与学科发展的重点，提出自身对于评价标准的诉求。第三方在听取评价主体的建议后，双方在评价的目标上达成共识，再来进行绩效评价，这对于第三方的评价来说，更贴近评价主体的真实诉求，对于高校而言，有利于长远战略规划的制订，促进高校可持续发展。

---

① 教育部，财政部，国家发展改革委. 关于印发《统筹推进世界一流大学和一流学科建设实施办法（暂行）》的通知［EB/OL］.（2017-01-25）. http：//www.moe.gov.cn/srcsite/A22/moe_843/201701/t20170125_295701.html.

5.2.3 管理主体：分类发展视阈下提升政府财政投入绩效

目前政府主要根据高等院校的办学规模、在校学生人数以及教职工人数，对高校财政性拨款采取“生均定额+专项资金”的方式。“生均定额”是经费的主管部门结合高校的在校生人数，并依据不同区域、层次、专业的学生培养成本来确定的拨款方式；“专项资金”是对“生均定额”方式的补充，是经费主管部门下拨的专门项目资金，具有指向性用途，其用途涉及科学研究、教育教学改革、学科专业设置、学生资助、师资队伍建设、基础设施建设等多个方面。①

与中央部属高校相比，地方高校所得到的财政经费投入不足，生均拨款水平有待提升。同时，现行的财政拨款机制并没有体现出所处不同区域、不同类型、层次高校的办学差异性，这使得高校办学的实际需求与拨款数额契合度不高，影响高校内涵式发展的方向。如何通过财政拨款的形式来引导不同类型的高校进行教育教学活动、吸引区域重点产业发展所需的相关人才流入、高校的专业设置与区域产业发展对口等问题都是政府财政拨款管理水平的重点。“绩效”是公共财政预算改革的核心和方向，分类发展视阈下的绩效管理理念要求政府在向高校进行财政资金拨付时必须满足“绩效”的要求，建立起一套完善的绩效考评机制，这不仅有利于增强地方高校的积极性，也有利于实现财政经费的价值最大化、分配最优化，推动整个高校体系共同发展。在分类发展视阈下，政府重视绩效评价体系和财政拨款效益的激励机制，具体表现在利用财政拨款对高校办学实现监督和引导的作用，以此实现财政经费分配的价值最大化。②

1. 制定科学的生均拨款标准

分类发展视阈下的高校绩效评价会在综合考虑多种影响因素的前提下，依据各类型、各层次高校的实际绩效，以奖优鼓励的原则，差异化制定科学的生均拨款标准。政府在制定地方高校生均拨款标准的时候，需要坚持公平、公正、公开的原则，同时充分考量学校之间存在的区域差异、学校的类型差异、层次差异，将培养质量、学科建设、专业层次、办学条件等多种因素纳入高校财政拨款的范畴。

2. 引导高校内涵式发展

分类发展视阈下的高校绩效评价要求政府牵头，政府通过财政拨款方式

①② 冉爽. 基于绩效导向的地方高校财政拨款机制研究［J］. 现代商贸工业，2019，40（24）：109-111.

引导高校走内涵式发展道路，指导高校遵循资源利用最大化原则，把提高资金的使用效率落到实处。充分利用教育财政经费在资金中的利用率、高校资源优化配置、提升人才培养质量等方面产生的积极作用，发挥财政分配的政策引导作用。

3. 引导高校服务区域经济发展

分类发展视阈下的高校绩效评价要求政府在为高校解决专业建设资金不充裕问题的同时，引导高校的发展契合区域经济发展需求、符合省级经济发展规划，学科专业建设契合省（地方）支柱产业及新兴产业，提升自身人才培养质量，尽可能地实现人才培养规模、质量同区域内产业发展对人才的需求相吻合，提高高校毕业生服务地方企业比例。

4. 完善财政绩效拨款机制，强化评价结果

分类发展视阈下的高校绩效评价是以高校对政府拨款使用情况的绩效为导向的，同时重视评价结果带来的反馈作用。而政府对高校的财政投入更加注重“产出”结果的考量，逐渐向着“产出导向”的方向转变，而非仅仅关注投入。分类发展视阈下的高校绩效评价即是对高校经费如何合理且高效使用的一种呼应。分类发展视阈下的高校绩效评价会结合政府对高校教育财政拨付现有的管理办法，对绩效评价的参与主体、评价目的、实施流程以及完整的评价体系进行分类考量。另外，还应明确绩效评价结果与绩效拨款数额之间采用的算法；由于在分类发展视阈下的高校评估专业的评估机构是参与主体，关于评估机构的组建主体应具有多样性，比如由各类高校、相关主管部门和其他利益相关者共同组成的绩效评估组，能够针对评价对象的特点制订相应的评价方案，建立合适的评价模型，保证评价工作顺利进行并最终得到评价结果。政府会参考评价结果，把高校最终的评价结果和第二年的财政拨款相衔接。分类发展视阈下的高校绩效评价将实现有效资源分配的优化，并进一步提升高校的办学水平。

5.3　绩效评价方法的优化

高校绩效评价方法主要包括以下几种：①普通多指标综合评价方法：指通过建立指标体系对其设定权重并进行加权平均，最终计算得出每所大学的最后得分。目前大学排名系统多采用此方法。[①] ②数据包络分析方法（Data Envelopment Analysis，DEA）是一种非参数评价方法，通过构建生产前沿面对

① 马璇璇. 我国高校办学绩效评价：基于教育部直属高校分析［D］. 合肥：合肥工业大学，2017.

决策单元进行评价，比较其偏离前沿面的程度，以此判断评价是否有效。① ③平衡计分卡（Balanced Score Card，BSC）：是由哈佛商学院的 Robert Kaplan 和 David Norton 在“未来组织绩效衡量方法”研究中形成的一种绩效评价体系。② ④主成分分析法（Principal Component Analysis，PCA）：指通过将多指标化为几个不相关的综合指标的一种多元统计方法，通常用作多指标综合评价与排序。③

5.3.1 提升精度：分类发展视阈下高校绩效的多阶段 DEA 评价

1978 年，曾被提名为诺贝尔经济学奖候选人的美国著名运筹学家 A. Charness 与其他学者首次提出了 DEA 方法，用以评价多投入、多产出的决策单元（Decision Making Units，DMUs）间相对效率。④ 1988 年魏权龄教授出版了国内关于 DEA 的首本专著，促进了国内 DEA 评价的研究与发展。⑤ 一般而言，DEA 被定义为通过数学规划（包括线性规划、多目标规划、随机规划、具有锥结构的广义最优化等）建立模型，评价具有相同类型的部门或单位（DMU）的多项输入和输出的相对有效性（DEA 有效）的综合评价与数据挖掘方法。DEA 已逐渐成为经济管理科学、决策分析和技术评价等领域重要的分析工具和研究手段。

DEA 方法的基本思想是通过观察到的 n 个 DMU 的 m 项输入和 s 项输出数据，由公理假设建立相应的生产可能集，判断 DMU 是否位于输入、输出数据所构造的生产可能集的“生产前沿面”（理论生产函数所描述的生产可能性边界）上，以确定该 DMU 是否 DEA 有效。⑥（见图 5.1 和图 5.2）

DEA 方法主要根据 DMU 与生产前沿面的几何关系来判断 DMU 的相对有效性，其数理原理直观明了，较传统的效率评价方法提供了更多有价值的管理与决策信息。在具体的应用过程中，DEA 的基本原理又包含三部分内涵：一是 DEA 有效/无效的分析。在（弱）生产前沿面上的 DMU 被评价为（弱）DEA 有效，反之则被评价为非（弱）EDA 有效；二是非 DEA 有效的投影分

---

① 姜彤彤，武德昆. 高等学校绩效评价方法研究综述［J］. 江苏高教，2011（6）：50-52，55.

② 马璇璇. 我国高校办学绩效评价：基于教育部直属高校分析［D］. 合肥：合肥工业大学，2017.

③ 刘茂梅. 我国高等学校绩效评价模式研究［D］. 长沙：湖南大学，2017.

④ CHARNES A，COOPER W W，RHODES E. Measuring the efficiency of decision making units［J］. Euro J OperRes，1978，2（6）：429-444.

⑤ 魏权龄. 评价相对有效性的 DEA 方法［M］. 北京：中国人民大学出版社，1988，4-5.

⑥ 孙振球，王乐三. 综合评价方法及其医学应用［M］. 北京：人民卫生出版社，2014：117-119，122-123，126.

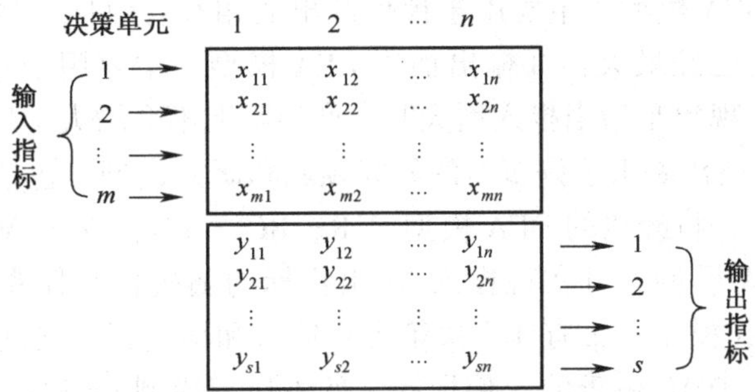

图 5.1　多个 DMU 输入-输出关系示意图

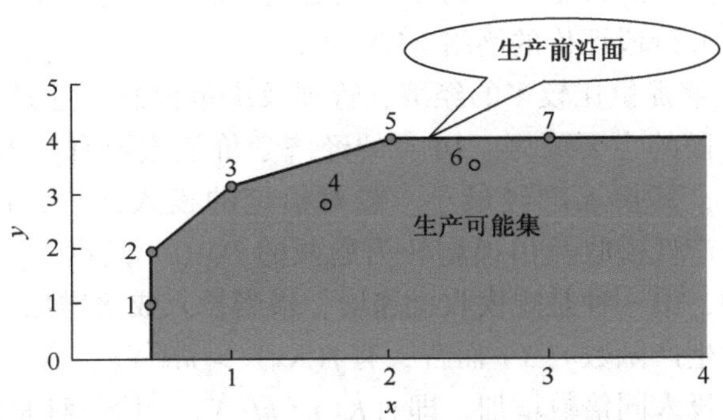

图 5.2　多个 DMU 的生产可能集（BC^2 模型）

析。针对非 DEA 有效的 DMU，DEA 方法可以求出其在生产前沿面上的“投影”值。不同 DEA 模型的 DMU 在生产前沿面上的投影有所不同，在输入 DEA 模型中，首先强调的是输入的减少，而在输出 DEA 模型中，首先强调的是输出的增加。DMU 在生产前沿面上的投影有两个重要意义：一个是为非 DEA 有效 DMU 生产活动的改进提供信息（比如在投入不变的情况下，产出可以增加的量）；另一个是通过对 DMU 在生产前沿面上的投影进行规模收益分析（可以评估那些不处于生产前沿面上的 DMU 的规模收益状态）。三是动态效率分析。通过 Malmquist 指数模型可以对连续观测的不同时期生产率的变化进行纵向动态分析。①

常用的 DEA 模型按研究目的或导向不同，又可以分为三类：①输入 DEA 模型，主要用于评价投入的相对有效性，强调在给定的产出时，投入是否已经

① 方锐，苏锦河，胡镜清，等. 数据包络分析方法及其在医学研究建模中的应用［J］. 中国中西医结合杂志，2018（9）：1130-1136.

最小；②输出 DEA 模型，主要用于评价产出的相对有效性，强调在给定的投入时，产出是否已经最大；③输出加法 DEA 模型，主要用于评价弱“拥挤”现象（“拥挤”现象是指当投入增大时，产出不但不会增大，反而会减少的生产现象）。DEA 还拓展出了许多新的研究领域和研究模型，包括引进 4 个取值为 0 和 1 的参数，将经典的 DEA 模型 C^2R、BC^2、FG、ST 及 WY 统一为一个模型的综合 DEA 模型；可实现投入/产出指标的随机化与模糊化处理的随机 DEA 和模糊 DEA 模型；带有体现决策者对输入和输出指标之间重要性的“偏好锥”与体现对 DMU 侧重的“偏袒锥”的锥比率模型 C^2WH；确定最优化问题中的某些参数，使得某个可行解为该最优化问题的最优解的逆 DEA 模型；以及考虑从最初投入到最终产出的多阶段之间的联结关系（网络结构），使用各阶段数据进行分阶段评价的网络 DEA 模型等。①

DEA 方法能够提供比较多的经济、管理及决策信息，这是 DEA 模型作为效益评价重要手段的主要原因。DEA 的经济学价值主要有：①技术有效，对给定的产出而言，其投入已经最小，或对给定的投入而言，产出达到最大。②规模有效，生产规模收益由递增转为递减的 DMU，其投入—产出的关系基本可以分为三种，第一种是规模收益递增，指当投入成倍增加，产出以更大的倍数增长，即对生产函数 $f(X)$ 而言，有 $f(Kx) > kf(X)$；第二种是规模收益不变，指产出与投入同倍数增加，即 $f(Kx) = kf(X)$；第三种是规模收益递减，指当投入成倍增长，但产出增加的倍数较投入增加的倍数要小，即 $f(Kx) < kf(X)$。③DEA（NEW）模型与“拥挤”现象，DEA（Output-New）模型是为了研究生产规模拥挤现象的一种新 DEA 模型，其生产可能集需满足平凡公理、凸性公理、产出无效公理和最小性公理。②

数据包络分析正是可以对多项输入、多项输出的决策单元进行综合效率评价的方法。在运用 DEA 建模过程中，投入指标、产出指标及 DMU 是关键的三要素。对于投入/产出指标的遴选，可以通过对原始指标进行因子分析或聚类分析，找出具有实际意义及代表性的指标作为 DEA 模型的投入/产出指标。③DEA 方法在处理多投入、多产出的有效性评价方面具有绝对优势。该方法有两个优点：一是不需要确定具体的生产函数形式，该方法与大部分参数方法区

---

① 魏权龄. 评价相对有效性的数据包络分析模型——DEA 和网络 DEA［M］. 北京：中国人民大学出版社，2012：2-6，45，333-335.

② 孙振球，王乐三. 综合评价方法及其医学应用［M］. 北京：人民卫生出版社，2014：117-119，122-123，126.

③ 智冬晓. 指标相关性对 DEA 评价效用的影响［J］. 统计教育，2009（6）：40-44.

分开来，不估计有效前沿面，而是利用已观测数据来计算前沿面，保证了方法客观性；二是不需要指定每个指标权重，允许每个评价单位选择对其最有利的权重，一定程度上保证了方法公平性。① 因此 DEA 在高校绩效评价中被广泛应用。DEA 方法近年来在反映系统运作过程中与现实的相符性大大提高，测算精确度相应提升，因此越来越得到学者的青睐。

DEA 方法作为一种前沿的非参数效率分析方法，将经济、管理和数学的原理与方法相结合，是处理具有多个投入、产出的 DMU 间的相对有效性排序、决策和评价问题的有力工具。DEA 方法与模型在教育研究建模中的应用正是随着 DEA 理论、方法及模型的日趋成熟而发展的，DEA 无论是作为一个运筹管理学模型，还是一种综合效率评价方法，其应用领域经历了从最初的国民经济生产部门的相对有效性评价（资源配置效率的评价、技术进步的评价及企业绩效评价等）到近年来逐渐被运用至高等教育绩效评价的过程。将高校的办学过程看成一个系统内部的运作过程，由于高校在实际运作过程中，教学、科研、人才培养、社会服务等各阶段的开展过程之间密切相关，在资源投入方面很难明确划分阶段以及各自阶段的投入量，在测算精度上还需进一步提升。使用多阶段 DEA 方法不仅可以更精确地测算出高校办学效率，而且可以有侧重地测算出最优教学阶段或科研阶段的运作效率，从而真实、全面地反映高校办学过程中存在的问题，并给出对策建议，促进高校办学效率的提高。②

5.3.2　增加深度：分类发展视阈下高校绩效的 PCA 评价

主成分分析也称主分量分析，主要通过降低维度的方法，把多个指标合成少数几个相互无关的综合指标（主成分），其中每个主成分都能够反映原始变量中互不重复的绝大部分信息。这种方法在引进多方变量时，能够将多个复杂因素归结为几个主成分，不仅使问题简单化，而且能够得到更加科学有效的数据信息。PCA 的基本思想就是设法将原来众多具有相关性的指标重新组合成一组新的相互无关的综合指标来代替原来指标，同时根据需要从中选取几个较少的综合指标尽可能多地反映原来指标的信息。③ 主成分分析方法的检验框架如图 5.3 所示，通过这个检验框架，检验主成分分析方法在高校绩效评价中的选择适切性。

---

① 荣耀华，程维虎. 基于数据包络分析方法的上市银行盈利效率研究［J］. 数理统计与管理，2017（6）：1069-1079.

② 马璇璇. 我国高校办学绩效评价：基于教育部直属高校分析［D］. 合肥：合肥工业大学，2017.

③ 罗琪. 大数据背景下企业财务管理模式［J］. 中国农业会计，2019（8）：50-52.

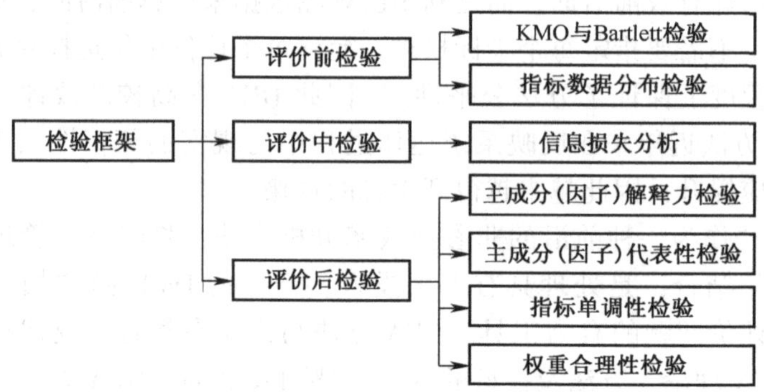

图 5.3 主成分分析方法的检验框架

根据评价过程，主成分分析方法可分为评价前检验、评价中检验与评价后检验三个部分。

1. 评价前检验

评价前检验包括主成分分析自带的 KMO 与 Bartlett 检验，还包括指标数据分布检验。KMO 检验与 Bartlett 检验是主成分分析的第一步，KMO 重点检验指标之间的相关度，以决定是否能够进行主成分分析。KMO 与评价指标之间呈正相关。主成分分析原理与指标数据分布设有 n 个评价对象，每个评价对象有 p 个指标；X_1，X_2，…，X_p 为标准化后的评价指标，评价矩阵为

$$\boldsymbol{X}=\begin{pmatrix} x_{11} & x_{12} & \cdots & x_{1p} \\ x_{21} & x_{22} & \cdots & x_{2p} \\ \vdots & \vdots & \vdots & \vdots \\ x_{n1} & x_{n2} & \cdots & x_{np} \end{pmatrix}=(X_1,\ X_2,\ \cdots,\ X_p) \tag{5.1}$$

用数据矩阵 $\boldsymbol{X}$ 的 p 个指标向量作线性组合：

$$\begin{cases} F_1=a_{11}X_1+a_{21}X_2+\cdots+a_{p1}X_p \\ F_2=a_{12}X_1+a_{22}X_2+\cdots+a_{p2}X_p \\ \vdots \\ F_p=a_{1p}X_1+a_{2p}X_2+\cdots+a_{pp}X_p \end{cases} \tag{5.2}$$

式（5.2）要求：

$$a_{1i}^2+a_{2i}^2+\cdots+a_{pi}^2=1 \tag{5.3}$$

并且系数 α_{ij} 具备以下特点：第一，F_i 与 F_j（$i\neq j$，i，$j=1$，2，…，p）不相关；第二，F_1 是 X_1，X_2，…，X_p 的一切线性组合中方差最大的，F_2 是与

F_1 不相关的 X_1，X_2，…，X_p 的一切线性组合中方差最大的，…，F_p 是与 F_1，F_2，…，F_{p-1} 都不相关的 X_1，X_2，…，X_p 的一切线性组合中方差最大的。

综合变量 F_1，F_2，…，F_p 也称原始变量的第一，第二，…，第 p 主成分，F_1的方差在总方差中占比最大，其余主成分 F_2，F_3，…，F_p的方差逐渐减小。在评价中往往挑选特征根大于 1 的少数几个主成分进行评价，同时达到降维的目的。根据主成分分析的原理，主成分分析不需要对评价指标数据的先验分布有任何假设。①

2. 评价中检验

评价中检验主要指主成分分析的实质是降维技术，降维技术导致信息损失进而影响评价结果。评估信息损失的大小并以此使得信息损失控制在可接受的范围内是十分重要的。"对于主成分分析而言，由于只选取有限的几个特征根大于 1 的主成分进行评价，信息损失不可避免。舍弃的主成分就是损失的信息，具体信息损失的程度可以用 1 减去累计方差贡献率来衡量。"②由于指标信息损失的存在，必然会影响评价结果的排序，这可能会得不到评价对象的认可。

3. 评价后检验

评价后检验包括主成分（因子）解释力检验、主成分（因子）代表性检验、指标单调性检验和权重合理性检验。主成分（因子）解释力检验检验每个主成分的含义是否明确。"主成分分析采用的原始指标矩阵，其解释力相对弱一些。"③对高校进行绩效评价来说是一个复杂烦琐的过程，因此为了减少工作量并且提高效率，通常采用有限的主成分评价方法。如果赋权时经济含义不明显，解释力不充分，会损害绩效评价结果。主成分（因子）代表性检验即检验每个主成分涉及相关指标数量的多少，以及是否具有代表性。Fabrigar 等人认为每个公共因子至少应包含 4 个或是更多的指标才能确保因子能被有效识别，但并没有给出严格的证明。④主成分涉及的指标太少，说明代表性不够。指标单调性检验通过相关性表现出来，即检验主成分分析和因子分析的评价结果与评价指标是否正相关。权重合理性检验通过合理性表现出来，就是指每个主成分涉及的指标权重之和是否合理，是否体现评价目的。俞立平等人提出

---

①②③ 俞立平，刘骏. 主成分分析与因子分析法适合科技评价吗？——以学术期刊评价为例［J］. 现代情报，2018，38（6）：73-79，137.

④ FABRIGAR L R，WEGENER D T，MACCALLUM R C，et al. Evaluatingthe use of exploratory factor analysis in psychological research［J］. Psychological methods，1999，4（3）：272-299.

模拟权重的概念，模拟权重是指将评价结果和评价指标分别作为因变量和自变量进行回归，将回归系数标准化后得出的结果。将每个主成分或公共因子涉及的指标模拟权重依次相加求和，就得到了主成分或公共因子的模拟权重，在此基础上再进行进一步的分析判断。①

综上所述，主成分分析方法的核心思想在于主成分，具体过程是通过一定的数学变换过程，把新变量转换成为原变量的线性组合，在其中选取少数主成分，即占总信息量比例较大的成分对原资料进行分析。对于高等学校的管理者来说，及时分析其自身的办学资源的使用状况并及时对自身的发展做出相应的规划和调整，加大或者减少对相关学科或专业的投入，发扬办学特色，走资源节约、特色鲜明的内涵式发展道路尤为重要。②

5.3.3 拓宽长度：分类发展视阈下高校绩效的BSC评价

平衡计分卡是由罗伯特·卡普兰（Robert Kaplan）和大卫·诺顿（David Norton）合作开发的一种绩效评价管理体系，平衡记分卡平衡组织的绩效考核与战略管理，平衡财务与非财务指标，平衡定性指标和定量指标。③平衡计分卡的指标体系源于组织的战略目标和竞争需要，是一种新型的组织战略管理体系。实际上，该方法的优势在于能够平衡多利益主体与多维评价视角，并且能够将战略目标转化为具有操作性的指标，因而能够较好地平衡和兼顾短长期平衡计分卡方法的引入目标、财务与非财务指标、外部和内部视阈等。④平衡计分卡在企业绩效管理中的应用已经相对成熟，内部审计绩效评价是我国国内对于平衡计分卡在绩效评价中的主要应用方面。⑤

在分类发展视阈下的平衡计分卡评价的可行性分析如下。

1. 契合组织发展战略

BSC能够从组织的长期发展切入，将组织发展战略与绩效评价相结合。为了契合组织发展的战略目标，BSC将战略目标进行分解，按照组织发展的顺序依次是确定战略目标、实现战略目标的维度、不同维度的目标、绩效评价与信息反馈，如图5.4所示。每一层战略目标联系加强，它们之间都具有显著的因

---

① 俞立平，刘骏. 主成分分析与因子分析法适合科技评价吗？--以学术期刊评价为例［J］. 现代情报，2018，38（6）：73-79，137.

② 刘茂梅. 我国高等学校绩效评价模式研究［D］. 长沙：湖南大学，2017.

③⑤ 鲁靖，嵇欣欣. 公共政策审计绩效评价体系构建——基于平衡计分卡［J］. 财会月刊，2018（12）：135-141.

④ 许评，城市公共交通财政补贴绩效评价体系构建——基于平衡计分卡（BSC）方法的应用［J］. 价格理论与实践，2017（1）：125-128.

果关系。因此在这种关系下，分类发展视阈下的高校绩效评价就与战略性目标产生了更紧密的联系，二者能更好地结合在一起，使得绩效评价更具有战略意义，对高校发展的指导更具长远性与规划性。

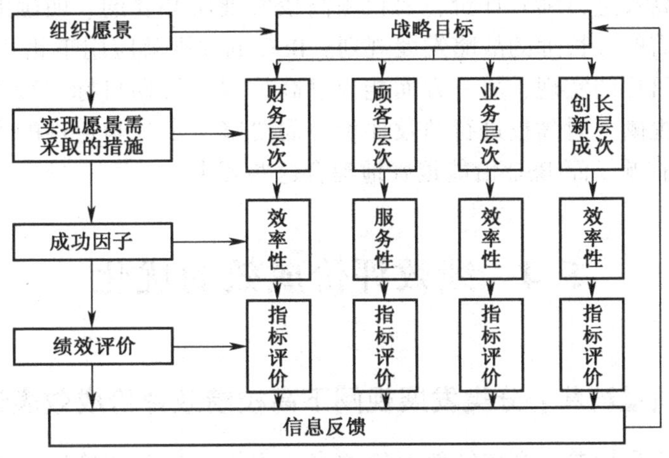

图 5.4　BSC 方法的战略

2. 吻合组织管理理论

BSC 最早被应用于企业管理。BSC 方法的战略图中可以看到，位于 BSC 最高层的是组织的战略目标，这也是利益相关者关注的重点，战略目标具有长久性，因此这也可视为高校发展的长期目标；位于 BSC 中间的是为了实现组织发展的战略目标高校所采取的具体措施；位于 BSC 最底层的是业绩考核指标，这是对高校中各部门的要求。因此，基于 BSC 制定的绩效评价指标，使得高校内部各组织与高校的发展战略目标相一致。在分类发展视阈下，采用 BSC 绩效管理功能时，需要科学、合理地设计绩效指标体系。

3. 适合绩效指标设计

任何组织通过努力发展所达到的长期总目标即是组织战略目标。在 BSC 绩效体系下，每个目标都被分解为不同的维度，在设计绩效指标的设计方面，既考虑传统的财务指标状况，也涉及非财务指标。特别是非财务指标，如学生毕业后对母校的认可程度等会影响高校的绩效评价结果，因而有必要着重考量并纳入绩效评价体系中。

BSC 在分类发展视阈下高校绩效评价的应用主要体现在综合分析高校所处外部环境和所有内部资源的基础上，以高校中长期发展规划与战略目标作为参考，将高校发展任务的绩效考核具体分为财务、学生、教育教学活动与学校发展状况四个部分，并且保证绩效指标能够在绩效评价的过程中得到动态的调整和优化；同时，用一系列的指标描述目标和实现程度，探寻影响这些指标的深层动因，[①] 有利于高校及其相关发展机构了解高校发展的成功关键因素，把握高校发展的战略重点，这对高校的长期可持续发展具有重要意义。在分类发展的视阈下对高校进行绩效评价，要权衡高校发展所必要的、明确的短期目标，以及更为必需的、长远的战略发展规划。BSC 的原则就应用于此，一方面能激励高校短期目标的实现，另一方面能促进高校根据长期目标进行发展。此外，在分类发展视阈下对高校进行绩效评价也需要坚持定量与定性的方法相结合，内部与外部兼顾，而 BSC 恰能很好地契合这些要求。

5.4 绩效评价成效的优化

5.4.1 质量群集：分类发展视阈下高校绩效评价成效表达

质量群集是指参与高校绩效评价的多元主体产生对评价质量的理解集合。不同的评价主体，由于个人经验的差异性，体现事物判断的结果很有可能完全不同，事物质量的评价认同度也难以实现统一。基于对质量的观念性理解形成反映质量的指标群集，将这些指标作为观察要素去聚集观看所要评价的高校并进行比较，属于演绎式的方法论应用。

5.4.2 错位研判：分类发展视阈下高校绩效评价成效呈现

所谓错位研判，是指为避免单一的投入所产生的边际效应，而采取多元、动态的投入，保证绩效评价的成效维持在高水平状态。绩效评价研究尽量避开边际效应这个问题，将绩效评价导引到高校投入、产出、绩效的关系结果及其分析上。采用“位差法”呈现绩效结果，将高校绩效放置在一种类别范畴内进行判断，以消解单位投入与单位产出比例关系中强烈的边际影响。“位差法”绩效归类可以引导高校去追求自身投入与自身产出的适应性范围比较，而不是绝对的数值比较。

1. 动态呈现

分类发展视阈下的高校绩效评价指标是动态发展的，并不是一成不变的。它会随着高校内外部因素的改变而改变：因高校所处的环境的变化而做出调整与改变、随着高校发展阶段的变更而变更，同时高校的自身的变革也会引起其

---

① 耿丽丽. BSC 在医院职能部门绩效考核中的应用［J］. 会计之友，2019（9）：97-99.

相应的变化。

2. 多元呈现

分类发展视阈下的高校绩效评价指标也应该是多元的，因为不同类型高校有所处环境差异、层级差异和类别差异。高校绩效评价指标不仅含有针对所有高校的共性指标，还会为各类别、各层级、各地区的高校设计出符合其发展阶段、适应其发展特点、突出其发展特色的指标，使得高校的绩效评价更加多元化，更具有可行性。

3. 矛盾呈现

通过分类发展视阈来解读高校的绩效结果，觉察到绩效指标体系的发展变化过程能够体现出评估两大目标的矛盾与冲突，即对高校进行绩效评价，是应该关注高校内部发展，还是突出对高校的问责。“政策实施获得的成功更多地体现在完善评估指标、收集评估报告、运用报告对高校进行问责与促进等方面，在引导高校制订发展规划、实现发展目标方面没有发挥实质性的作用。”① 从分类发展视阈下的高校绩效评价指标体系的发展过程来看，人们的关注点已经转向对这个“矛盾”的解读，但是“矛盾”的普遍性与长远性又要求教育者不断向前探寻，在不断深化研究中寻找解决这个“矛盾”的方法。

5.4.3　动态剖析：分类发展视阈下高校绩效评价成效解读

动态剖析是指突破一成不变的评价范畴，形成多方面、多角度、长期性的绩效评价机制。绩效指标所形成的绩效只是反映一所高校在一个时间段里某种范畴内的办学情况，属于“暂时绩效”，并不代表长远的办学发展定局。绩效评价的应然作用在于通过投入与产出以及绩效的关系分析，促使高校去主动认识、关注、发现、解决办学活动中的资源配置问题。我们无力改变绩效评价活动的经济规律，只有淡化影响或者绕道而行。在分类发展视阈之下，要重点考察对高校绩效评价结果的解读。

1. 制度是否完善

在分类发展视阈下，高校的绩效评价活动应处于一种“自主”和“自为”的状态，充分发挥高校的能动性和高校的自我评价、自我革新能力，释放高校绩效评价的活力。但是这种“自主”“自为”的状态需要相应的法律法规以及相应的制度作为保障，形成绩效评价的标准，做到规范化与统一化，实现高校绩效评价活动的“自律”与“他律”结合，摒弃以往高校绩效评估的随行性。

① 李维维. 美国田纳西州高校绩效拨款政策解读［J］. 高教发展与评估，2016，32（5）：101-107，123-124.

目前而言，在高校绩效评价方面，存在相关制度不到位的情况，“创新、协调、绿色、开放、共享”等有关高校战略发展理念的指标体系尚未建立。因此，在分类发展视阈下去解读高校的绩效评价结果需要明晰相应的制度建设是否完善。

2. 主体是否缺位

在分类发展视阈下解读高校绩效评价的结果，应突出主体性，即评价的主体性和指标体系的主体性。高校评价的主体应包括参与主体和管理主体，在分类发展视阈下高校绩效评价应既突出指标主体的指向性又强调评价主体的参与性，显性的产出指标容易被量化考核，但是类似于学校的声誉、毕业生对学校的认同等这些隐性的发展指标就很容易被忽视；同样，仅有同体评价和自我评价不能形成完整的评价参与主体，必须还要有利益相关者的参与。所谓自我评价，是指根据总体安排或以部门为单位，或以系统为一体，通过自下而上的总结回顾等形式对本部门或本系统工作进行考核和评价。同体评价是指上级机关对其所属下级机关做出绩效评价，或对其所辖的处室部门排出优劣名次。① 因此，在解读高校绩效评价结果前应了解参与主体和管理主体是否缺位。这也是当前影响高校绩效评价指标体系建构的主要障碍。指标体系的主体性主要在于高校战略发展目标在绩效评价指标体系的设计中应占有的位置，也就是说，高校自身应该承担高校绩效评价的责任主体而并非其他。

3. 信息是否对称

在分类发展视阈下解读高校绩效评价结果的前提是所有得到的绩效信息都是真实、准确的，这些信息的质量能够得到保障。在现实中，信息不完整已成为一个普遍的现象，高校为了“粉饰”自身的某些情况，产生短期行为、数据造假、无中生有等一些“虚有”工作。这些都会导致信息失真、信息质量不过关等问题的产生，而这些对高校绩效评价指标体系的价值保障是一种致命打击。源头信息的不真实，无法保证绩效评价的结果是真正有利于高校发展的。信息失真必然导致高校绩效评价指标体系的价值大打折扣。确保高校绩效评价信息的可信性是关键问题，在某种程度上反映了综合性体制的问题。② 在分类发展视阈下，对高校绩效评价需要利益相关者的广泛参与。但由于信息不对称，利益相关者并不完全了解高校的行为意图和宗旨，不了解高校的战略目标。缺少信息沟通和对话机制，会使评估结果的解读缺乏合理性，导致高校绩效评价指标的构建存在困难。

---

① 孙洪敏. 地方政府绩效评估指标体系的民生解读［J］. 行政论坛，2011，18（3）：33-38.

② 孙洪敏. 构建以民生为本的中国特色社会主义管理模式［J］. 南京社会科学，2013（2）：1-6.

4. 价值是否扭曲

价值取向是主体在面对问题、冲突等情况下所保持的稳定态度和基本立场。在分类发展视阈下，价值取向的选择能够对高校绩效评价结果的阐释起到关键作用。高校作为一个社会行为组织，其绩效评价的价值取向是对其行为终极目的的基本价值判断、价值确认和利益选择。① 许多高校对绩效评价结果的解读存在价值扭曲的现象，存在泛经济化倾向。这种绩效评价结果的解读更侧重于高校的当下"成绩"而不是可持续的长远发展，只注重成绩和经验，忽视问题和不足。

5. 成效是否乐观

高校的绩效实施的乐观程度影响着高校进行绩效评价的积极性和绩效考核的方向。评价高校绩效是否乐观，可以从以下几个层面进行考量。首先是根据不同类型高校的实际发展特点、现状着手，判断绩效成效是否符合不同类型高校的发展实际。另外，由于高校的绩效评价主要集中于政府与高校，社会各界对此认可和接受的程度有待提升。实际上高校学生、家长群体、社会组织等具有代表性的群体也能对高校绩效产生积极影响。若评价主体更加多元化和开放化，高校绩效的影响就会更加积极。

① 孙洪敏. 地方政府绩效评估指标体系的民生解读［J］. 行政论坛，2011，18（3）：33-38.

第6章 分类发展视阈下高校绩效评价应用与指标优化

6.1 分类发展视阈下高校绩效评价指标优化的原则

高校的办学效益分解为以下四个方面：第一，规模效益，培养大量毕业生的前提是拥有与之相配套的办学规模。只有办学规模上去了，才能培养足够多的学生；它是表现高校现有办学规模与条件的指标，在一定的时期内表现为静态属性。第二，社会效益，培养相当数量的毕业生，保证人才成果的产出质量，这是高职院校赖以存在的基础，也是现代社会进步的迫切需要。社会效益的量化指标可以用一些反映办学的显示度来衡量，即目前能够公布给社会的某种状况，如毕业率、就业率、学术成果等。第三，经济效益，提高行政部门的管理水平，降低资源消耗，使有限的投入获得更多的收益。经济效益更多的是一种数量化层次的含义，是产出与投入的对比关系，投入少产出多是构成办学效益的基础。而这种直接的经济效益是目前唯一可能直接测量的办学效益。其最直接的量化指标是生均成本。第四，发展效益，积极争取更多更好的办学资源（包括优质教师资源、优质生源、物资资源等），确保高校的可持续发展。发展效益评价关心的是办学的后续力量，可通过资产基金率、资产负债率、总经费收入年增长率、事业发展基金年增长率、综合管理类发展性指标，以及诸如社会资源、师资资源、物质资源等储备情况，综合考察办学效益，预测高校的办学前景。例如就师资资源来说，生师比越高办学效率越高，计算出来的办学经济效益越高。①

本书的评价标准主要有以下三个方面的依据：一是上位文件，即《教育部关于普通高等学校本科教学评估工作的意见》《教育部第三轮学科评估指标

① 罗锋. 高职院校办学效益评价与分析［J］. 现代经济信息，2010（14）：184-185.

体系框架》《湖北省新增学士学位授予单位评估指标体系》《湖北省高等职业院校人才培养工作评估实施细则》等文件内容作为本书评估指标体系确定的上位依据。二是高等教育的基本规律，即新时期高等教育在人才培养、科学研究、社会服务和文化创新等方面的重要作用。三是权威部门和专家的意见建议。本书参考了省教育厅相关处室和省内高校许多专家教授的意见，并将其融入评价指标体系，并依据“分类评价，公平客观”的原则进行。

6.1.1　对高等学校绩效的理解

高等学校绩效是利用绩效的呈现来反映高校的科研、日常工作等一些组织行为的一种管理方式，能够直观地展现高校资源的利用情况。注重高校绩效评价，有助于推动我国高校内涵式发展，完善教育管理体系，加速我国教育现代化的发展步伐。高校绩效管理能够提升高等教育治理能力、完善高等教育治理体系、优化高等教育资源配置和促进高校阳光建设。①

6.1.2　基本原则

1. 科学性原则

现阶段，湖北省还没有建立分类发展指导下的大学评价指标体系。大多数评估方法是学校的和第三方的评估，几乎无法与大学的定位和目标相匹配。湖北省是中国高校最聚集的省份之一，高校的数量庞大、类型多样。各个高校都有自己的定位、特点以及自身的发展途径，因此要设计出一种适合各个类型的高校的绩效科学评价系统，是一件不科学也不容易的事情。对待高校的绩效评价，应该多角度辩证地去看待，如果企图用一套标准来评价多种类型的高校以达到一劳永逸，这样不符合高校发展的需求，更失去了进行绩效评价的意义。所以，在对高校进行绩效评价的设计时，必须遵循科学性的原则，面对不同类型的高校，设计与之相匹配的评价指标，充分展现各个类型高校发展的特色。同时，绩效评价不仅仅要对高校过去的情况进行评价，更应着眼于高校未来的发展，并为其做出战略性的规划与指导，顺应时代发展的需求。

2. 普适性原则

大学绩效评估指标体系的设计只有在获得公众认可的情况下有效实施，最终才是有意义的。标准制定者需要根据湖北省的现状和高校的实际情况做出客观判断。如果只是复制西方国家的经验，或者简单照搬其他地域的经验就套用到湖北省身上，这种评价指标往往很难得到社会及参评者的认可，也很难获得

① 白宗颖. 以高校绩效管理推进高等教育治理现代化［J］. 现代教育管理，2019（7）：42-48.

实际的评价意义。针对湖北省区域的高校绩效评价，应从湖北省的实际情况出发，包括湖北省自身的经济情况、文化背景以及湖北省高校发展的趋势和动态等，进行周密的分析与研究，制定出适合湖北省发展特色、符合湖北省高校发展规律的绩效评价模型。在进行高校绩效评价时，扎根实际、充分研究，保证绩效评价的普适性，是使绩效评价被大众及参评者认可的重要因素之一。

3. 可操作性原则

指标的设定如果是主观臆断的而不是从实际情况出发，这样设计的指标是毫无实际意义可言的。目前，大学和教育当局正在对大学发展的各种指标进行相关统计，因此所有指标所需的数据都应反映在上述统计中，并且大部分都应可以通过统计计算来收集。数据结果相对客观、公正的前提是数据的真实化与公正化，这就对数据的来源提出了要求，即数据的来源必须是公平透明的，是可操作性的。同时，在进行数据指标的收集时，“多”与“杂”是数据收集要避免的，要进行有针对性的数据收集工作，为后期的绩效评价工作减轻筛选数据的负担。如果一个绩效评价的过程不具备可操作性，那么这个绩效评价的设计与施行将无意义可言。这里的可操作性，不仅是指评价组织的可操作性，也是各个高校的可操作性，以此来保证各个评价环节的衔接与流畅。

4. 整体优化原则

指标体系是一个有机的整体，应该从系统理论的角度来构建。指标内容既应覆盖学校人力、财物等多项投入，还应包括多种产出，构成指标之间的合理比例权重关系。因此，指标体系所选择的内容应涉及大学的输入、操作、输出以及大学的相关基本功能。所以在进行高校绩效评价指标的设计时，既要有关注的重点，同时也不能忽视其他方面，并且要与高校的实际情况密切相连，形成一个全面的、整体的、重点突出的绩效评价模式。整体优化原则是进行绩效评价的重要原则之一，在工作中，可能由于客观环境或其他突发事件的影响，导致绩效评价指标片面化；也可能因为人为的主观因素，导致对某一个指标过度关注，从而导致绩效评价失去整体化的格局。一个高校的评价与发展，不仅需要优势与特色来支撑，整体的、协调性的发展才是真正可持续的发展。

6.2 分类发展视阈下高校绩效评价指标的优化

6.2.1 分类视阈下我国现阶段高校分类发展

高等教育按照二维分类体系，可从横向分为“综合性”“多科性”“特色性”三种类型，纵向分为“学术研究型”“应用研究型”“应用技术型”和“应用技能型”四类。“学术研究型”高校的学科专业布局以“综合性”“多科性”为主；“应用研究型”高校以“多科性”“特色性”为主；“应用技术型”高校以“特色性”或“多科性”为主；“应用技能型”高校以“特色性”为主。① 20 世纪 80 年代，我国高校教育系统开始引入绩效评价并得到了一定的发展，但目前高校绩效考核还处于起步阶段，尚存在较多问题，难以适应当前我国高等教育发展现状与未来趋势。当前我国高校绩效考核存在诸多问题，迫切需要改革，有必要在坚持有关原则的基础上，科学构建高校综合绩效考核体系的内容，包括考核指标、考核程序与考核结果的使用。② 由于我国高校层次区分明显，不同类型的高校制定绩效考核内容时，应根据高校的定位、发展规划和实际情况等方面灵活安排，满足自身的发展需求。

6.2.2　综合研究型大学

所谓综合研究型大学，在美国是每年从联邦政府获得 2000 美元以上研究基金的大学，而在中国我们将综合研究型大学概括为高水平科学研究、培养高级人才、拥有学术大师、科技和产业相结合的中心体。

从相关文献资料上来看，国外对于世界一流大学的概念基本上是以科学研究、教学质量等因素为中心，以社会名声为侧重点定义的。相关机构及媒体观察与总结了一些高水平大学普遍存在的特征，并进行了汇总与加工，提出了一些具有参考意义的大学评价指标。

综合研究型大学相对而言，更加专注于知识的传承与创新。其主要目标是产生高质量的科学研究成果并培养高水平的学术精英。同时，综合研究型大学在社会发展、经济建设、科教进步、文化繁荣、国家安全中起着越来越重要的作用。综合研究型大学与其他类型的大学不同，它有着属于自己的时代使命与时代要求，其肩负着国家创新与民族发展的重任，是我国极具特色的高校类型之一。因此，综合研究型大学的绩效评价要充分反映它们的特征与使命，以推动和促进我国研究型大学的良性发展为依归，推动整个社会的发展与创新。

---

① 杜瑛. 高校分类体系构建的依据、框架与应用 [J]. 中国高等教育，2016 (Z2)：32-37.

② 邹军. 高校综合绩效考核体系的构建 [J]. 教育理论与实践，2015，35 (36)：12-14.

我国学者王世华在《世界一流大学的办学理念及启示》中指出一流大学的评价标准主要包括对社会的贡献、办学理念、师资力量、学生素质、学科建设及教育经费和资源等的评价。陈星博在《一流大学建设要担当起构建和谐社会的责任——对一流大学评价指标体系的再思考》一文中提出社会贡献和社会声誉是衡量一所大学水准的关键，并将一流大学的社会贡献和社会声誉作为评价一流大学的要素。

综合研究型大学的评价也应有所侧重。综合研究型大学的优势主要集中在学科专业、科研经费、学术成果、教师队伍等方面。但是，在建设世界一流大学进程中，综合研究型大学也处在一个竞争激烈的环境里，所以在此，本书所关注的不仅仅是其内核的竞争力，也包括综合研究型大学在外部竞争环境中的表现，从内外部综合出发，对其进行绩效评价。本书主要选取学校使命与质量保证、办学条件及其利用、人才培养过程与产出、科学研究产出、社会服务效果和学校声誉这六个主要指标来评价综合研究型大学（见表 6.1~表 6.6）。

表 6.1 综合研究型大学使命与质量保证绩效指标

指标	二级指标	考核要点
学校使命与质量保证	办学目标定位及其实现	契合国家重大经济社会发展战略需求，准确分析和把握发展机遇及挑战，积极做到学校总目标定位、人才培养目标定位和质量保证目标三者相吻合
	学校章程及组织架构	学校章程科学合理组织架构与资源配置相匹配，符合学校发展需求
	办学规划及其实施	学校教育事业规划制订具有前瞻性、科学性，资源配置与措施保障等能有效地调动人财物方面资源，有利于实现办学目标
	学校决策领导	结合教职员工、学生等利益相关者的需求，为实现学校目标采取持续、高绩效的行动，科学规避各种风险，确保充足预算和资源支持学校运营
	学校内部质量保证体系	内部质量保证体系健全，有执行有效的年度质量保障和持续改进计划，改进成效好
	办学特色	特色鲜明，在为地方发展提供创新服务、智库服务、人才服务、文化服务等方面有突出贡献

表 6.2　综合研究型大学办学条件及其利用绩效指标

指标	二级指标	考核要点
办学条件及其利用	师资队伍结构及其利用	生师比合理（综合院校）
		两院院士、国家杰青等高层次人才数
		专任教师拥有博士学位的比例在 60%以上，专任教师中具有副教授、教授职称比例≥60%
		教授为本科生授课比率达到 100%
		学生评教优良率达到 80%以上
	实践教学及科研创新平台条件	国家级和省部级实验室、基地、中心等
		国家实验室、国家重点实验室、国防重点实验室、国家重点实验室培育基地、教育部（含省部共建）重点实验室、国防重点学科实验室、教育部（含省部共建）人文社会科学重点研究基地；国家工程研究中心、国家工程实验室、国家工程技术研究中心、国家地方联合工程研究中心和工程实验室、教育部工程研究中心、国家技术转移机构和国家大学科技园；以及与前述平台相应的省级平台
	图书及信息资源利用	生均图书册数达标（综合院校、师范院校、民族院校、财经院校、政法院校不少于 100 册/生，工科院校、农林院校、医学院校、艺术院校不少于 80 册/生，体育院校不少于 70 册/生；每年新增图书册数生均达 3 册/生）
		学校信息资源建设水平满足学校教学科研需求情况；数据与信息可靠、安全、持续性和用户友好，服务人才培养和学校其他工作效果好
	生均教学行政用房	生均教学行政用房达标（体育院校不少于 22 平方米/生，艺术院校不少于 18 平方米/生，工科院校、农林院校、医学院校不少于 16 平方米/生，综合院校、师范院校、民族院校不少于 14 平方米/生，财经院校、政法院校不少于 9 平方米/生）
	生均教学科研仪器设备值	生均设备值达标（综合院校、师范院校、民族院校、工科院校、农林院校、医学院校不少于 5000 元/生，体育院校、艺术院校不少于 4000 元/生，财经院校、政法院校不少于 3000元/生）
	办学经费投入	教学日常运行支出占经常性预算内教育事业费拨款与学费收入之和的比例不低于 15%
		生均本科教学日常运行支出满足教学需求且逐年增长
		生均本科实验经费满足教学需求且逐年增长
		生均本科实习经费满足教学需求且逐年增长
		生均教学投入逐年增长

表 6.3 综合研究型大学人才培养过程与产出绩效指标

指标	二级指标	考核要点
人才培养过程与产出	本科人才培养过程与质量	新生入学第一学年结束时的新生保持率 80%以上
		标准学制内本科生毕业率 85%以上
		所开设专业与区域经济社会发展需求的契合度，省部级以上各类本科教学工程比率
		每百名本科生均课程开设门数及拥有省部级以上各类精品课程比例
		毕业生体质健康达标率
		生均获得的各类资助数（元）。依据《高等学校学生资助政策简介（2012 年版）》包含家庭经济困难学生资助、国家助学金、国家励志奖学金、国家奖学金、国家助学贷款、生源地信用助学贷款等，国家级与省级大学生创新创业训练计划、湖北高校优秀大学生海外游学计划资助
		省级以上优秀学士学位论文获奖比例
		应届本科毕业生考研录取率
		学生赴境外交流或联合培养的人数，以及授予境外学生学位数
		应届毕业生初次就业率达到 85%及以上，其中协议就业人数占已就业人数 60%以上
	研究生培养质量	国家、省级重点学科（含培育）总数
		省部级以上优秀硕士学位论文获奖比例
		应届硕士研究生的博士研究生报考录取率
		获全国百篇优秀博士论文数
		硕士、博士研究生数占在校生总数的比例

表 6.4 综合研究型大学科学研究产出绩效指标

指标	二级指标	考核要点
科学研究产出	纵向科研项目数及经费	973 国家重大基础研究项目、国家重大科研项目，国家自然科学基金项目和国家社会科学基金项目数，国家、省和部级项目的总值
	公开发表高水平论文	近 5 年代表性论文的“他引次数和”（ESI 高被引论文），近 3 年在 *Science* 或 *Nature* 上发表论文数
	出版的学术著作	高水平学术专著、国家级出版社出版著作（专著、编著、译著、工具书、教材等）
	重大学术、科技成果	教师获得国家级、省级奖励成果、国家级专利、标准和著作奖励与国际高水平论文等，国家规划教材及“国家精品教材”数

表 6.5　综合研究型大学社会服务效果绩效指标

指　标	考 核 要 点
社会服务效果	知识产权申请数、知识产权授权书，软件著作权、新药、新品种证书等
	科技开发与转让、科技服务与咨询等到账经费额、成果转让转化合同数与转化值
	产业化及其经济效益

表 6.6　综合研究型大学学校声誉绩效指标

指标	二级指标	考 核 要 点
学校声誉	本科生入学条件与生源情况	本科生第一志愿报考录取率与实际报到率
		新生平均高考成绩与同批次录取控制线的差距
	研究生入学条件与生源情况	非本校本科毕业研究生数及其占本校研究生总数的比例
		硕士研究生第一志愿报考录取率，录取分数与同区域、同类学科平均分的差距
	学校筹资能力	学校从科研合同、捐赠、投资、外国留学生和研究生学费等多渠道筹集得到的收入总量及其占学校总办学经费的比例
	学校国际影响	外国留学生总数及其占在校生总数的比例，有海外学习经历的学生数及其占在校生总数的比例
	教职工幸福与满意度	教职员工对工作场所的健康、安全、人体功效及薪酬福利、服务质量、政策导向等方面状况及其改进的感知和满意度

综合研究型大学相对而言，更加关注以创新来促进知识共同体的不断创新。与扮演“一般”角色的大学不同，它反映了品位、标准和特征。综合研究型大学的评价标准应主要反映研究型大学的特点，促进综合研究型大学的高质量发展。在应用该标准进行学校评判时，应注意以下几点：首先，必须根据综合研究型大学的实际功能，内涵模型和学校特点设计绩效评价标准；其次，要研究其历史发展，从它的历史发展中总结其发展规律，以此为依据来制定评价依据；最后，有必要根据综合研究型大学的特征来制定标准，以显示出特征而不是相似之处。

在确定绩效指标的阈值之前，首先根据指标的特征将其分为三类。第一类指标是相对稳定的指标，如过去五年中获得国家杰出博士学位论文的数量，过去两年中获得国家高等学校成果奖教学的数量，最近三年中获得国家三项主要科技奖项的数量，以及国家重点学科的数量等。由于总基数变化不大，因此此类指标具有相对的稳定性，在某种程度上衡量了高校最基本的办学情况。第二类指标是显式增长的类型，如院士人数以及国家杰出青年基金获得者的人数。由于是定期增加，这些指标通常显示出上升趋势，说明了高校的显性发展与进步。第三类指标是隐性增长类型，如过去三年中授权的发明专利数量以及过去三年中 SCI 和 SSCI 包含的论文数量。这些指标的增长范围没有上限和下限的限制，是鼓励增长的类型，这类指标通常是高校发展的具体体现。这三类指标都是综合研究型大学发展的重要因素，本书通过整体的综合考量进行绩效评价，有利于政府与社会更加全面地理解绩效评价的结果。

综合研究型大学的评估标准不仅是大学发展目标的直接体现和保障手段之一，而且是引领中国综合研究型大学发展的风向标，其主要目的是促进综合研究型大学的建设和发展。在上述的三类指标中，为了研究方便，本书只将综合研究型大学绩效评价标准作为一个标准。但是在实际的评价中，不提倡把所有的标准都局限于这三类。实际评价和高校发展既要追求数量上的增长，同时应注重其结构是否合理，增长是否健康且持续等。以师资队伍的建设举例说明，高校的师资队伍不仅需要有大师级学科带头人，还必须形成一些规模、结构合理的学术梯队。这样的指标并不是最为合理的，因为即使对于明确的增长指标，也要考虑适度增长的问题。我国综合研究型大学的绩效评价仍处于起步阶段，需要探求一种最适合综合研究型大学发展的绩效评价标准。若标准过低，那么难以体现综合研究型大学的“国之重器”地位，导致建设综合研究型大学的资源利用效率降低甚至浪费，这样就难以集中资源与精力建设高水平的综合研究型大学。相反，如果标准太高，高校会丧失办学的动力，建设综合研究型大学将是“空中楼阁”般的设想。因此，这就要求在为绩效评价和发展设立标准时，从多方统筹考虑，从实际出发，科学而大胆地勾勒出综合研究型大学发展的蓝图。

6.2.3 教学研究型大学

教学研究型大学处于研究型大学和教学型大学的过渡阶段或者发展阶段，注重教学与研究双并重，强调本科生教育和研究生教育双发展。“教学研究型大学的使命应该是以知识应用与社会发展为取向的”①，因此其主要的科研成果具有较强的社会性和应用性。另外，教学研究型大学主要以省属高校为主，

① 宣勇，鲍健强．教学研究型大学的使命与管理模式的选择［J］．高等工程教育研究，2006（3）：82-85.

与综合研究型大学专注于现代科学前沿的特点相比，此类大学的学科建设和专业群具有明显的“地方特色”，贴近地方经济发展需求，研究重点偏向科技的社会应用。自 1992 年邓小平南方谈话后市场经济体制在我国施行，越来越多的社会力量介入高等教育中。地方高校在我国的高校群中，已经占据重要地位，但地方高校相对于中央部属不论是在政策的倾斜还是财政的资助上都处于弱势地位。基于我国目前的形势，以及社会大众对高等教育的渴望强烈，地方高校实际上是解决我国高等教育大众化最基础的一个环节。所以高校绩效评价以及后续的绩效奖励性政策是我国不断探索的一个环节，应该及早进行改进与改革，要科学而具体地指导与鼓励地方高校为国家的经济建设及地方经济发展的需求做好人才培养与科技创新的工作。

此类指标的设计以高校的三大职能——培养人才、发展科技和社会服务为出发点，涵盖学校的发展目标定位、硬（软）件设施情况、人才培养质量、科研成果、社会贡献程度以及社会地位等方面，能够较为全面地对教学研究型大学的绩效进行考核。具体如表 6.7～表 6.12 所示。

表 6.7 教学研究型大学学校使命与质量保证绩效指标

指标	二级指标	考 核 要 点
学校使命与质量保证	办学目标定位及其实现	契合经济社会发展战略需求，准确分析发展机遇和挑战，积极做到学校总目标定位、人才培养目标定位和质量保证目标三者相吻合
	学校章程及组织架构	学校章程制定科学、组织架构与资源配置合理，符合学校发展需求
	办学规划及其实施	学校教育事业规划制订具有前瞻性、科学性，资源配置与措施保障等能有效地调动人财物等方面资源，有利于实现办学目标
	学校决策领导	结合教职员工、学生等利益相关者的需求，为实现学校目标采取持续、高绩效的行动，科学规避各种风险，确保充足预算和资源支持学校运营
	学校内部质量保证体系	内部质量保证体系健全，有执行有效的年度质量保障和持续改进计划
	办学特色	特色鲜明，为湖北发展提供创新服务、智库服务、人才服务、文化服务等方面有突出贡献

表 6.8 教学研究型大学办学条件及其利用绩效指标

指标	二级指标	考核要点
办学条件及其利用	师资队伍结构及其利用	生师比合理（综合院校、师范院校、民族院校、工科院校、农林院校、财经院校、政法院校不高于 18：1，医学院校不高于 16：1，体育院校、艺术院校不高于 11：1）
		专任教师拥有博士学位的比例在 30%以上
		专任教师中具有副教授、教授职称比率达 30%以上
		教授为本科生授课比率
		学生评教优良率
	图书及信息资源利用	生均图书册数达标（综合院校、师范院校、民族院校、财经院校、政法院校不少于 100 册/生，工科院校、农林院校、医学院校、艺术院校不少于 80 册/生，体育院校不少于 70 册/生；每年新增图书册数生均达 3 册/生）
		学校信息资源建设水平满足学校教学科研需求；数据与信息可靠、安全、持续性和用户友好，服务人才培养和学校其他工作效果好
	教学及科研创新平台条件	拥有各类国家级和省部级重点实验室、基地、中心等，能够在人才培养中发挥作用
	生均教学行政用房	生均教学行政用房达标（体育院校不少于 22 平方米/生，艺术院校不少于 18 平方米/生，工科院校、农林院校、医学院校不少于 16 平方米/生，综合院校、师范院校、民族院校不少于 14 平方米/生，财经院校、政法院校不少于 9 平方米/生）
	生均教学科研仪器设备值	生均设备值达标（综合院校、师范院校、民族院校、工科院校、农林院校、医学院校不少于 5000 元/生，体育院校、艺术院校不少于 4000 元/生，财经院校、政法院校不少于 3000 元/生）
	教学经费投入	教学日常运行支出占经常性预算内教育事业费拨款与学费收入之和的比例不低于 15%
		生均本科教学日常运行支出满足教学需求，且逐年增长
		生均本科实验经费满足教学需求，且逐年增长（自然年度内用于实验教学运行、维护经费生均值）
		生均本科实习经费满足教学需求，且逐年增长（自然年度内用于本科培养方案内的实习环节支出经费生均值）
		生均教学投入逐年增长

表 6.9　教学研究型大学人才培养过程与产出绩效指标

指标	二级指标	考核要点
人才培养过程与产出	本科人才培养过程与质量	新生入学第一学年结束时的新生保持率
		标准学制内本科生毕业率
		所开设专业与湖北区域经济社会发展需求的契合度，省部级以上各类本科教学工程比率
		每百名本科生均课程开设门数及拥有省部级以上各类精品课程比例
		毕业生体质健康达标率
		生均获得的各类资助数（元）。依据《高等学校学生资助政策简介（2012 年版）》包含家庭经济困难学生资助、国家助学金、国家励志奖学金、国家奖学金、国家助学贷款、生源地信用助学贷款等，国家级与省级大学生创新创业训练计划、湖北高校优秀大学生海外游学计划资助
		省级以上优秀学士学位论文获奖比例
		应届本科毕业生考研录取率
		应届毕业生初次就业率达到 85%及以上，其中，协议就业人数占已就业人数 60%以上；应届毕业生留鄂就业人数占已就业毕业生人数（不包含升学出国等）50%以上
	研究生培养质量	省部级以上优秀硕士学位论文获奖比例
		博士研究生的报考录取率
		全国百篇优秀博士论文
		硕士、博士研究生数占在校生总数的比例

表 6.10　教学研究型大学科学研究产出绩效指标

指标	二级指标	考核要点
科学研究产出	纵向科研经费	国家、省部级项目数量及其经费总值
	公开发表高水平论文	国内外高水平学术刊物论文以及 S&N、SCI、SSCI、A&HCI、EI、ISTP、ISSHP 检索论文数量，以学校为第一完成单位的学术论文被引用总数
	出版的学术著作	学术专著、国家级出版社出版著作（专著、编著、译著、工具书、教材等）
	鉴定成果数	省部级以上验收、鉴定项目比率和项目总数
	成果获奖	教师获得省部级以上教学成果奖、科技三大奖项数

表 6.11 教学研究型大学社会服务效果绩效指标

指标	二级指标	考核要点
社会服务效果	横向经费总量	国内外企事业单位、机构、组织委托项目和合作项目实际到账经费总值
	知识产权数量	知识产权申请数、知识产权授权书
	研究成果转让	科技开发与转让、科技服务与咨询等到账经费额、成果转让转化合同数与转化值
	产业化及其效益	产业化及其经济效益
	区域服务意识与责任	具有较强服务意识，对促进区域经济社会发展承担的责任与所做的贡献实效显著

表 6.12 教学研究型大学学校声誉绩效指标

指标	二级指标	考核要点
学校声誉	本科生入学条件与生源情况	本科生第一志愿报考录取率与实际报到率
		新生平均高考成绩与同批次录取控制线的差距
	研究生入学条件与生源情况	非本校本科毕业研究生数及其占本校研究生总数的比例
		硕士研究生第一志愿报考录取率，录取分数与同区域、同类学科平均分的差距
	学校筹资能力	学校从科研合同、捐赠、投资、外国留学生和研究生学费等多渠道筹集得到的收入总量及其占学校总办学经费的比例
	学校国际影响	国际合作项目及其开展情况
	教职工幸福与满意度	教职员工对工作场所的健康、安全、人体功效及薪酬福利、服务质量、政策导向等方面状况及其改进的感知和满意度
	学生及家长满意度	学生及其家长对学校办学层次、办学水平、办学质量、管理服务、后勤保障等方面的综合评价（以委托第三方问卷调查形式进行评价）
	其他利益相关者的评价与满意度	社会用人单位对毕业生思想品质、专业水准、业务能力、工作绩效、发展前景等方面的综合评价（以委托第三方问卷调查形式进行评价）
		校友对学校学术研究、课程设置、政策制定、办学特色、社会影响力等方面的综合评价（以委托第三方问卷调查形式进行评价）

本书用适合不同类型高校的指标来构建高校的评价指标体系，力求让更多的教学研究型大学利用其优势和特点，并通过绩效奖励资助机制，为该级别的高性能大学提供适当的特殊奖励。这样的激励措施可以使一些大学在保持自身优势的同时继续促进自身的发展。所以，在绩效评价指标体系设计上既要充分考虑这种类型大学的实际定位，又要综合考虑科学研究和社会服务水平的比重。

顾名思义，教学研究型大学的名字决定其发展方向。考虑到它的人才培育、科学研究和社会服务三个主要功能，绩效评价很明显应更加注意发挥这三大功能。教学研究型大学应在服务区域的基石上，在继承和创新文化的同时，积极树立一种社会责任感和使命感，培养应用型人才，并对该地区的工业科学进行直接研究。教学研究型大学应该注意如何为社会培养一大批创新人才，同时也要注意团队和创新思想的指导。其主要研究地区对人才和智力资源的需求，根据社会各行业和单位对应用技术的需求，培养人才和进行应用研究，以建立与之相适宜的应用学科和专业计划。充分发挥政府、企业、学校和科学研究的作用，引导高校实现分类发展和学校特色，这是当前中国高等教育发展急需解决的战略问题之一。

在国际化的今天，教学研究型大学应坚持以国际视野办学，重视国际意识的培养，在努力为国家培养人才上树立良好的声誉。教学改革的目标和任务应与应用和服务领域的功能紧密相关，并应科学合理地调整大学的专业结构，课程设置也应针对项目驱动等。同时也要重视建立一支双重教学和科研队伍，逐步将研究生培养转变为项目式培养方法。在地区有关合作单位的共同努力下，联合研究与合作将促进教学研究型大学的科研成果向实际社会生产力的转化。

6.2.4　应用型大学

应用型大学是我国高等教育不可或缺的重要组成部分，是高等教育大众化的主力军并日益受到国家、社会和个人的重视。回顾中国的教学与研究型大学的发展历程，可见中国高等教育的这一新分支利用了中国高等教育大众化浪潮，从无到有逐步发展，并已初具规模。但是在快速发展的同时，大多数应用型大学都很难在短时间内将其教学基础设施、师资、学科建设和管理水平提升到与其规模相称的水平，甚至部分新设或特制的本科院校难以保证其基本质量。此外，学生的综合素质和基础知识与普通大学学生相比或多或少存在一定差距，直接影响教学质量，因此，普通大学按照新的机制和模式组织起来的独立学院的教育质量也一直更受到政府、社会和公众的广泛关注。随着学校规模的扩大，独立学院进入了新的发展阶段，在这一阶段，教育质量已经成为决定办学成败的重要标准。独立学院必须不断提高教育质量，以质量求生存和发展。

独立学院是具有公共性质和私立机制的全新办学模式，既具有公立大学的规范性，又具有私立大学的灵活性，体现了公立和私立高等教育的双重优势。一方面，它依靠公立高校，在教师、管理、教学和品牌方面可以与母体共享。另一方面，它可以充分享受国家的私立教育政策，并利用“私立”机制有效地吸收社会资金。这种公立—私立教育模式并不明显，以至于“独立学院”尚未实现真正的独立，仍然或多或少地依赖于母体高校。

根据教育部2003年发布的《关于规范并加强普通高校以新的机制和模式试办独立学院管理的若干意见》，独立学院在层次方面定位于本科层次。① 结合私立高校的实际情况，与普通高校相比，独立学院建校时间相对较短，学生素质相对较差，教学管理等诸多方面也都依赖于母校，没有稳定的师资队伍，因此其定位应该是应用型大学。也就是说，独立学院应该应用本科教育。它不同于传统的普通本科教育，甚至不只是三年制高等职业教育的扩大和扩展，而是一种“质的”转变。应用型大学绩效指标如表6.13~表6.16所示。

表6.13 应用型大学学校使命与质量保证绩效指标

指标	二级指标	考核要点
学校使命与质量保证	办学目标定位及其实现	契合地方经济社会发展战略需求，准确分析发展机遇和挑战，积极做到学校总目标定位、人才培养目标定位和质量保证目标三者相吻合
	学校章程及组织架构	学校章程制定科学、组织架构与资源配置合理，符合学校发展需求
	办学规划及其实施	学校教育事业规划制订具有前瞻性、科学性，资源配置与措施保障等能有效地调动人财物等方面资源，有利于实现办学目标
	学校决策领导	结合教职员工、学生等利益相关者的需求，为实现学校目标采取持续、高绩效的行动，科学规避各种风险，确保充足预算和资源支持学校运营
	学校内部质量保证体系	内部质量保证体系健全，有执行有效的年度质量保障和持续改进计划
	办学特色	特色鲜明，为湖北发展提供创新服务、智库服务、人才服务、文化服务等方面有突出贡献

① 关于规范并加强普通高校以新的机制和模式试办独立学院管理的若干意见（教育部2003年4月23日印发）［EB/OL］.（2003-04-23）http：//www.moe.gov.cn/s78/A03/s7050/201206/t20120628_138410.html.

表 6.14　应用型大学人才培养过程与产出绩效指标

指标	二级指标	考核要点
人才培养过程与产出	人才培养过程与质量	新生入学第一学年结束时的新生保持率
		标准学制内学生毕业率
		每百名本科生均课程开设门数
		校内实践基地使用频率［= $\sum$（某课程使用实践基地学生人数×周时数×课程所开周数）÷全日制在校生总数］
		教学实验按大纲要求可 100%开出，有综合性、设计性实验的课程占有实验课程总数的比例不低于 80%
		学生参加各类专业技术、技能证书考试并取得证书的人次数比例达到 50%以上，有研究实践成果和省部级（含）以上奖励
		平均班级规模
		毕业生体质健康达标率
		生均获得的各类资助数（元）。依据《高等学校学生资助政策简介（2012 年版）》包含家庭经济困难学生资助、国家助学金、国家励志奖学金、国家奖学金、国家助学贷款、生源地信用助学贷款等
		省级以上优秀学士学位论文获奖比例
		应届毕业生年底就业率达到 90%及以上
		应届毕业生留鄂就业人数占已就业毕业生人数（不包含升学出国）50%以上

表 6.15　应用型大学科学研究与社会服务绩效指标

指标	二级指标	考核要点
科学研究与社会服务	教师参加教科研情况	专任教师参加校级及以上教科研项目的比例
	教科研成果及获奖情况	公开发表教研科研论文，出版学术专著、教材等，省部级验收、鉴定项目比率和项目总数，获国家级奖或获省、部、市级奖项
	研究成果及其转化	获批知识产权申请数、知识产权授权书，科技开发、科技转让、科技服务、科技咨询、产业化等到账经费额、成果转让转化合同数
	区域服务意识与责任	具有较为强烈的服务湖北区域发展服务意识，有促进所在区域经济社会发展的责任与实效

表 6.16 应用型大学办学条件及其利用绩效指标

指标	二级指标	考核要点
办学条件及其利用	师资队伍结构及其利用	生师比折合在校生数与教师总数之比不高于 16：1
		专任教师中具有硕士以上学位的比例不低于 50%
		主讲教师资格：符合岗位资格的教师不低于 95%
		专任教师教学负担合理（平均周学时数）
		学生评教优良率
	图书及信息资源利用	生均图书册数不少于 83 册/生；每年新增图书册数达 3 册/生（综合院校、师范院校、民族院校、财经院校、政法院校不少于100 册/生，工科院校、农林院校、医学院校、艺术院校不少于 80 册/生，体育院校不少于 70 册/生；每年新增图书册数生均达 3 册/生）
		学校信息资源建设水平满足学校教学科研需求情况；数据与信息可靠、安全、持续性和用户友好，服务人才培养和学校其他工作效果好
	生均教学行政用房	生均教学行政用房面积不少于 16 平方米/生（体育院校不少于 22 平方米/生，艺术院校不少于 18 平方米/生，工科院校、农林院校、医学院校不少于 16 平方米/生，综合院校、师范院校、民族院校不少于 14 平方米/生，财经院校、政法院校不少于 9 平方米/生）
	生均教学科研仪器设备值	生均教学科研仪器设备值不少于 7000 元或年新增教学科研仪器设备值及其所占比例不低于 10%（综合院校、师范院校、民族院校、工科院校、农林院校、医学院校不少于 5000 元/生，体育院校、艺术院校不少于 4000 元/生，财经院校、政法院校不少于3000 元/生）
	办学经费	本科生学费收入用于四项经费（本科教学业务费、教学差旅费、体育维持费、教学仪器设备维修费）的比例不低于 15%
		生均本科教学日常运行支出满足教学需求且逐年增长
		本科专项教学经费满足教学需求且逐年增长（自然年度内学校立项用于本科教学改革和建设的专项经费总额）
		生均本科实验经费满足教学需求且逐年增长（自然年度内学校用于实验教学运行、维护经费生均值）
		生均本科实习经费满足教学需求且逐年增长（自然年度内用于本科培养方案内的实习环节支出经费生均值）
		生均教学投入逐年增长
		多渠道筹资经费，为学校发展提供更多的资金保障

中国拥有大量应用研究型大学，它们在高等教育体系中起着举足轻重的作用。应用研究型大学作为中国高等教育的主力军，为中国高等教育的普及做出了巨大贡献，同时也肩负着为社会经济，尤其是区域经济和社会服务的责任。如果应用研究型大学想要更好地和长期地发展，它们必须积极且勇敢地承担社会责任。应用研究型大学正在走出象牙塔，融入社会，并在社会责任方面取得某些成就，这对所有人都是显而易见的；另外，在履行社会责任方面仍然存在许多问题，如许多应用研究型大学缺乏社会责任意识，与社会各阶层的接触不足。

独立学院属于私立高等教育的类型，它们没有国家的财政支持。它们的运作完全取决于社会资本投入和学生学费。教学、科研情况与独立学院的财务状况和生存空间直接相关。一方面，有必要充分利用独立学院现有的优质高等教育资源。另一方面，要改变投入结构不合理、投入方向不正确造成教育资源严重浪费的现象，以确保独立学院的质量、社会声誉、资源分配和资源利用效率的提高。研究小组认为，关于独立学院有效性的研究是其发展的外部需求和内部需求。

6.2.5 技能型院校

根据国家高等职业教育管理体制以及《纲要》的要求，湖北省高职院校的评估主要是人才培养的评估。自从高职院校评估启动以来，人才培养评估已成为我国高职教育领域最广泛、最有影响力的评估活动。运营学校的软件、硬件和其他元素（例如团队、学科和教学管理）可以被视为对学校运行状况的全面测试。

与院校评估相比，高等职业教育的特殊评估和专业评估的范围更窄，其重点是学校的特定工作或专业领域。目前，中国高等职业教育领域的特别评估活动包括德育工作的专项评估、就业工作的专项评估、教职工的专项评估和实践培训等专项评估。专业评估是对高职院校专业建设发展的评价，调查内容涉及专业特征、专业设置结构、人才培养目标规格、课程内容和标准、教学条件等。专业评估的作用主要是促进专业建设，促进高校办学接近当地产业结构的专业环境，提高人才培养的适应性，完善高等职业教育的质量保证体系，形成内外联系的专业发展机制并实现专业管理的科学化。

教育部印发的《职业院校管理水平提升行动计划（2015—2018 年）》强调：提升管理水平是促进职业院校内涵发展的现实要求，是提高人才培养质量的重要保障，职业院校必须“针对学校常规管理中的薄弱环节和突出问题，立知、立行、立改，对症施治、标本兼治，全面提高管理工作的有效性”。①结合高职高专院校的基本特点，依据行动规划的发展目标，以高职高专院校都存在的系（部）职责与权力配置错位、方法手段落后、基本规律忽视、资源管理薄弱等问题出发，设定了相应的评价指标和分值，见表 6. 17~表 6. 20。

表 6. 17　技能型院校学校使命与质量保证绩效指标

指标	二级指标	考核要点
学校使命与质量保证	办学目标定位及其实现	契合地方经济社会发展战略需求，准确分析发展机遇和挑战，积极做到学校总目标定位、人才培养目标定位和质量保证目标三者相吻合
	学校章程及组织架构	学校章程制定科学、组织架构与资源配置合理，符合学校发展需求
	办学规划及其实施	学校教育事业规划制定具有前瞻性、科学性，资源配置与措施保障等能有效地调动人财物等方面资源，有利于实现办学目标
	学校决策领导	结合教职员工、学生等利益相关者的需求，为实现学校目标采取持续、高绩效的行动，科学规避各种风险，确保充足预算和资源支持学校运营
	学校内部质量保证体系	内部质量保证体系健全，有执行有效的年度质量保障和持续改进计划
	办学特色	特色鲜明，为湖北发展提供创新服务、智库服务、人才服务、文化服务等方面有突出贡献

表 6. 18　技能型院校人才培养过程与产出绩效指标

指标	二级指标	考核要点
人才培养过程与产出	人才培养过程与质量	新生入学第一学年结束时的新生保持率
		标准学制内学生毕业率
		所开设专业与湖北区域经济社会发展需求的契合度
		校内实践基地使用频率［$=\sum$（某课程使用实践基地学生人数×周时数×课程所开周数）÷全日制在校生总数］
		基地数及接纳量
		双师型教师占总教师比例

① 职业院校管理水平提升行动计划（2015—2018 年）（教育部 2015 年 9 月 1 日印发）［EB/OL］.（2015-09-01）http：//www. moe. gov. cn/srcsite/A07/moe_950/201509/t20150917_208794. html.

续表

指标	二级指标	考核要点
人才培养过程与产出	人才培养过程与质量	充足的实习时间
		平均班级规模：师范院校、民族院校、工科院校、农林院校、财经院校、政法院校不高于 18：1，医学院校不高于 16：1，体育院校、艺术院校不高于 11：1
		应届毕业生在校期间获取的符合专业面向职业资格证书比例
		毕业生体质健康达标率
		生均获得的各类资助数（元）。依据《高等学校学生资助政策简介（2012 年版）》包含家庭经济困难学生资助、国家助学金、国家励志奖学金、国家奖学金、国家助学贷款、生源地信用助学贷款等
		应届毕业生顶岗实习后被企业直接录用的比例
		应届毕业生初次就业率达到 85%及以上，其中协议就业人数占已就业人数 55%以上
		应届毕业生留鄂就业人数占已就业毕业生人数（不包含升学出国）50%以上

表 6.19　技能型院校科学产出与社会服务绩效指标

指标	二级指标	考核要点
科研产出与社会服务	出版的学术著作	出版学术专著、著作（专著、编著、译著、工具书、教材等）
	鉴定成果及获奖	省部级以上验收、鉴定项目总数，教师获得省部级以上教学成果奖、科技三大奖项数
	横向经费总量	国内外企事业单位、机构、组织委托项目和合作项目数及经费到账
	研究成果转化	科技开发与转让、科技服务与咨询等到账经费额、成果转让转化合同数，产业化及其经济效益
	知识产权数量	知识产权申请数、知识产权授权数
	区域服务意识与责任	具有较为强烈的服务湖北区域发展服务意识，促进所在区域经济社会发展的责任与实效显著

表 6.20 技能型院校学校声誉绩效指标

指标	二级指标	考核要点
学校声誉	学生入学条件与生源情况	新生第一志愿报考录取率与实际报到率
		新生平均高考成绩与同批次录取控制线的差距
	学校筹资能力	学校从科研合同、捐赠、投资等多渠道筹集得到的收入总量及其占学校总办学经费的比例
	教职工幸福与满意度	教职员工对工作场所的健康、安全、人体功效及薪酬福利、服务质量、政策导向等方面状况及其改进的感知和满意度
	学生及家长满意度	学生及其家长对学校办学层次、办学水平、办学质量、管理服务、后勤保障等方面的综合评价（以委托第三方问卷调查形式进行评价）
	其他利益相关者的评价与满意度	社会用人单位对毕业生思想品质、专业水准、业务能力、工作绩效、发展前景等方面的综合评价（以委托第三方问卷调查形式进行评价）
		校友对学校学术研究、课程设置、政策制定、办学特色、社会影响力等方面的综合评价（以委托第三方问卷调查形式进行评价）

本书认为推进应用技能型大学绩效评价的方式：一要立足于“人的发展”这个根本点，通过评估引导高职院校在人才培养上恪守以学生个体能力全面提升和持续发展为导向的高职教育质量观，坚持工具理性与价值理性的有机统一。二要切实推进教育“管办评”分离，提升评估工作的独立性与客观性。“管办评”分离能够有效解决评估主体多元化流于形式、评估中介机构功能的发挥受限、评估结论缺乏客观性和科学性等问题。2015 年 5 月，《教育部关于深入推进教育管办评分离促进政府职能转变的若干意见》（教政法〔2015〕5 号）的颁布为切实推进“管办评”分离奠定了政策基础，未来的主要任务即是如何将其在实践中细化、落实。三要优化评估方案与指标体系，研究对教育思想观念、教学模式与方法、育人环境、创新精神等人才培养中隐性要素进行考察的方式方法，使评估工作真正触及教育教学的核心。四要创新评估形式，研究实施监测评估。与传统评估相比，持续性、系统性、即时性、反馈性是监测评估的基本特征。开展监测评估，可更为彻底、全面和系统地考察教育质量，及时甄别教育活动中存在的偏差与不足。①

① 王永林．我国高职教育评估层次的缺陷与完善［J］．职业技术教育，2015，36（19）：42-46.

6.3　分类发展视阈下高校绩效评价指标应用的案例

湖北省高校的绩效评价体系主要基于评价原则对学校成绩和学校职能的各个方面进行定量评估，由于其简洁、系统的特点，为高校和教育管理部门提供了有效的手段，以了解它们自己的办学及优势。在西方高等教育发达的国家，高校的绩效评价是促进提高办学质量的有效工具，也是国家制定教育政策，分配学校经费，加强学校管理的重要手段，在高校的管理和发展中起着越来越重要的作用。

通过评估指标体系的测量，可以提供有关学校运营状况的准确信息，并反映出大学运营的效率和效果。评价指标体系的测度，不仅对高校改善自身办学习惯具有重要的指导意义，而且对使政府的教育决策更加准确、科学具有重要作用。在诸如英国、荷兰、澳大利亚和美国这样的高等教育强国中，通过绩效指标评估，确定的学校绩效已成为影响政府资助的重要标准。

从实际应用的角度来看，学校办学效能绩效的评价指标更多地用于评价学校办学效率，如生均成本、生师比等，而不是衡量办学效益方面的指标，如升学率、就业率。因而，现实中的这种替代具有一定的合理性和可操作性。因此，为了准确、科学、合理地研究湖北省域高等学校的办学绩效，利用办学效益评价来构建评价指标体系是实现科学评价的有效方法。

本书在针对指标体系和标准建立的基础上，通过数据的采集和分析，针对武汉科技大学和湖北工业大学两所省属重点高校进行比较，通过案例分析的形式，进一步验证指标体系的可操作性、完整性和科学性。

6.3.1　指标的设计

高校的绩效考核范围主要基于高校的三大职能，并结合高校的实际发展特点和规划拟定指标内容。分类发展视阈下高校绩效评价指标应首先从学校使命及质量保障、学校办学条件及其利用、人才培养过程及产出这三个大的方面展开。

6.3.2　选取案例学校简介

1. 武汉科技大学简介

武汉科技大学是省部共建的地方高水平大学，是国家“中西部高校基础能力建设工程”入选高校和湖北省“双一流”重点建设高校。学校于 1958 年组建为武汉钢铁学院，开办本科教育。1995 年，隶属于原冶金部的武汉钢铁学院、武汉冶金医学高等专科学校、武汉建筑高等专科学校合并组建为武汉冶金科技大学。1998 年，根据国家高等教育管理体制改革需要，学校成为第一批划转院校，实行“中央与地方共建，以湖北省人民政府管理为主”政策。1999 年更名为武汉科技大学。

学校构建了以工为主、理工结合，工、理、管、医、文、经、法、哲、艺等学科协调发展的综合性大学学科体系。设置有 20 个教学学院，其中举办本科教育的学院 15 个；77 个本科专业，其中本科招生专业 76 个。另拥有 8 个博士后科研流动站、8 个一级学科博士学位授权点和 38 个二级学科博士学位授权点、33 个一级学科硕士学位授权点和 171 个二级学科硕士学位授权点、18 个硕士专业学位类别。建有 1 个国家重点（培育）学科、10 个省级重点学科，5 个省级重点（培育）学科。在全国第四轮学科评估中，11 个学科位居湖北省属高校第一；材料科学与工程、冶金与矿业工程、机械工程等 3 个学科入选湖北省“国内一流学科”建设学科；材料科学、工程学、化学等 3 个学科进入 ESI（基本科学指标数据库）全球排名前 1%。

学校现有教职工 2 600 余人，其中专任教师 1 800 余人；师资队伍中副高以上职称人员比例超过 59%。拥有双聘院士 8 人。

学校先后获批国家教育质量工程项目 65 项，数量位居省属高校第一；获得国家教学成果奖 4 项，数量位居全国高校前 15 位。近 5 年毕业生平均就业率达到 94%以上。学校被教育部认定为国家级“深化创新创业教育改革示范高校”，被湖北省人民政府认定为首批“省级双创示范基地”。

学校科研实力雄厚，拥有 2 个教育部重点实验室、1 个教育部工程研究中心，8 个省级重点实验室、3 个省级人文社科重点研究基地、1 个省级新型智库、1 个省级工程研究中心、6 个省级工程技术研究中心、4 个省级科技国际合作基地、2 个武汉市工程技术研究中心，1 个国家级协同创新中心（联合）、2 个湖北省协同创新中心。①

2. 湖北工业大学简介

湖北工业大学是一所以工学为主，覆盖工、文、理、艺、经济、管、法和教育八大学科门类的多科性大学。学校创建于 1952 年，1984 年由原湖北轻工业学院和原湖北农业机械专科学校合并组建成湖北工学院，2004 年更名为湖北工业大学。1986 年取得硕士学位授予权；2010 年获得“全国毕业生就业典

① 武汉科技大学－学校简介［EB/OL］.（2019－10－15）［2019－12－15］. http://www.wust.edu.cn/791list.htm.

型经验高校”称号；2014 年，学校整体进入一本高校行列；2012 年、2016 年连续两次入选国家“中西部高校基础能力建设工程”高校；2016 年入选“全国首批深化创新创业教育改革示范高校”；2017 年获批博士学位授予单位。

学校设有 16 个学院，办有 1 个独立学院，有湖北省机电研究设计院股份公司、湖北省农机工程研究设计院和湖北省农机鉴定站等省级科研院所。学校面向全国 31 个省（自治区、直辖市）招生，各类全日制在校学生 2 万余人，其中在读研究生共 6300 余人。

学校现有专任教师 1300 余人。其中，正、副教授 710 人，博士、硕士生导师 552 人，具有博士学位的教师比例达到 51%以上，形成了以国家级人才为领军、省部级人才为中坚、中青年博士教师为骨干的高水平师资队伍。现有各类国家级人才 34 人，省级专家 152 人。

学校现有 68 个本科专业。其中，国家特色专业建设点 4 个，教育部“卓越工程师教育培养计划”入选专业 3 个，产学合作协同育人项目 140 项，湖北省本科高校综合改革试点专业 6 个，湖北省品牌专业 8 个，战略性新兴（支柱）产业及荆楚卓越人才协同育人计划专业 24 个，湖北省“拔尖创新人才培育试验计划”入选专业 1 个，湖北省教学团队 3 个，土木工程专业通过住建部本科专业评估，机械设计及其自动化专业通过中国工程教育专业认证协会认证。

学校建有 1 个教育部重点实验室、1 个教育部研究生创新中心、1 个国家技术转移示范机构、2 个博士后科研工作站、13 个湖北省研究生工作站、2 个湖北省协同创新中心、5 个湖北省重点实验室、14 个湖北省工程技术（研究）中心、2 个湖北省工程实验室、6 个湖北省人文社科研究平台、28 个省级校企研发中心等各类科研平台。2012 年以来，承担省部级以上科研项目 1800 余项，其中国家级项目 300 余项；出版专著和教材 400 多部；发表 SCI 论文 900 余篇、EI 论文 1600 多篇；牵头或参与“973”“863”、国家科技支撑计划和科技部科技重大专项研究 10 多项；获得国家级和省部级科技奖、社科奖、发展研究奖、优秀调研成果奖等 50 余项。

6.3.3 武汉科技大学和湖北工业大学的案例分析——基于学校使命及质量保障的比较

高等学校作为党和人民的教育，承载着民族伟大复兴的责任。中国共产党关于“三个重大责任”即对民族的责任、对人民的责任和对党的责任的重要论述，凸显了中国共产党人高度的历史责任感，体现了当代中国共产党人的崇高责任境界。而高等教育肩负着人才培养、科技创新、社会服务、文化传承的重任，是中华民族伟大复兴使命的重要保障。

1. 湖北省省属高校学校使命与质量保证的评价指标

从高等学校自身定位来看，其主要肩负着强化高校党建和意识形态工作的职责使命，履行培养好人才的职责使命，牢记推动学校内涵式发展的职责使命，承担深化高等教育综合改革的任务和服务经济社会发展的任务。对于省属高校而言，我们认为大学办党和人民的教育，需要有崇高的使命感和高水平的办学质量保证作为基础。只有有了远大的办学理想、清晰的办学思路、科学的办学决策与和谐的办学氛围，才能成为高水平的大学，才能真正为社会经济发展服务，让人民群众、党和国家满意。

本书在科学制定指标体系和标准的基础上，通过数据的采集和分析，针对武汉科技大学和湖北工业大学两所省属重点高校，从省属高校的特点出发，紧密结合新时期省属高校发展和绩效情况的战略进行比较，通过案例分析的形式，进一步验证指标体系的可操作性、完整性和科学性。

湖北省省属高校学校使命与质量保证评价指标如表 6.21 所示。

表 6.21　湖北省省属高校学校使命与质量保证评价指标

指标	二级指标	考核要点	分值
学校使命与质量保证（12 分）	办学目标定位以及实现	契合湖北省地方经济社会发展战略需求，准确分析发展机遇和挑战，积极做到学校总目标定位、人才培养目标定位和质量保证目标三者相吻合	2
	学校章程及组织架构	学校章程制定科学、组织架构与资源配置合理，符合学校发展需求	2
	办学规划及其实施	学校教育事业规划制订具有前瞻性、科学性，资源配置与措施保障等能有效地调动人财物等方面资源，有利于实现办学目标	2
	学校决策领导	结合教职员工、学生等利益相关者的需求，为实现学校目标采取持续、高绩效的行动，科学规避各种风险，确保充足预算和资源支持学校运营	2
	学校内部质量保证体系	内部质量保证体系健全，有执行有效的年度质量保障和持续改进计划	2
	办学特色	特色鲜明，为湖北发展提供创新服务、智库服务、人才服务、文化服务等方面有突出贡献	2

在湖北省省属高校学校使命与质量保证评价指标中，课题组从“办学目标定位以及实现”“学校章程及组织架构”“办学规划及其实施”“学校决策领导”“学校内部质量保证体系”和“办学特色”六个方面出发，评价总分共

计 12 分，对省属高校学校使命与质量保证评价进行综合考量。

2. 比较分析及结论

研究发现，武汉科技大学在校内专门成立了教学质量监控与评估处（教师教学发展中心）、高等教育研究所等行政管理学术研究部门，通过行政管理和理论研究双管齐下的方式不断加强学校的办学质量与内部智力水平。一方面通过理论研究、横向比较来不断明确学校的办学目标与定位，优化学校有限的办学资源配置，实现学校的办学效益最大化；另一方面通过专门的行政管理部门，以类似于第三方的形式对整个学校的内部管理和办学质量进行评价、督导和决策建议。这就使得武汉科技大学的内部治理变得更加有序和科学，办学效益和绩效水平变得更加显著。

同时，武汉科技大学的办学特色十分鲜明，定位十分准确。无论是在人才培养、科技创新或是社会服务等方面都紧密围绕“钢铁、冶金、矿产、材料”这样鲜明的行业特色和优势学科专业展开，通过校企、校地联合办学，依托行业和湖北省地区的经济社会发展实际，充分挖掘办学的潜力和特色，逐步形成了学科门类齐全、行业特色鲜明、服务定位精准的办学模式；而湖北工业大学以“立足湖北、服务工业”为办学定位，坚持培养具有较强创新创业能力和实践能力的高素质应用型人才的目标，多年来毕业生一次就业率保持在 94%以上，积极推进“721”人才培养模式改革，人才培养质量不断提高，科技创新工作不断深入；同时，推进“135”绿色工业学科战略改革，社会影响力不断扩大，取得了较为显著的成绩和进步。但是，相比较武汉科技大学在行业特色挖掘、内部治理的有效性和办学目标的进一步明确等方面还需要进一步完善加强。

6.3.4　武汉科技大学和湖北工业大学的案例分析——基于学校办学条件及其利用的比较

大学之大不在于高楼，而在于教师和大学文化。除了最为核心的软实力条件，在现代大学的创建和运行过程中没有充足的硬件办学条件，或者对现有的办学条件和资源没有科学地利用也很难产生高水平的办学绩效。

办学基础条件及其利用是大学办学的基础，也是高等教育评价硬性指标的重要组成部分。在现代大学建设过程中很难想象没有一定的优秀师资、教学设备、教学场地、办学经费、图书资料、信息网络等资源，该如何可持续地办学。所以课题组选取了“师资队伍结构及其利用”“图书及信息资源利用”“教学及科研创新平台条件”“生均教学行政用房”“生均教学科研仪器设备值”和“教学经费投入”六项二级指标（共计 25 分）来对高校的办学基础条件及其利用部分进行评价，如表 6.22 所示。

表 6.22 湖北省省属高校办学条件及其利用评价指标

指　标	二级指标	考 核 要 点	分值
办学条件及其利用（25分）	师资队伍结构及其利用	生师比合理（综合院校、师范院校、民族院校、工科院校、农林院校、财经院校、政法院校不高于18∶1，医学院校不高于16∶1，体育院校、艺术院校不高于11∶1）	2
		专任教师拥有博士学位的比例在30%以上	2
		专任教师中具有副教授、教授职称比率达30%以上	1
		教授为本科生授课比率	1
		学生评教优良率	1
	图书及信息资源利用	生均图书册数达标（综合院校、师范院校、民族院校、财经院校、政法院校不少于100册/生，工科院校、农林院校、医学院校、艺术院校不少于80册/生，体育院校不少于70册/生；每年新增图书册数生均达3册/生）	1
		信息资源建设水平满足学校教学科研需求；数据与信息可靠、安全、持续性和用户友好，服务人才培养和学校其他工作效果好	1
	教学及科研创新平台条件	拥有各类国家级和省部级重点实验室、基地、中心等，能够在人才培养中发挥作用	3
	生均教学行政用房	生均教学行政用房达标（体育院校不少于22平方米/生，艺术院校不少于18平方米/生，工科院校、农林院校、医学院校不少于16平方米/生，综合院校、师范院校、民族院校不少于14平方米/生，财经院校、政法院校不少于9平方米/生）	2
	生均教学科研仪器设备值	生均设备值达标（综合院校、师范院校、民族院校、工科院校、农林院校、医学院校不少于5000元/生，体育院校、艺术院校不少于4000元/生，财经院校、政法院校不少于3000元/生）	3
	教学经费投入	教学日常运行支出占经常性预算内教育事业费拨款与学费收入之和的比例不低于15%	2
		生均本科教学日常运行支出满足教学需求，且逐年增长	1
		生均本科实验经费满足教学需求，且逐年增长（自然年度内用于实验教学运行、维护经费生均值）	1
		生均本科实习经费满足教学需求，且逐年增长（自然年度内用于本科培养方案内的实习环节支出经费生均值）	2
		生均教学投入逐年增长	2

1. 武汉科技大学办学条件及其利用情况

（1）在校学生情况。2013 年学校有各类全日制在校生 30574 人，其中本科生 24548 人，研究生 3155 人，专科生 2869 人，本科生占全日制在校生总数的比例为 80.29%；2018 年学校有各类全日制在校生数 28073 人，折合在校生数 31190 人，本科生占全日制在校生综述比例为 86.24%（见表 6.23 和表 6.24）。

表 6.23　武汉科技大学 2013 年各类学生数统计表

年度	本科生数	专科生数	研究生数		留学生数	全日制在校生数	折合在校生数	本科生占全日制在校生总数的比例
			博士生	硕士生				
2013	24548	2869	184	2971	2	30574	33728	80.29%

表 6.24　武汉科技大学 2018 年各类学生数统计表

年度	本科生数	专科生数	研究生数		留学生数	全日制在校生数	折合在校生数	本科生占全日制在校生总数的比例
			博士生	硕士生				
2018	24210		332	3479	52	28073	31190	86.24%

（2）生源质量。2013 年学校共录取各类全日制学生 8093 人［其中，博士研究生 53 人、硕士研究生 1033 人、本科生 6317 人、专升本 150 人、高职（专科）生 540 人］。2013 年学校本科文、理科录取线分别超过湖北省重点线 7 分、14 分，录取线高出批次线 20 分以上的省份达到 18 个，本科生第一志愿录取率 99.04%，本科生总报到率 98.80%，新增优质生源基地 5 个。

2018 年学校招生 6207 人，实际报到 6038 人，报到率为 97.28%，2018 年学校本科文、理科录取线分别超过湖北省重点线 32 分、52 分，另外在普通文史类计划的 18 个省份中，高出当地批次线 30 分的省份有 8 个（见表 6.25~表 6.28）。

表 6.25　2013 年本科生文科抛档线高出生源地同批次分数线情况

高出录取线分数段/分	省　份
< 5	安徽、甘肃、江苏、江西、山西、四川
6~10	湖北、山东、重庆
11~15	河北、陕西
16~20	广西、贵州、河南、湖南、新疆
>20	福建、广东、云南、浙江

表 6.26 2018 年本科生文科抛档线高出生源地同批次分数线情况

高出录取线分数段/分	省 份
< 5	重庆
6~15	广东、山西、浙江
11~20	福建、广西
31~40	湖北、河南、山东、新疆
>40	安徽、北京、湖南、陕西、上海

表 6.27 2013 年本科生理科抛档线高出生源地同批次分数线情况

高出录取线分数段/分	省 份
< 5	甘肃、吉林、江苏、内蒙古、天津
6~10	安徽、河北、四川
11~15	黑龙江、湖北、辽宁、山西、浙江
16~20	广西、青海
21~25	北京、陕西、上海
26~30	江西、山东、新疆、重庆
31~35	福建、贵州、海南、河南、宁夏
36~40	湖南、云南
>40	广东、浙江（二本）

表 6.28 2018 年本科生理科抛档线高出生源地同批次分数线情况

高出录取线分数段/分	省 份
< 5	天津
6~10	浙江
11~15	江苏
16~20	吉林
21~25	广东、山西
26~30	无
31~35	云南
36~40	青海
>40	安徽、北京、福建、甘肃、广西、贵州、海南、河北、河南、黑龙江、湖北、湖南、江西、辽宁、内蒙古、宁夏、山东、陕西 上海、四川、新疆、重庆

（3）师资队伍与教学条件。

1）师资队伍。高水平结构合理的师资队伍是高等教育的第一资源，是决定办学质量的关键环节。学校高度重视师资队伍建设，着眼于提高教学队伍整体素质，着力培养优秀的中青年骨干教师和学科带头人，完善人才引进和培训机制，有效优化教学结构。学校现有教职工 2600 余人，其中专任教师 1600 余人。拥有全职及双聘院士 5 人、俄罗斯工程院外籍院士 1 人、“国家杰青” 2 人、全国高等学校教学名师 1 人、全国模范教师 2 人、全国优秀教师 5 人、“全国高校黄大年式教师团队” 1 个、国家级教学团队 3 个、教育部专业教学指导委员会成员 3 人、国家及湖北省新世纪百千万人才入选者 30 人、湖北省“百人计划” 16 人、“楚天学者计划” 入选者 181 人、湖北省教学名师 7 人、湖北名师工作室 4 个、宝钢教育基金优秀教师 33 人，省部级有突出贡献的中青年专家入选教育部和国家外国专家局联合组织实施的“高等学校学科创新引智计划”。

教师结构合理，学历、学位层次和整体水平不断提高，形成了一支老中青相结合、以中青年教师为主的师资队伍。专任教师中具有研究生教师的比例为 69.37%，博士和硕士学位的比例为 80.84%，副高以上职称人员比例为 54.80%（见表 6.29）。

表 6.29　武汉科技大学专任教师职称、学历、学位、年龄结构

结构类型		数量/人	比例/%
职称结构	教授	303	16.50
	副教授	704	38.30
	讲师	702	38.20
	助教	128	6.95
	未定	1	0.05
学历结构	博士	569	30.96
	硕士	706	38.41
	本科	544	29.60
	专科	19	1.03
学位结构	博士学位	573	31.64
	硕士学位	891	49.20
	学士学位	347	19.16

续表

结构类型		数量/人	比例/%
年龄结构	29 岁及以下	309	16.81
	30~34 岁	462	25.14
	35~39 岁	366	19.91
	40~44 岁	287	15.61
	45~49 岁	235	12.79
	50~54 岁	91	4.495
	55~59 岁	77	4.19
	60~64 岁	5	0.27
	65 岁及以上	6	0.33

学校加大青年教师引进和培养力度。2013 年新进教职工 70 余人，比 2012 年有较大幅度增加。选派 53 名教师参加各类海外研修留学项目，选派 10 名教师参加国内访问学者项目；有 22 名青年教师取得博士学位，选派 15 名青年教师参加深入企业行动计划。新建 4 个博士后创新基地，新招进站博士后 14 人，签约横向科研经费 2000 余万元，有效推进了人才结构队伍的改善。

2）生师比。2013 年，学校有专任教师 1838 人，外聘教师 356 人，折合教师总数 2016 人，生师比为 16.73∶1；经过 5 年的不断发展，2018 年，学校拥有专任教师 1 610 人，外聘教师 345 人，折合教师数 1 818 人，师生比为 17.55∶1（见表 6.30）。

表 6.30　武汉科技大学 2013 年、2018 年生师比统计表

年度	专任教师/人	外聘教师/人	折合教师/人	折合在校生/人	生师比
2013	1838	356	2016	33728	16.73∶1
2018	1610	345	1818	31190	17.15∶1

3）主讲教师。学校高度重视主讲教师队伍的选拔和聘任，通过制度规范及相关保障机制，不断提升主讲教师的教学水平、业务能力和综合素养，确保本科教学质量。广大教师坚持以科研促进教学，教学水平高，成效显著，学生满意度高。

4）教授、副教授上课情况。教授、副教授为本科生上课作为学校教学的一项基本制度，而聘用教授的基本条件也包括本科生的教学任务。通过实施岗位责任制、工作量计算、校领导示范、学科带头人上讲台，以及思想工作、宣传舆论等措施，促进教授、副教授积极承担本科生的教学任务。2013 年，全校总课程数 1558 门，教授、副教授讲授本科课程 1090 门，占总课程数的 69.96%。教授、副教授为本科生授课的比例达 100%。

（4）教学及科研创新平台条件。学校具有良好的办学条件。2013 年，校园总面积 177.70 万平方米，本科教学分青山和黄家湖两个校区；校舍建筑面积 104.74 万平方米。其中，教学和行政用房的面积为 49.99 万平方米，学生宿舍面积为 27.22 万平方米，平均学生面积为 58.12 平方米，学生平均教学行政用房面积 16.35 平方米，学生平均实验室面积 5.84 平方米（见表 6.31）。

表 6.31　武汉科技大学基本办学条件统计表

年度	全日制在校生人数	占地面积/平方米		教学行政所用房面积/平方米		实验室面积/平方米	
		学校总面积	学生平均面积	总面积	生均面积	总面积	生均面积
2013	30574	1777037	58.12	499944	16.35	178412	5.84
2018	28073	1709300	60.89	562253.54	20.03	—	—

（5）教学经费投入。学校加大对本科教学经费的投入，保证了教学运行、教学改革和教学基础条件建设等各项工作顺利运行。在各类预算安排中，优先保障本科生教育的培养及教育费用、实验室建设及其维护费用、实验教育教学费用、本科生实习费用、教学改革及研究经费费用。2013 年，有 8187 万元用于本科生日常运行，生均本科教育教学日常运行支出达 3335.09 元，其中，共投入本科教育层次专项教学经费 4764 万元。本科生实验经费 1195 万元，本科生阶段实习经费 500 万元；生均本科实验经费 486.80 元；生均本科实习经费 203.68 元。

2018 年本科教学日常运行支出 12147.34 万元，生均本科教学日常运行支出 4862.63 元，本科实验经费 1540 万元，生均本科实验经费 616.47 元，本科实习经费 451.41 万元，本科生均本科实习经费 600 元（见表 6.32）。

表 6.32　武汉科技大学教学经费投入对比表

年度	本科教学日常运行支出/万元	生均本科教学日常运行支出/元	本科生实验经费/万元	本科生均本科实习经费/元
2013	8187	3335.09	1195	203.68
2018	12147.34	4862.63	1540	600

（6）图书及信息资源状况。学校图书馆始建于 1958 年，是中国高等教育文献保障系（CALIS）编目 C 级成员馆，是“湖北省高校图书馆自动化测评优

秀馆”。

2013 年 12 月，图书馆总面积达 6.46 万平方米，馆藏文献 207 万余册，电子刊 25112 种，电子书 190 万册。2013 年新增馆藏图书 9.24 万册。生均纸质图书 61.52 册。发展到 2018 年，学校共拥有青山校区图书馆、黄家湖校区图书馆及 16 个学院分馆，其中馆藏纸质图书 2636709 册，生均纸质图书 72.83 册,电子图书 1004203 种，学位论文 340 万册，电子期刊 134.46 万册，中外文数据库 81 个，电子期刊 48415 种（见表 6.33）。通过 CALIS 平台和湖北省高校数字图书馆系统与国内高校建立了资源共享关系，形成了纸质文献与电子文献共存、实体馆藏与虚拟馆藏结合、单馆保障与多馆共享的文献信息资源保障体系，保障了本科教学需要。

表 6.33 湖北工业大学 2013 年、2018 年图书馆文献汇总表

项目	图书册数		折合学生数/人		生均册数/(册/生)	
	2013 年	2018 年	2013 年	2018 年	2013 年	2018 年
图书馆	1999099	2636709	33728	36209	59.27	72.83
电子书刊	1900000	1344600	33728	36209	50.96	37.13
总 计	3974881	4321309	33728	36209	117.85	119.34

2013 年，学校进一步加强图书馆网络化、数字化建设，建立外文原始期刊目录库和重点学科网络资源导航系统，开放实时在线咨询系统，实现印刷文献借阅、电子阅览、信息检索、文献传递、用户培训和咨询服务的联网，如表 6.34 所示。加大文献资源建设的力度，深化特色学科文献资源体系的建设，发展电子资源，根据学校教学、科研工作需要，计划引进各种中文光盘、网络数据库、多媒体教学课件、VCD（影音光碟）影视资料等。图书馆成立了“教育部科技查新工作站（Z03）武汉科技大学分站”，建立了武汉科技大学外文文献资源导航系统，完成了 Elsevier 学科分类与学校学院专业的整合，构建了西文期刊导航目录一级学科 47 个，建设 Elsevier 期刊数据 1689 条，期刊与学科匹配的整理数据达 3163 条，外文文献资源导航系统浏览与统计的功能得以实现，实现真正意义上的图书馆嵌入式学科服务。2018—2019 学年，黄家湖省级图书馆系统实现“云桌面”，创设自主学习空间、电子阅览空间、师生研究空间及多媒体培训师等服务区域。图书馆微信公众号的传播影响力度大幅提升，截至 2018 年 12 月，图书馆微信传播指数 WCI 突破 440，在全国高校图书馆微信排行榜中位列第 12 名。

表 6.34　湖北工业大学图书馆文献资料利用及服务情况统计表

年　度		2013 年
借阅服务	年外借书量/册	223870
	生均借书量/册	6.64
电子、网络文献利用	年下载总量/篇	286 万
	日均下载量/(篇/天)	7835.6（含节假日）
接待服务	年接待人次/人	2438589
	日均接待人次/(人/天)	6681（含节假日）

2. 湖北工业大学办学条件及其利用情况

（1）在校学生情况。2013 年，学校普通全日制在校生 21872 人，其中本科生 19532 人（含五年制本科），本科生占普通全日制在校生总数的 89.30%。2018—2019 学年，学校全日制在校生总规模为 22002 人，其中本科在校生 18713 人，本科生数占全日制在校生总数的比例为 85.05%（见表 6.35 和表 6.36）。

表 6.35　2013 年湖北工业大学本科分年级学生人数分布

年级	2012 级	2011 级	2010 级	2009 级	合计
人数/人	4995	4720	4986	4831	19532

表 6.36　2018 年湖北工业大学本科分年级学生人数分布

年级	2018 级	2017 级	2016 级	2015 级	合计
人数/人	4779	4735	4676	4426	18616

2013 年，学校在全国 30 个省（自治区、市）招生，共录取新生 5330 人，其中本科生 5055 人、民族预科生 15 人、专科生 275 人（见表 6.37）。生源质量总体优良，含艺术类，共录取湖北省重点线上 1165 人，全国重点线上 1628 人。2018 年，湖北工业大学共录取新生 4693 人，计划 4503 人，艺术 545 人。

表 6.37　2013 年湖北工业大学本科招生基本数据

类　别	原始招生计划	实际录取人数
一般本科	3250	4280
中职本科	120	144
艺术本科	560	616
民族预科	0	15
本科合计	3930	5055

续表

类　别	原始招生计划	实际录取人数
普通类高职高专	60	60
国际合作专科	190	215
专科合计	250	275

（2）生源质量。由于报考生源较为集中，在追加1000人招生指标的情况下，学校2013年在湖北省招生的本科录取分数线，理科为519分，高于同批次录取线57分；文科为518分，高于同批次录取线38分，不含艺术类考生和中职考生。湖北省共有3554名一本线上考生在二本批次第一志愿选择报考湖北工业大学，最终录取理科773人、文科49人。另外，学校艺术类一本线上考生录取343人。由于湖北省高考政策的调整，在录取批次减少的背景下，学校2018年在湖北省招生的本科录取分数线，理科为547分，高于同批次录取线35分；文科分数线为584分，高于同批次录取分数线23分（见表6.38）。

表6.38　2013年、2018年湖北工业大学在湖北省本科录取情况统计表 单位：分

年份	科类	录取控制线	学校录取分数线	校线高于同批次录取线	校线低于第一批次录取线
2013	理科	462	519	57	8
	文科	480	518	38	13
2018	理科	512	547	35	—
	文科	561	584	23	

（3）师资队伍与教学条件。学校的师资队伍中，湖北省“百人计划”“楚天学者计划”等专家人才项目185人。其中，国家外专局高端外国专家资助人选3人、教育部新世纪优秀人才8人、教育部专业教学指导委员会成员7人；湖北省高端人才引领计划入选者1人、省贴专家19人、省突出贡献专家30人、省新世纪高层次人才工程第一层次人选3人、第二层次人选10人、湖北名师2人、国家留学人员科技活动择优资助8人；湖北省“百人计划”入选者11人、“楚天学者计划”入选者49人、湖北省教育厅“彩虹学者项目”人选3人。

随着湖北工业大学教师队伍的不断壮大，截至2018年，学校统计专任教师1355人。专任教师中，“双师型”教师405人，占专任教师的比例为29.89%；具有高级职称的专任教师702人，占专任教师的比例为51.81%；具有研究生学位（硕士和博士）的专任教师1278人，占专任教师的比例为94.32%。其中，具有正高、副高职称651人，拥有博士学位教师717人。现

有各类国家级人才 27 名、省级专家 155 名。其中，双聘院士 1 人、国家杰出青年科学基金获得者 1 人、“万人计划” 入选者 2 人、国家百千万人才工程人选 2 人、全国杰出专业技术人才 1 人、科技部中青年科技创新领军人才 2 人、享受政府津贴人员 9 人、国家有突出贡献中青年专家 1 人、全国模范（优秀）教师 3 人、湖北省 “百人计划” 专家 24 人、楚天学者 99 人、享受湖北省政府专项津贴人员 9 人、湖北省有突出贡献中青年专家 13 人、湖北教学名师 4 人、湖北名师工作室主持人 2 个、楚天园丁奖 1 人、湖北省产业特聘教授 3 人。同时，学校还先后从校内专任教师中选聘 “南湖学者” 125 名、“教学名师” 培育对象 21 名，从国内外著名高校、科研院所及大型企事业单位聘请了 134 名有影响的学者担任兼职教师。

2013 年、2018 年湖北工业大学专任教师数及职称结构比较如表 6.39 所示。

表 6.39　2013 年、2018 年湖北工业大学专任教师数及职称结构比较

项　目	2013 年	2018 年
专任教师人数	1202	1362
拥有高级职称教师占比/%	44.59	51.20

专任教师承担本科课程教学情况和所有教授、副教授承担本科课程教学任务作为考核学院整体教学工作状态和教师个人岗位履职尽责状况的重要评估指标。全年教授和副教授为本科生授课率达到 100%，其中教授主讲的本科课程达到 330 门次，占本科课程总门次的 14.95%。

（4）教学及科研创新平台条件。学校校园占地 1052092 平方米，产权校舍建筑总面积 809627 平方米，其中，教学行政用房 365312 平方米，生均 18.70 平方米（见表 6.40），实验室面积 190642 平方米，生均 9.76 平方米。

表 6.40　湖北工业大学教学科研及辅助用房面积统计表

类　型	校舍建筑面积/平方米
教室	115654
图书馆	13016
实验室、实习场所	190642
专用科研用房	12805
体育馆	6307
会堂	4790
合　计	343214

（5）教学经费投入。学校高度重视本科教学，积极整合校内外教学资

源，优先安排教学预算，确保学生的日常教学支出逐年增加，为本科教学工作的开展提供资金支持。

2013 年，学校投入本科生教学日常运行的资金达 2742. 16 万元，生均日常教学运行费用 1403. 93 元。除此之外，2013 年全年本科生专项教学费用 2367. 58万元，教学实验费用 408. 37 万元，教学实习费用 320 万元，生均教学实验费用 209. 08 元，生均教学实习经费 217. 05 元。

2018 年教学日常运行支出为 5757. 29 万元，本科实验经费支出为1422. 56 万元，本科实习经费支出为 678. 49 万元，生均教学日常运行支出为 3094. 49 元,生均本科实验经费为 764. 61 元，生均实习经费为 364. 68 元（见表 6. 41）。

表 6. 41　2013 年、2018 年湖北工业大学本科教学日常运行支出对比统计表

项　　目	2013 年	2018 年
本科生教学日常运行/万元	2742. 16	5757. 29
教学实习费用/万元	320	678. 49
生均教学实习经费/元	217. 05	364. 68
生均教学日常运行费用/元	1403. 37	3094. 49
生均教学实习经费/元	217. 05	364. 68

学校逐年增加教学设施经费投入，并加强过程管理，提高使用效率和服务人才培养的能力，不断提升学校教学科研水平与办学实力。

（6）图书及信息资源状况。学校图书馆现有馆藏图书总量 484. 46 万册，生均 248. 03 册。其中，纸质 155. 84 万册、电子 328. 62 万册、中外文电子期刊 24803 种。引进了大型数据库 SCI，续订了 Elsevier、EI、IEL、SpringerLink、EBSCO、Emerald、ASCE、CNKI 中国知网、维普数据库、万方数据资源系统、超星数字图书馆、知识视界等中外文数据库，并与北京世纪读秀技术有限公司合作建设了湖北工业大学工业特色数据库，自建了湖北工业大学博硕士论文数据库、湖北工业大学优秀本科生论文数据库、高分子材料期刊数据库、高分子外文期刊数据库、新型高分子材料工艺配方数据库这 5 个特色数据库。学校还开通了创业、就业数字图书馆、起点考研网、蔚秀报考厅、墨香华文数字报纸数据库等 17 个数据库的试用。

3. 比较分析及结论

根据 2018 年武汉科技大学和湖北工业大学两所高校的办学条件及其利用的指标点数据分析其结果如下。

一是在师资队伍结构上。武汉科技大学的高职称教授人数是 396 人，副教授是 709 人，占总人数比例达到 64.2%，湖北工业大学高职称教授人数 259 人、副教授 421 人，占总人数比例达到 48.11%。另外，在湖北省“百人计划”专家、楚天学者、湖北教学名师、湖北名师工作室主持人、楚天园丁奖，国内外著名高校、科研院所及大型企事业单位聘请的国内院士和国外院士在内的兼职教授等高层次人才的数量上湖北工业大学较武汉科技大学有较大的差距。这就说明两校虽同为省属重点本科院校，但是在办学条件的关键软实力上还有较大的差距。

二是在教学经费投入上。武汉科技大学本科教学的日常运行支出费用约为 12147.34 元，学生每人平均的本科教学日常运行支出约为 4862.63 元。另外本科实验经费约为 1540 万元，学生每人平均的本科实验经费约为 616.47 元；对于本科实习经费，约为 451.41 万元，学生每人平均的本科实习经费 600 元。湖北工业大学本科教学日常运行支出合计为 5757.29 万元，与武汉科技大学相比差距明显；但本科实验经费支出为 1422.56 万元，与武汉科技大学相差较少，此外生均本科实验经费为 764.61 元，略高于武汉科技大学本科学生的实验经费。这说明两所学校虽然在办学的硬实力投入上仍然存在着一定差距，但是从本科生均所获得的资源来看湖北工业大学更可圈可点。

三是在图书资源配套上。截至 2018 年年底，武汉科技大学图书馆总面积达 6.46 万平方米，馆藏纸质图书 260 万余册，生均纸质图书 72.82 册，电子图书 1004203 种，电子期刊 134.46 万册。湖北工业大学拥有纸质图书 184 万余册，当年新增 53540 册，生均纸质图书 65.34 册；拥有电子期刊 138 万余册，2018 年图书流通量达到 17.5 万册。这说明湖北工业大学在不断努力加强办学的配套条件，不断完善图书网络信息等资源的建设，为学生学习、教师教学提供了良好的保障。总体来看，武汉科技大学在基础性的办学条件上较湖北工业大学有一定的优势。

6.3.5 武汉科技大学和湖北工业大学的案例分析——基于人才培养过程及产出的比较

人才培养是高等教育的中心工作，大学的本质就是培养符合党和国家要求的高素质人才，特别是省属高校作为国家人才培养的主阵地，对其评价的关键就是人才培养。所以，课题组分别从本科人才培养和研究生人才培养两个方面(共 30 分)，对人才培养的过程与产出进行评价。湖北省省属高校人才培养过程与产出评价指标如表 6.42 所示。

表 6.42 湖北省省属高校人才培养过程与产出评价指标

指标	二级指标	考核要点	分值
人才培养过程与产出（30 分）	本科人才培养过程与质量	新生入学第一学年结束时的新生保持率	3
		标准学制内本科生毕业率	3
		所开设专业与湖北区域经济社会发展需求的契合度，省部级以上各类本科教学工程比率	4
		每百名本科生均课程开设门数及拥有省部级以上各类精品课程比例	3
		毕业生体质健康达标率	2
		生均获得的各类资助数（元）。依据《高等学校学生资助政策简介（2012 年版）》包含家庭经济困难学生资助、国家助学金、国家励志奖学金、国家奖学金、国家助学贷款、生源地信用助学贷款等；国家级与省级大学生创新创业训练计划、湖北高校优秀大学生海外游学计划资助	3
		省级以上优秀学士学位论文获奖比例	3
		应届本科毕业生考研录取率	2
		应届毕业生初次就业率达到 85%及以上，其中，协议就业人数占已就业人数 60%以上；应届毕业生留鄂就业人数占已就业毕业生人数（不包含升学出国等）50%以上	2
	研究生培养质量	省部级以上优秀硕士学位论文获奖比例	2
		博士研究生的报考录取率	1
		全国百篇优秀博士论文	1
		硕士、博士研究生数占在校生总数的比例	1

1. 武汉科技大学人才培养过程及产出情况

（1）专业结构与布局。学校以品牌（特色）专业和专业综合改革试点项目为依托，围绕国家经济社会发展和产业转型升级需求，坚持“改老、扶新、建特、支优”的专业建设思路，在保持传统专业优势与特色的同时，加大专业调整和建设力度，优化专业结构与布局。2013 年，本科专业数量增加69 个，涵盖 8 个学科门类，已初步形成以工为主，理工结合，工、理、管、医、文、经、法、艺协调发展的格局（见表 6.43）。经过数年的不断发展建设，截至 2018 年，学校共有 7 个国家级特色专业、6 个国家级卓越计划专业、1 个国家级专业综合改革项目专业、11 个省级品牌专业、7 个省级专业综合改革试点专业、8 个省级“荆楚卓越人才”协同育人计划专业、10 个省级战略新兴（支柱）产业人才培养计划专业。

表 6.43　武汉科技大学本科专业布局与结构一览表

学科门类	专业数目	专业名称	所占比例/%
工学	34	化学工程与工艺、生物工程、安全工程、采矿工程、环境工程、矿物加工工程、材料成型及控制工程、金属材料工程、能源与动力工程、无机非金属材料工程、冶金工程、材料化学、机械电子工程、机械工程、电子信息工程、自动化、电气工程及其自动化、轨道交通信号与控制、工程力学、材料物理、计算机科学与技术、软件工程、网络工程、信息安全、给排水科学与工程、建筑环境与能源应用工程、建筑学、土木工程、工业设计、风景园林、车辆工程、交通工程、交通运输、汽车服务工程	49.28
管理学	13	工业工程、财务管理、会计学、市场营销、电子商务、工商管理、工程管理、人力资源管理、信息管理及信息系统、劳动与社会保障、行政管理、物流工程、物流管理	18.84
艺术学	7	绘画、雕塑、视觉传达设计、环境设计、产品设计、服装与服饰设计、公共艺术	10.14
文学	3	英语、德语、翻译	4.35
医学	5	临床医学、护理学、药学、预防医学、卫生检验与检疫	7.25
理学	3	信息与计算科学、应用化学、人文地理与城乡规划	4.35
法学	3	法学、政治学与行政学、社会工作	4.35
经济学	1	国际经济与贸易	1.44

（2）专业综合改革。学校积极推进专业综合改革。2013 年，“机械工程”获批国家级专业综合改革试点项目专业，“计算机科学与技术”“矿物加工工程”入选省级专业综合改革试点项目专业。截至 2013 年年底，有国家级特色专业 7 个，占专业总数的 10.14%；省级特色专业 11 个，占专业总数的 15.94%。另外，该校中属于国家级专业综合改革试点项目的专业有 1 个，属于省级专业综合改革试点项目的专业有 3 个（见表 6.44）。

表 6.44 武汉科技大学现有国家级、省级品牌或特色专业以及专业综合改革试点项目一览表

序号	专业名称	称　号	立项年度	学　院
1	机械工程	国家第一类特色专业	2007	机械自动化学院
2	无机非金属材料工程	国家第一类特色专业	2007	材料与冶金学院
3	冶金工程	国家第一类特色专业	2008	材料与冶金学院
4	自动化	国家第一类特色专业	2009	机械自动化学院
5	计算机科学与技术	国家第二类特色专业	2009	计算机科学与技术学院
6	化学工程与工艺	国家第一类特色专业	2010	化学工程与技术学院
7	矿物加工工程	国家第一类特色专业	2010	资源与环境工程学院
8	机械工程	省级品牌专业	2003	机械自动化学院
9	无机非金属材料工程	省级品牌专业	2003	材料与冶金学院
10	冶金工程	省级品牌专业	2004	材料与冶金学院
11	自动化	省级品牌专业	2005	机械自动化学院
12	材料成型及控制工程	省级品牌专业	2006	材料与冶金学院
13	化学工程与工艺	省级品牌专业	2006	化学工程与技术学院
14	矿物加工工程	省级品牌专业	2007	资源与环境工程学院
15	工商管理	省级品牌专业	2007	管理学院
16	计算机科学与技术	省级品牌专业	2008	计算机科学与技术学院
17	建筑环境与能源应用工程	省级品牌专业	2009	城市建设学院
18	电子信息工程	省级品牌专业	2010	信息科学与工程学院
19	机械工程	国家级专业综合改革试点	2013	机械自动化学院
20	计算机科学与技术	省级专业综合改革试点	2013	计算机科学与技术学院
21	矿物加工工程	省级专业综合改革试点	2013	资源与环境工程学院
22	化学工程与工艺	省级专业综合改革试点	2012	化学工程与技术学院

（3）课程规划与建设。学校以课程内容改革、教学手段改革、教学方法改革和考核制度改革为核心目标，充分利用信息化手段，积极开展课程建设、突出公共基础课和专业核心课程建设，加强现有国家级、省级和校级精品课程建设，积极引进和建设慕课（MOOC）课程等精品开放课程，继续实施“精品视频公开课建设计划”“精品资源共享课建设计划”和“双语课程建设计划”。2013 年获批国家级精品资源共享课程 5 门（见表 6.45）、省级精品视频公开课程 1 门（见表 6.46）；立项校级精品视频公开课 5 门、精品资源共享课 10 门、双语课程 6 门（见表 6.47）。

表 6.45　国家级精品资源共享课程一览表

序号	课 程 名 称	负责人	开 课 学 院
1	机械原理	孔建益	机械自动化工程学院
2	自动控制原理	吴怀宇	信息科学与工程学院
3	过程控制与集散系统	潘炼	信息科学与工程学院
4	世界政治经济与国际关系	邓泽宏	文法与经济学院
5	耐火材料工艺学	顾华志	材料与冶金学院

表 6.46　省级精品视频公开课一览表

序号	课程名称	负责人	开课学院	所属学科
1	灾害救援与防疫	张玲	医学院	预防医学

表 6.47　校级双语教学立项建设课程一览表

序号	课 程 名 称	负责人	开 课 学 院
1	建设工程概论（Introduction to Construction Engineering）	肖良丽	城市建设学院
2	MATLAB 语言（The MATLAB Programming Language）	廖宇峰	信息科学与工程学院
3	财务分析（Financial Analysis）	高峻	管理学院
4	Oracle 数据库技术（Oracle Database Technology）	柯鹏	计算机科学与技术学院
5	普通心理学 General Psychology	邹琼	管理学院
6	发动机原理 Fundamentals of Engine	王维强	汽车与交通工程学院

2018—2019 学年，学校积极推行新型课堂教学，开设 197 门次的校内外慕课作为学分课程，修课学生达到 3 万余人。同时为推进高水平课程的引进，武汉科技大学积极与爱课程网、学堂签署合作协议。

（4）人才培养模式改革。学校结合办学定位和人才服务面向，积极探索人才培养模式改革与创新，构建既有利于发挥特色优势，又有利于队伍整合和资源共享的教学管理体制和运行机制，为培养富有创新精神和创新意识、具有较强实践动手能力的高素质应用型人才搭建了良好的平台。学校提出“多元化”的人才培养模式，对于具有专业知识并具有创新和创业潜力的学生，实行导师指导制、小班化教学、个性化启发、国际化交流（“三化一制”）的创新型学生培养模式；依托协同创新中心，探索校企协同、校院（所）协同等育人新模式，实施“香涛计划”；推进大类招生与培养，允许学生自主选择专业，继续实施辅修制和双学位培养，挖掘学生的学习潜力，促进学生个性化发展。

（5）教学质量保障体系建设及运行情况。学校坚持育人为本，建立和完善“四方监控”教学质量保障体系，加强教学质量监控，稳步提高本科教学质量。“四方监控”教学质量保障体系就是依据主要教学环节质量标准，其中管理者把管理制度视为规范，督导员把督导制度作为指导，教师把教学制度视为尺度，学生把评教制度作为根据，对整个教学过程进行监督，最终达到教学进行得更加顺利并且完善的目标。

学校各级领导通过期初教学巡视、期中教学检查、期末考试巡视、专项检查、随堂听课等形式，深入理论教学、实践教学和素质教育三个环节，对学生学习和教师、督导员的工作过程进行监控，对发现的问题进行分析研究，提出处理意见和整改措施，对共性问题则从制度层面上加以解决。

学校建立了校院两级督导体系，并聘任16位教学督导员。学校建立有计划的固定检查和专项检查相结合的教学质量监督机制，有效监控各教学环节的运行状态，强化对教师教学、学生学习及教学管理的监督和指导。

教师对教学质量监控的主要形式有互评、评学和评管。学校实行同行教师互评制度，通过相互听课、查阅试卷、互查毕业设计（论文）等方式，查找问题，提出改进意见或建议，改变了教师原来消极被动的被评价地位，使教师成为教学质量评价的主体。

学生对教学质量的督评主要包括学生评教和学生信息员反馈教学信息等方面。课程结束后，学生对教师的授课情况进行全面的评价，教学质量监控与评估处通过教务管理系统对学生评教情况进行统计、分析和排名，每学期编印《课堂教学调查评估》，公布学生评教结果。同时，将评教结果反馈给学院及任课教师本人。学校对学生评教成绩优异者进行奖励，对排名落后者限期整改，在职称评定、课酬计算等方面制定了相应的奖惩办法，有力地促进了教学质量的提高。

2. 湖北工业大学人才培养过程及产出情况

（1）专业建设情况。以绿色工业专业建设为龙头，实施专业动态调整，优化本科专业结构布局。学校主动服务湖北经济社会发展主战场，严格对照《普通高等学校本科专业目录和专业介绍（2012年）》对已设置的本科专业进行梳理，经教育部备案本科专业达到56个，涉及六大学科门类，布局更加合理。出台了《本科专业动态调整实施细则》，探索以第一志愿报考率、报到率、专业保有率及初次就业率四类核心数据为依据，实施专业预警与动态调整。2013年，学校增设商务英语专业，并将风景园林专业学制调整为四年份制，组织土木工程专业顺利通过住房城乡建设部评估，使得该专业毕业生达到申请参加注册师考试的教育标准，为该专业实现与国际发达国家学历互认创造了条件。2018 年湖北工业大学共有 4 个国家特色专业，17 个省部级优势专业，19 个省级一流专业，3 个入选教育部“卓越工程人才”计划专业，4 个入选教育部“卓越教师”计划专业。

学校以本科教学工程项目建设为抓手，推进校企合作，促进专业建设水平提升。环境工程（轻工清洁生产）、高分子材料与工程、生物工程三个专业获批湖北省本科“专业综合改革”试点项目；轻化工程专业获批湖北省战略性新兴（支柱）产业人才培养计划；建筑学专业获批教育部—欧特克公司产学合作专业综合改革项目，依照教育部卓越工程师培养计划要求和标准，学校开展了校级卓越工程师计划遴选和培养工作；高分子材料与工程、化学工程与工艺等 6 个专业入选校级培育计划。

（2）课程建设情况。学校坚持以校级、省级、国家三级精品课程群建设为突破，积极提高学校课程整体质量。学校明式家具欣赏课程成功获批教育部第四批“精品视频公开课”，工程图学、电路理论两门课程获批湖北省级精品资源共享课。

全面实施公共基础课程改革，强化学生基础能力培养。改革计算机基础课程的教学和考核，以学生自主学习为主、教师指导为辅，强化阶段性上机测试，以考代练、以考促学，提高学生计算机实际运用能力与水平。改革大学英语教学模式，强化一年级英语课程学习，为高年级学有余力和兴趣浓厚的学生开设英语选修课程，保持英语语言学习四年不间断。2011 级学生大学英语四级一次性通过率为 73. 36%，2009 级学生大学英语四级累计通过率为 80. 16%。积极推进思想政治课教学内容整合、教学方法改革，倡导研讨交流、论文撰写、案例分析、专家学术报告等多种形式，增强教学效果。结合各专业特点，有针对性地调整高等数学、大学物理教学目标及内容，加强基础课与专业有机结合、服务于学生专业学习与发展。积极推行公共基础课教考分离，借助南湖十校联盟平台，开展大学英语、高等数学等科目跨校联考。

大力推进精品课程改造升级，提升优质课程育人效果。依据办学特色，发挥学科专业资源优势，深入开展课程基本建设，增强精品课程辐射示范作用。按照国家精品资源共享课建设技术要求和评审指标，主动升级改造现有省级 21 门精品课程，逐步全面更新课程网站，引导教师充分运用优质课程资源充实日常教学。

深入挖掘公选课资源，丰富人文素质教育。结合人才培养目标定位，鼓励教师尽可能开设有利于丰富知识、拓宽视野、提高兴趣的通识教育选修课。努力开发网络教育资源，引入湖北省知识产权远程教育平台，为学生开设知识产权的国际保护、专利文献信息与检索、专利文献基础知识等 12 门课，使得大学生既能提升知识产权意识和人文素质，又能获取资格证书且取得相应的学分。全年累计提供通识教育选修课程 157 门次，修读人数 19000 余人次。

（3）教学质量监控情况。遵循“监控测量→数据采集→信息形成→动态评价→改进教学→响应问责”的思路，进一步优化教学质量常态监控与动态评估相结合的校内教学评估制度。紧紧围绕“721”人才培养模式改革，对评估的侧重点和具体指标进行调整与优化，注意采集日常教学状态关键数据，在常态监控中对教学工作质量进行动态评价，并将各教学单位的教学工作状况进行量化评价。按“优秀、良好、合格及不合格”四个等级分别确定教学质量系数，与学院本科人才培养业绩经费分配挂钩，按照教学质量调节学院教学收入分配。同时，实施教学质量“一票否决制”，即凡发生重大教学事故的学院直接认定为不合格。

（4）人才培养模式改革。学校贯彻落实国家创新驱动发展战略，把立德树人作为人才培养的中心环节，加强顶层设计，探索人才培养实践的新理念、新方法、新模式，积极完善课程体系、拓宽成才路径、明确目标，为我国培养高素质应用型人才而不断努力。

深化“721”人才培养模式改革，培养创新创业和实践能力强的高素质应用型人才。以生为本，因材施教，学校全面实施了梯形多元、分类培养、协同育人的“721”人才培养模式改革，并出台《湖北工业大学关于推进“721”人才培养模式改革的指导意见》和《湖北工业大学关于制订“721”本科人才培养方案的指导性意见》，结合对行业企业人才需求以及校友回访开展专题调研，进一步明确培养目标和培养规格，优化专业核心课程模块，组织开展本科专业人才培养方案制订工作，源头设计着力培养学生创新创业和实践能力。

3. 比较分析及结论

根据武汉科技大学和湖北工业大学两所高校的人才培养过程与产出的指标点数据分析如下。

（1）专业建设方面。武汉科技大学在专业数量、学科门类覆盖面和专业的行业面向上具有一定的优势。特别是在机械工程、无机非金属材料工程、冶金工程、自动化、计算机科学与技术、化学工程与工艺和矿物加工工程等高层次国家级特色专业上存在较大的优势。但是，湖北工业大学在专业动态调整主动适应经济社会发展和率先开展专业认证等工作上取得了较好的成绩，此外湖北工业大学专业带头人中具有高级职称人数占总比例的 95.65%，专业建设充分得到人才保障。

（2）课程建设方面。两所高校在课程建设方面均以课程内容、教学手段、教学方法、考核体系等方面的改革为核心，充分利用信息化手段，积极开展课程建设，突出公共基础课和专业核心课程建设，并都分别在国家级精品视频公开课和省级精品资源共享课上取得了突破。特别湖北工业大学注重课程体系之间的融合与改造，通过课程的分类有序建设和合理的改造升级取得了事半功倍的效果。

（3）人才培养模式改革方面。两所高校都结合办学定位和人才服务面向，积极探索人才培养模式的改革与创新，构建既有利于发挥特色优势，又有利于队伍整合和资源共享的教学管理体制和运行机制，为高素质应用型人才搭建了良好的平台。武汉科技大学提出“多元化”的人才培养模式，对于具有专业知识并具有创新和创业潜力的学生，实行导师制、小班化、个性化、国际化（“一制三化”）的培养模式。湖北工业大学提出了以生为本，因材施教，全面实施梯形多元、分类培养、协同育人的“721”人才培养模式改革，此外湖北工业大学大力推进创新创业教育，学校成立了创新创业领导小组，统筹规划相关的实践、教学、竞赛等工作，并设立就业创业学院，积极开展创业培训项目 26 项，开展创新创业教育讲座 40 余次，设立创新创业奖学金 180 万元。

由于数据资料收集的局限性，部分数据资料难以获取，所以本案例研究主要集中于学校使命与质量保证、办学条件及其利用和人才培养过程与产出三个一级指标的比较分析。总的来看，目前相应的评价体系的指标和分值设定能够较为全面准确地对高校办学水平进行评价，较好地起到促进高校办学绩效提高的作用，具有较高的理论和实践价值。

第7章 研究的主要结论与展望

高校分类发展是高等教育多样化的根基，也是建设结构优化和功能耦合的高等教育强国的基石。随着我国高等教育发展向着纵深方向不断迈进，高等教育的关注重心逐渐由规模的扩张转变为质量的提升。高等教育进入大众化发展阶段后，高校的数量也在不断增加，引导不同层次、不同类型的高校合理定位与科学发展。健全高校绩效评价体系是推动高等教育快速发展的驱动力之一，并已成为新时期我国高等教育深化改革创新、促进科学发展的突破口。

7.1 研究的主要结论

本书在研究高校绩效评价问题时，通过相关概念的界定以及运用有关理论，厘清了研究的范围和边界，从而确保研究聚焦；从分类发展视阈下讨论高校绩效评价的演进及现状，总结高校绩效评价的基本规律；比较研究国外高校绩效评价体系的演进模式和发展经验，为我国建立符合中国国情和国际发展趋势的高校绩效评价体系提供参考与借鉴。本书依据我国高校绩效评价的发展特征、国外高校绩效评价体系的演进模式和发展经验，得出以下几个方面的主要结论。

一是以分类发展视阈下高校绩效评价推进高校内涵式发展。分类发展视阈下高校绩效评价有利于推动高校由规模扩张转向内涵式发展。有效引导高校的有序发展，进行分类管理，从学校的类别、学科的发展态势以及高校的投入与产出等角度出发，对高校的区别性进行客观判断，对高校进行分类评价。高校的绩效评价是一种投入与产出的效率及效益的衡量，应从经济效益即投入产出比方面进行研究，以分类发展视角突破原有绩效评价体系的构成，发挥既可以突出高校特色，又能够对高校绩效进行全面评估的作用。运用高等教育分层理论、高校社会职能理论、教育经济效率理论、新公共管理理论、组织绩效评价理论，从这些理论出发，针对不同类型、不同层次的高校实施具体的分层分类管理，有效引导高等教育和高等学校多样化发展。基于分类发展的角度对高校绩效评价进行研究，将强化效益的重要性融入高校分类绩效的评价环节，促使高校在对现有资源充分利用的基础之上，避免重复投入的现象出现，以分类发展视阈下高校绩效评价推进高校内涵式发展。

二是高校绩效评价从政府推动到进行实践性高校评价，形成制度化评估体系。近 30 年来，我国高校绩效评价的演变过程，即从最初的政府政策推动到进行实践性高校评价，经过理论和实践的反思，最终形成制度化评估体系，完成了高等教育评估“试点阶段、推广阶段、周期运行阶段、分类评价阶段”的发展历程，形成了较为系统的高校评价理论和制度体系。通过回顾高校绩效评价的历史，总结得出当前我国高校绩效评价的四个趋势，评价目标从奖惩到发展，评估主体从单一到多元，评估指标从统一到分类，评价对象从学校到专业。为我国高校绩效评价总结出发展规律，以推动我国高校绩效评价的发展，形成制度化评估体系。

三是优化高校绩效评价要求多主体参与，以科学、合理、系统的原则进行分类管理。高校绩效评价的内在目的是促进高校资源配置的优化，引导高校关注绩效。分类发展视阈下高校绩效评价的优化要求多主体参与，需要从责任主体、参与主体和管理主体这三个方面展开，以科学、合理、系统的原则进行分类管理。高校绩效评价的责任主体应加强责任主体意识及资源利用效率意识，将教育资源切实分配合理，减少资源浪费及经费不足等现象，从而提升高校产出职能。高校绩效评价的参与主体应规约第三方机构评价行为，依托专业机构，采用科学的方法，综合考量投入、过程、产出、办学特色等方面，筛选各类高校关键的绩效评价指标。高校绩效评价的管理主体应积极借鉴西方国家预算绩效管理的经验和做法，把绩效管理制度引入我国的政府公共支出管理当中。

四是高校绩效评价指标存在进一步细化的空间。从分类发展的角度出发，高校分为综合研究型大学、应用研究型大学、教学研究型大学和技能应用型大学四大类。不同类型的高校其绩效评价指标的侧重点也有所不同，采用不一样的评价标准，才能引导高校各居其位、各得其所、各尽其能。本书结合高校绩效评价指标应用的案例分析，确定高校绩效评价指标设定为：学校使命与质量保证、办学条件及其利用、人才培养过程与产出、科学研究产出、社会服务效果和学校声誉 6 个一级指标。高校评价指标体系对高校有着改进自身办学实践和提升办学水平的重要指导意义。但是高校绩效评价指标存在进一步细化的空间，应借鉴外国优秀经验，优化我国高校绩效评价指标体系，进一步细化一级指标、二级指标以及三级指标，构建科学合理的绩效评价指标，从而达到对四种类型高校绩效评价指标的高效应用。

7.2 创 新 点

本书在以下两个方面体现了自己的创新。

一是通过广泛的文献综述、系统的高校绩效评价理论研究以及全面的中外高校绩效评价历史考察和比较研究，界定了分类发展视阈下高校绩效评价研究的内涵，探讨了高校绩效评价的理论基础，比较研究国外高校绩效评价体系的演进模式和发展经验，为我国建立符合中国国情和国际发展趋势的高校绩效评价体系提供参考与借鉴，以此提出分类发展视阈下高校绩效评价的优化策略。

本书认为，高校绩效评价就是为了实现同类高校的良性竞争，要实现高等教育质量的全面提升，需从多方入手，推动高等教育的内涵式发展：一是构建分类化的发展格局，使不同类型高校在各自的领域内发挥其独特的作用，从而实现资源配置的最优化和功能发挥的最大化；二是建立科学有效的绩效评价制度，从而完善高等教育的质量保障机制。本书正是从这一大的历史背景出发，将研究的重点落在了湖北省高等教育在相关领域的改革和发展上，以湖北省高等教育为聚焦对象，以分类化发展和绩效评价体系构建为两大支点，提出了本书所关注的核心问题。

二是在广泛查阅当前我国高校绩效评价的大量基础研究上，采取科学的分析手段与方法，进行了比较系统的分析，提出了分类发展视阈下高校绩效评价的优化策略，建立了分类发展视阈下高校绩效评价指标体系，并利用优化策略与评价指标体系对我国高校绩效评价进行细致的实证研究。

本书运用比较研究法，选择了美国、英国、德国、澳大利亚、荷兰、日本作为比较研究对象，深入剖析了这六个国家高校绩效评价的基本现状、主要举措与经验，参照国外高校绩效评价体系的先进经验和具体做法，从而找到一些合理改进我国高校绩效的途径和方法，即分别对不同类型高校进行组织、协调、规划、引导、控制、服务，从而推动不同高校努力实现更高的办学绩效。以绩效为驱动的管理机制和资源配置策略创新是高校绩效评价目标实现的关键。通过整体思路整理，提出分类发展视阈下高校绩效评价的优化策略。通过对综合研究型大学、应用研究型大学、教学研究型大学和技能应用型大学四类大学的绩效评价指标体系的优化，促进高校的发展。

7.3　研究的不足与展望

目前从国内可以查阅的文献来看，从分类管理视阈分析高校绩效评价的研究是非常少的。本书经过系统地文献收集分析和数理统计分析，对高校绩效评价有了一定的感性认识和理性思考，但由于笔者学术水平和个人能力有限，加上某些资料和数据不全，本书存在许多的缺憾与不足，并且还存在需要进一步探究的内容。

一是本书只是文献分析了美国、英国、德国、澳大利亚、荷兰、日本六个国家的高校绩效评价，仅仅涉及了这些国家高校绩效评价的体制机制方面的一些成功经验，没能在更为广阔的国际化视野下提出分类发展视阈下高校绩效评价的优化策略，建立一个国际适用的分类发展视阈下高校绩效评价指标体系是今后努力的一个方向。

二是长期进行理论学习，缺少高校绩效评价的第一手资料，在今后应该多对国内高校绩效评价研究进行调研，查找具体实情，分析高校绩效评价问题，理论结合实际，深入研究高校绩效评价。

三是有待形成完善的高校绩效评价指标体系。目前，该指标体系仅仅涉及学校使命与质量保证、办学条件及其利用、人才培养过程与产出、科学研究产出、社会服务效果和学校声誉六个一级指标。今后针对绩效评价指标的优化应从指标优化原则、指标确定说明、指标权重分配以及具体指标体系四个方面展开，确定一级指标、二级指标以及三级指标。构建科学合理的绩效评价指标，从而达到对高校绩效评价指标的高效应用，这也是今后努力的一个方向。

高校绩效评价研究是一个比较难做的课题，但能为高校快速发展提供一定的理论依据。从分类发展的视阈下研究，使不同类型、不同层次的高校在各自的领域内发挥其独特的作用，从而实现资源配置的最优化和功能发挥的最大化，推动高等教育的内涵式发展，释放不同类别、不同层级高校之间的办学活力、促进良性竞争。本书仅仅是对此课题的初步探讨，希望在今后不断地深化和完善。

参考文献

[1] 2018年全国教育事业发展统计公报[EB/OL]. [2019-07-24]. http://www.moe.gov.cn/jyb_sjzl/sjzl_fztjgb/201907/t20190724_392041.html.

[2] 柳友荣. 新中国成立70年来我国高等教育质量的政策文本研究[J]. 中国高教研究, 2019(6): 40-47.

[3] 国家中长期教育改革和发展规划纲要(2010—2020年)[EB/OL]. [2010-07-29]. http://old.moe.gov.cn/publicfiles/business/htmlfiles/moe/S4693/201407/xxgk_171904.html.

[4] 伯顿·R. 克拉克. 高等教育系统——学术组织的跨国研究[M]. 王承绪, 徐辉, 殷企平, 等译. 杭州: 杭州大学出版社, 1994.

[5] 李宣海, 薛明扬, 王奇, 等. 试论高等教育的绩效评价[J]. 中国高等教育, 2011(Z2): 19-22.

[6] 李宣海, 等. 高校绩效评价的缘起[J]. 复旦教育论坛, 2011(Z2).

[7] 艾尔·巴比. 社会学研究方法[M]. 邱泽奇, 译. 北京: 华夏出版社, 2014.

[8] 吴文侃, 杨汉青. 比较教育学[M]. 北京: 人民教育出版社, 1999.

[9] 陈振明. 社会研究方法[M]. 北京: 中国人民大学出版社, 2012.

[10] 列宁. 列宁全集[M]. 北京: 人民出版社, 1986.

[11] 风笑天. 社会研究方法[M]. 4版. 北京: 中国人民大学出版社, 2013.

[12] 张珏. 创新分类评价管理体系 促进高等学校差异化发展[J]. 中国高等教育, 2018(1): 22-23.

[13] 雷家彬. 高等学校分类方法导论[M]. 北京: 中国社会科学出版社, 2016.

[14] 张阳. 分层抑或分类——大学定位的研究与实践[J]. 煤炭高等教育, 2010, 28(6): 1-4.

[15] 李枭鹰. 高校分类发展: 高等教育强国建设的基石——读《普通高等学校定位实证研究》有感[J]. 现代教育论丛, 2016(5): 94-96.

[16] 潘懋元. 合理分类 正确定位 科学发展 办出特色[J]. 西安欧亚学院学报, 2012, 10(3): 1-3.

[17] 潘懋元, 刘丽建, 魏晓艳. 潘懋元高等教育论述精要[M]. 福州: 福建教育出版社, 2015.

[18] 中国教育改革和发展纲要(中共中央、国务院1993年2月13日印发)[EB/OL]. (1993-02-13)[2011-10-05]. http://www.moe.gov.cn/publicfiles/business/htmlfiles/moe/s3735/200407/2484.html.

[19] 关于深化教育体制机制改革的意见(中共中央、国务院2017年9月24日印发)[EB/OL]. [2017-09-24]. http://www.gov.cn/xinwen/2017-09/24/content_5227267.htm.

[20] 宋华明, 范先佐. 高校教育资源优化与办学经济效益[J]. 教育与经济, 2005(3): 9-12.

[21] 房宝金，山伟勤，马洪强．“双一流”背景下艺术高校师资结构现状与发展策略研究[J]. 上海视觉，2018（2）：75-83.

[22] Queensland Government. 2017-18 Annual VET investment plan [EB/OL]. https：//training. qld. gov. au/site/docs - data/Documents/strategies/vetinvest/annual - vet - investment - plan. pdf.

[23] 李茜．牢牢抓住全面提高人才培养能力这个核心点 [EB/OL].（2016-12-13）[2018-05-03]. http：//www. offcn. com/shi-zheng/2016/1213/18847. html.

[24] 杨红荃，李萌仕．从“双一流”视角审视我国高职院校建设的价值追求、核心内容与路径选择 [J]. 教育与职业，2019（7）：17-24.

[25] 李梦卿，刘晶晶．我国优质高职院校建设的逻辑、特征与机制 [J]. 高等教育研究，2018，39（2）：45-53.

[26] 孙颖．当前我国高校的分类发展：现状、难点及建议 [J]. 教育理论与实践，2016，36（15）：9-11.

[27] 陈厚丰. 中国高校分类标准及指标体系设计 [J]. 高等教育研究，2008（6）：8-14.

[28] 凌炜．我国高等学校分类评价势在必行 [J]. 辽宁教育，2012（4）：49-50.

[29] 马陆亭．从一流大学建设转向一流体系建设 [N]. 光明日报，2014-07-08.

[30] 罗立祝．马丁·特罗的高等教育分层理论及其启示 [J]. 北京教育（高教版），2006（2）：62-64.

[31] 周远清．高教管理体制改革和布局结构调整取得了历史性的重大进展 [N]. 中国教育报，2001-12- 15.

[32] 潘懋元．潘懋元论高等教育 [M]. 福州：福建教育出版社，2000.

[33] 靳希斌．教育经济学 [M]. 北京：人民教育出版社，2001.

[34] 章大为．地方应用型高校绩效评价指标体系的研究 [D]. 南京：南京工业大学，2012.

[35] 潘旭明. 组织绩效的评价标准及影响因素分析 [J]. 电子科技大学学报（社会科学版），2004（2）：20-23.

[36] 朱惠倩. 高等教育绩效评价 [D]. 南昌：华东交通大学，2009.

[37] 张男星，王春春，姜朝晖．高校绩效评价：实践探索的理论思考 [J]. 教育研究，2015，36（6）：19-28.

[38] 顾海良．高校绩效评价是对中国高校评估模式的积极探索——兼评《高等学校绩效评价论》[J]. 教育研究，2013，34（3）：148-149.

[39] 郭芳芳，张男星．高深知识的生产变革与高等教育绩效评价 [J]. 复旦教育论坛，2012，10（6）：5-9.

[40] 宋燕．我国高校绩效评价的反思及展望 [J]. 评价与管理，2012（2）：5-7.

[41] 周雪峰．绩效评价很难完美，但定位要准 [J]. 大学（学术版），2011（10）：28-29.

[42] 冷寿中．高校后勤管理工作绩效评价及作用 [J]. 中国高校后勤研究，1994（1）：

74-75.
[43] 姚爱国．我国高等职业教育办学水平评估制度的沿革与反思［J］．职业教育研究，2008（10）：6-8.
[44] 周应祺，何其渝．高等教育的规律和特点［J］．高等农业教育，2000（1）：9-12.
[45] 曹爱华．关于高等教育评估问题之思考［J］．宁波大学学报（教育科学版），2003（5）：10-13.
[46] 关于开展高等工程教育评估研究和试点工作的通知（教发〔1985〕20号）［Z］．1985-11.
[47] 关于加强普通高等专科教育的意见（教发〔1990〕3号）［Z2］．1990-01-01.
[48] 杨晓．改革开放以来高等教育发展历程及效益分析［J］．青海社会科学，2008（2）：195-198.
[49] 薛文涛．大众化进程中的我国高等教育发展之路［D］．金华：浙江师范大学，2017：38.
[50] 刘益东．我国高等教育评估30年的发展与变迁［J］．大学（研究版），2016（2）：36-45.
[51] 马良军．我国高等职业教育评估政策的演变与展望［J］．职教论坛，2018（2）：28-33.
[52] 张洋．我国高等教育社会评价主体多元化研究［D］．长春：东北师范大学，2008：8.
[53] 邓锋琼．中国高等教育评价指标体系科学性影响因素的研究［D］．兰州：兰州大学，2007.
[54] 罗锋．高职院校办学效益评价与分析［J］．现代经济信息，2010（14）：184-185.
[55] 尾田壑一．教育评价［M］．李守福译．长春：吉林教育出版社，1988.
[56] 张佳榕，潘黎．美国高校教师教学评价研究及启示——以加州大学伯克利分校为例［J］．高等教育研究学报，2018，41（1）：87-93.
[57] 杨秀芹，石修．美国高校绩效评价的模式架构及运行特点分析［J］．中国高等教育，2017（15）：75-77.
[58] 曹方方．英美高校社会科学教师科研绩效评价体系比较［J］．现代教育管理，2018（5）：54-59.
[59] 高耀明．绩效评价制度与大学教学发展——美国南卡罗来纳州公立高校绩效资助制度及其启示［J］．江苏高教，2017（10）：52-55.
[60] HORNE J，HU B. Estimation of cost efficiency of Australian universities［J］. Mathematics and Computers in simulation，2008，78（2-3）：266-275.
[61] BERKELEY DIVISION OF THE ACADEMIC SENATE. GUIDE TO CONDUCTING COMMITTEE BUSINESS［EB/OL］.［2019-07-11］. https：//academic-senate. berkeley. edu/sites/default/files/guide_to_conducting. comittee. business. pdf.
[62] UC Berkeley. Addendum to 1987 Recommendations Final［EB/OL］.［2019-07-11］. http：//teaching. berkeley. edu/sites/dul/files/addendum_to_1987_recommendations_final_1. pdf.

[63] U. S. Department of Education. Secretary Spellings Discusses the State of Higher Education in the U. S. at North Carolina University[EB/OL]. [2019-07-11]. http://www. edu. gov/news/speeches/2007/02/02012007. html.

[64] U. S. Department of Education. Using Observations to Improve Teacher Practice [EB/OL]. [2019-07-06]. https://www. ed. gov/about/inits/ed/implementation-support-unit/tech-assist/usingobservation stolm prove teacher practice. pdf.

[65] UC Berkeley. Addendum_to_1987_Recommendations_Final [EB/OL]. [2019-07-11]. https://teaching. berkeley. edu/sites/default/files/addendum_to_1987_recommendations_final_1. pdf.

[66] 王永林．我国高职教育评估层次的缺陷与完善［J］. 职业技术教育，2015，36（19）：42-46.

[67] 陈相明．中美大学绩效评价指标比较及启示［J］. 现代教育管理，2010（11）：65-69.

[68] 陈洋子．大学科研评价体系的国际比较研究［D］. 南昌：江西师范大学，2017.

[69] Research Excellence Framework. What is REF? [EB/OL]. [2019-07-06]. https://www. ref. ac. uk/about/what-is-the-ref/.

[70] 褚怡春，杨永华，高翔，等．英国卓越研究评估框架对我国高校科研绩效评价的启示［J］. 中国管理信息化，2018，21（23）：213-215.

[71] REF. Assessment framework and guidance on submissions. [EB/OL]. (2015-02-20) [2019-07-11]. https://www. ref. ac. uk/2014/pubs/2011-02/.

[72] 王中奎，胡啸天．大学本科教学质量绩效评价实现路径：英国的经验与启示［J］. 教育发展研究，2018，38（17）：71-77，84.

[73] 黄丹凤，杨琼．英国高校内部绩效管理模式探析［J］. 复旦教育论坛，2015，13（2）：87-93.

[74] 李巍，马闯．英国卓越框架（REF）对我国高校科研绩效评价的借鉴作用［J］. 中国军转民，2019（2）：76-78.

[75] TEICHLER U. Hochschulstrukturen im Umbruch [M]. Frankfurt am Main: Campus Verlag, 2005.

[76] 赵凌．德国高等教育绩效拨款制透视［J］. 高教探索，2012（1）：41-45.

[77] 王晋萍，甘霖，杨立英．国内外科研绩效评价方法比较［J］. 科学学研究，2006（S2）：505-507.

[78] 章熙春，柳一超．德国科技创新能力评价的做法与借鉴［J］. 科技管理研究，2017，37（2）：77-83.

[79] 孙志军，金平．国际比较及启示：绩效拨款在高等教育中的实践［J］. 高等教育研究，2003（6）：88-92.

[80] 米歇尔·列申斯基．德国高等教育中的财政和绩效导向预算：竞争激发效率［J］. 刘晗，译．北京大学教育评论，2008（1）：132-138，191.

[81] Funding organizations [EB/OL]. http://www.research-in-germany.org/en/research-funding/funding-organisations.html.

[82] 年艳，潘建林．美、德、日三国职业教育经费筹措机制比较及启示 [J]. 职业技术教育，2019，40（12）：67-73.

[83] Research rankings [EB/OL]. http://www.research-in-germany.org/en/research-landscape/research-ranking.html.

[84] 黄群，张义芳，孙浩林．德国科学委员会科研机构绩效评价研究 [J]. 全球科技经济瞭望，2018，33（3）：35-41.

[85] The role and functions of TEQSA [EB/OL]. [2019-07-11]. http://www.teqsa.gov.au/about-teqsa.

[86] TEQSA's Establishment [EB/OL]. [2019-07-11]. http://www.teqsa.gov.au.

[87] 刘兴凯，张靓媛．卓越科研（ERA）：澳大利亚高校科研评估制度及价值启示 [J]. 甘肃社会学，2017（1）：136-141.

[88] 陈超．荷兰高等教育评估：历史、现状与发展趋势 [J]. 高校教育管理，2008，2（5）：20-25.

[89] COHEN A, DER STEEGE M V. An historical overiew of the state and higher education in the Netherlands [J]. European journal of education, 1982, 17（3）: 271-281.

[90] 史万兵，赵士谦．荷兰高等教育投资绩效评价制度的经验与启示 [J]. 大连理工大学学报（社会科学版），2011，32（3）：67-70.

[91] 张开洪．美、英、荷高等教育质量保证机制的比较及启示 [J]. 现代教育管理，2009（2）：98-100.

[92] 熊志翔，康宏佛．高等教育质量保障机制的构建 [J]. 高等工程教育研究，2002（2）：43-45.

[93] 盛正发．荷兰高等教育质量评估保障模式的改革与启示 [J]. 高校教育管理，2013，7（4）：84-88.

[94] 杨维东．荷兰高等教育质量保障机制研究与借鉴 [J]. 西安邮电学院学报，2011，16（5）：150-153.

[95] 李洪英．法国日本荷兰高等教育投资绩效评价制度的启示 [D]. 沈阳：东北大学，2010.

[96] IEA. International Civic and Citizenship Education Study: Assessment Framework [EB/OL]. (2008-12-26) [2019-07-11]. http://iccs.acer.edu.au/index.php? page=framework.

[97] 张爱．日本大学第三者评价的运行机制 [J]. 比较教育研究，2006（4）：70-74.

[98] 日本大学基准协会．2004—2010 年认证评估结果报 [EB/OL].（2011-08-25）[2019-07-11] http://www.juaa.or.jp/list/university/items/index.html.

[99] 顾晟．日本高等教育多元化评估体系的现状、特点与启示 [J]. 高教学刊，2018（19）：1-3.

[100] 梁睿思齐，郝云忱．比较视野下中日高等教育评估制度研究［J］. 煤炭高等教育，2016，34（3）：23-26.

[101] 王宁，郄海霞．日本短期大学第三方评价的经验与启示——以日本高等教育评价机构为例［J］. 中国职业技术教育，2016（24）：75-82.

[102] 王红，李志宏．日本大学评估制度及对我们的启示［J］. 中国高等教育，2006（10）：61-63.

[103] 袁振国，张男星，孙继红．2012 年高校绩效评价研究报告［J］. 教育研究，2013，34（10）：55-64.

[104] 姜农娟，刘娜．高校绩效评价取向对科研人才创新行为的影响［J］. 科技管理研究，2018，38（6）：118-123.

[105] 王国平，项怡．价值管理在高校绩效评价中的应用研究——以江苏省属本科理工类院校为例［J］. 黑龙江高教研究，2018，36（7）：88-92.

[106] 白宗颖．以高校绩效管理推进高等教育治理现代化［J］. 现代教育管理，2019（7）：42-48.

[107] 财政部预算司．中央部门预算编制指南［M］. 北京：中国财政经济出版社，2016.

[108] 教育部，财政部，国家发展改革委．关于印发《统筹推进世界一流大学和一流学科建设实施办法（暂行）》的通知［EB/OL］.（2017-01-27）［2019-11-27］. http：//www.gov.cn/xinwen/2017-01/27/content-5163903. htm.

[109] 魏权龄．评价相对有效性的 DEA 方法［M］. 北京：中国人民大学出版社，1988.

[110] 魏权龄．评价相对有效性的数据包络分析模型——DEA 和网络 DEA［M］. 北京：中国人民大学出版社，2012.

[111] 孙振球，王乐三．综合评价方法及其医学应用［M］. 北京：人民卫生出版社，2014.

[112] 方锐，苏锦河，胡镜清，等．数据包络分析方法及其在医学研究建模中的应用［J］. 中国中西医结合杂志，2018（9）：1130-1136.

[113] 智冬晓．指标相关性对 DEA 评价效用的影响［J］. 统计教育，2009（6）：40-44.

[114] 荣耀华，程维虎．基于数据包络分析方法的上市银行盈利效率研究［J］. 数理统计与管理，2017（6）：1069-1079.

[115] 刘春燕，郝艳华，吴群红，等．数据包络分析在疾控机构绩效评价中的应用［J］. 中国公共卫生管理，2010，1（26）：33-35.

[116] 周培，周颖．乡村旅游企业服务质量理论与实践［M］. 成都：西南交通大学出版社，2016.

[117] 田波平，王勇，郭文明，等．主成分分析在中国上市公司综合评价中的作用［J］. 数学的实践与认识，2004（4）：74-80.

[118] 俞立平，刘骏．主成分分析与因子分析法适合科技评价吗？——以学术期刊评价为例［J］. 现代情报，2018（6）：73-79，137.

[119] 俞立平，潘云涛，武夷山．科技评价中不同客观评价方法权重的比较研究［J］．科技管理研究，2009（7）：148-150.

[120] 鲁靖，嵇欣欣．公共政策审计绩效评价体系构建——基于平衡计分卡［J］．财会月刊，2018（12）：135-141.

[121] 罗伯特·卡普兰，大卫·诺顿．平衡计分卡：化战略为行动［M］．刘俊勇，孙薇，译．广州：广东经济出版社，2013.

[122] 许评．城市公共交通财政补贴绩效评价体系构建——基于平衡计分卡（BSC）方法的应用［J］．价格理论与实践，2017（1）：125-128.

[123] 李维维．美国田纳西州高校绩效拨款政策解读［J］．高教发展与评估，2016（5）：101-107.

[124] 孙洪敏．地方政府绩效评价指标体系的民生解读［J］．行政论坛，2011，18（3）：33-38.

[125] http：//www.gov.cn/xinwen/2017-01/26/content_5163670.html，2017-01-26/2018-04-18.

[126] CHARNES A，COOPER W W，RHODES E. Measuring the efficiency of decision making units［J］. EuroJOperRes，1978，2（6）：429-444.

[127] YAN H，WEI Q L. Data envelopment analysis classification machine［J］. InformSci，2011，181（22）：5029-5041.

[128] COOPER W W，DENG H，HUNG Z M，et al. Chance constrained programming approaches to congestion in stochastic data envelopment analysis［J］. EurJOperRes，2004，155（2）：487-501.

[129] HATAMI-MARBIN A，EMROUZNEJAD A，TAVANA M. Ataxonomy and review of the fuzzy data envelopment analysis literature：two decades in the making［J］. EurJOperRes，2011，214（3）：457-472.

[130] SHERMAN H D. Hospital efficiency measurement and evaluation：empirical test of a new technique［J］. Medcare，1984，22（10）：922-938.

[131] HOLLINGSWORTH B. Non-parametric and parametric applications measuring efficiency in health care［J］. HealthCare ManagSci，2003，6（4）：203-218.

[132] COOK W D，SEIFORD L M. Data envelopment analysis（DEA）-Thirty years on［J］. EurJOperRes，2009，192（1）：1-17.

[133] FABRIGAR L R，WEGENER D T，MACCALLUM R C，et al. Evaluating the use of exploratory factor analysis in psychological research［J］. Psychological methods，1999，4（3）：272-299.

[134] 关于规范并加强普通高校以新的机制和模式试办独立学院管理的若干意见（教育部2003年4月23日印发）［EB/OL］．（2003-04-23）. http：//www.moe.gov.cn/s78/A03/s7050/201206/t20120628_138410.html.

[135] 职业院校管理水平提升行动计划（2015—2018年）（教育部2015年9月1日印发）

[EB/OL]. (2015-09-01). http://www.moe.gov.cn/srcsite/A07/moe_950/201509/t20150917_208794.html.

[136] 武汉科技大学-学校简介 [EB/OL]. (2019-10-15) [2019-12-15]. http://www.wust.edu.cn/79/list.htm.

后　　记

《分类发展视阈下高校绩效评价研究》从确定题目到书写完成，几经修改，历时近一年。本书在当前高校“内涵式”发展逐渐深化的重要阶段，站在分类发展的视角下研究高校绩效评价，对于健全高校绩效评价体系具有重要意义。

本书站在“前人的肩膀上”进行思辨，提出了在分类发展视阈下，如何建立科学有效的评估体系，实现高校资源配置的最优化和功能发挥的最大化，并扎根于湖北省进行科学研究，其研究成果可供湖北省政府、教育界的各位学者研究参考。在研究分类发展视阈下高校绩效评价时，我深刻认识到高校绩效评价研究还有很大的研究空间。为我国构建出一个更加科学合理的绩效评价指标，从而达到对高校绩效评价指标的高效应用，这是今后值得不断努力的一个方向，此书只能暂且看作高校绩效评价研究历程中的一个阶段性成果，也希望未来有更多的学友能够与我共同探索这个艰难且有趣的课题。

最后，借此机会向各位支持、关心和帮助过我的专家、领导表示最诚挚的谢意。当然，这本书的完成也离不开学院各位同仁的鼎力合作。在撰写过程中，为了完整呈现我国高等学校绩效评价的历史，我们查阅了大量纸质版与电子版文献资料、书籍；为了真实反映我国高校绩效评价现状和科学设立指标，我们选取案例学校进行实地调研，针对具体问题相互分析、仔细研讨；为了更好地表词达意，我们以严谨的态度认真推敲每一处遣词造句。他们的名字值得一一列举，具体分工如下：第 1 章到第 7 章依次由汪曦、杨红荃、万卫、韦妙、刘欣和曹靖、李晓波和马丹、胡茂波执笔，马丹、胡茂波负责统稿工作，研究生李强作为科研助理，贡献良多。感谢大家的携手前行，辛劳付出！

由于作者水平有限，资料收集过程中或有遗漏与表达不当之处，敬请广大读者朋友和同行专家不吝赐教，批评指正。

马　丹

2020 年 5 月